Basics:
Global Business Strategies

はじめて学ぶ人のための 第三版

グローバル・ビジネス

梶浦雅己［編著］

文眞堂

【編著者紹介】

梶浦 雅己 (かじうら・まさみ)

愛知学院大学商学部商学科・大学院商学研究科教授
博士 (学術)：横浜国立大学，博士 (商学)：愛知学院大学
Guest editor of Inderscience Publisher's academic journals
Reviewer of World Scientific Publishing's academic journals

所属学会：
日本貿易学会，国際ビジネス研究学会，多国籍企業学会，異文化経営学会，Asian Society for Innovation and Policy

社会貢献：
経済産業省・標準化経済性研究会委員経験，(財) 海外技術者研修協会 企業経営者研修コース講師経験，横山国際奨学財団創立理事 (現職)

授賞等：
2018 年　2018 ALBERT NELSON MARQUIS LIFETIME ACHIEVEMENT AWARD
2019, 2018, 2011 年　Featured Listee, Marquis Who's Who in the World
2016 年　Featured Listee, Marquis Who's Who in Science & Engineering
2002 年　日本貿易学会奨励賞

学歴：
横浜国立大学大学院 国際開発研究科 (国際開発経営専攻) 博士課程後期修了

研究専門領域：
国際ビジネス，国際標準，ビジネスモデル，オープン・イノベーション論，マーケティング戦略

経歴：
名古屋市出身，北海道大学卒業後，ハウス食品，ユニリーバ・グループ，ネスレ日本などで製品開発，マーケティング，セールスなど 23 年間の実務経験後，2000 年 4 月愛知学院大学着任，横浜国立大学大学院 環境情報研究院 客員研究員を経て現職
商学部「国際ビジネス論 A・B」「ビジネス英語 I A・B」，大学院「ビジネス戦略論」他を担当

主要著書：
『はじめて学ぶ人のためのグローバル・ビジネス (改訂新版)』文眞堂，2014 年〔編著〕
『ICT コンセンサス標準』文眞堂，2013 年〔単著〕
『IT 業界標準』文眞堂，2005 年〔単著〕
『デジュリ・スタンダード』農林統計協会，2000 年〔単著〕
『国際ビジネスと技術標準』文眞堂，2007 年〔編著〕
『はじめて学ぶ人のためのグローバル・ビジネス』文眞堂，2006 年〔編著〕
『日本企業のグローバル市場開発』中央経済社，2005 年〔共著〕
『経営管理の理論と実際〔新版〕』東京経済情報出版，2003 年〔共著〕
『フードシステム学全集 (第 1 巻) フードシステム学の理論と体系』農林統計協会，2002 年〔共著〕
『QR コードのおはなし』日本規格協会，2002 年〔共著〕
『国際標準と戦略提携』中央経済社，2001 年〔共著〕(日本貿易学会奨励賞受賞)
『コンセンサス標準戦略』日本経済新聞出版社，2008 年〔分担執筆〕
『経営戦略・組織辞典』東京経済情報出版，2001 年〔分担執筆〕

【執筆者紹介】

王　大鵬 ··· 第 1・2・3・5 章
　富山大学経済学部教授　博士（商学）

山内 昌斗 ··· 第 4 章
　専修大学経営学部教授　博士（経営学）

石川 理那 ··· 第 6・7 章（梶浦が改訂）
　元 愛知学院大学・愛知大学・名城大学非常勤講師　博士（商学）

荒井 将志 ··· 第 8 章
　亜細亜大学国際関係学部准教授　博士（経営学）

梶浦 雅己 ·················· 第 9（鶴田佳史・大東文化大学と共著）・11・16・19・20 章
　愛知学院大学商学部教授　博士（商学），博士（学術）

安田 賢憲 ··· 第 10・13 章
　創価大学経営学部准教授　修士（経済学）

中村 裕哲 ··· 第 12・17・24 章
　ウエストロー・ジャパン　博士（商学）

多田 和美 ··· 第 14・15 章
　法政大学社会学部准教授　博士（経営学）

古川 千歳 ··· 第 18・21 章
　愛知大学経営学部准教授　Ph.D. in Management

井上 真里 ··· 第 22・23 章
　日本大学商学部准教授　博士（経営学）

はしがき

　本書は 2014 年に刊行した「はじめて学ぶ人のためのグローバル・ビジネス（改訂新版）」の再改定版（第三版）です。本書は将来ビジネス・パーソンとなる商学部や経営学部などの大学生諸君，経験の浅いビジネス・パーソンにグローバル・ビジネスとマーケティングの基本戦略を学んでいただきたいという意図から企画した学習書です。その内容は，多国籍企業が世界市場に参入する際の企業戦略，競争戦略，マーケティング戦略を解説するものです。これらについて基本内容から始め，やや専門的内容までを包括しています。2014 年出版から早くも 6 年が経過し，内容やデータを更新する必要を感じ，今回の改訂に至りました。また執筆者も一新しております。

　編著者はかつて欧州に本社のあるグローバル企業 2 社に奉職した時期があり，グローバル・ビジネスの「生（なま）の現場」を実体験してきました。本書にはこうした編著者の実務経験はもとより，執筆者諸氏の企業経験や社会経験も随所に盛り込まれています。本書は初学者から学べる専門書に仕上げるようにしました。

　本書の執筆方針は，①章立てを多くして内容を掘り下げること，②各章で取り上げるテーマは新しいことを優先すること，③論述は詳しく，わかりやすくすること，④明快な図表内容にすること，です。こうした方針は本書を使って講義を行う際に，担当教員が自分の講義に独自色を取り入れられるように意図されたものです。ただしグローバル・ビジネスの領域は広いので，本書で扱われていない点は他著で補完されることを望みます。

　執筆者一同は，読者が本書を通じてグローバル・ビジネス全般を理解され，興味を持たれることを期待しています。

　2019 年春に石川理那先生が急逝されました。心からご冥福をお祈りいたします。石川先生御担当 6 章，7 章は 2014 年出版以降の事項を梶浦が補筆して改訂いたしました。

　最後に出版事情の厳しい折，出版の機会を与えていただいた株式会社文眞堂様に対して，執筆者一同深謝いたします。

編著者記す

本書の構成

第Ⅰ部　グローバル・ビジネスのマクロ現象
第Ⅱ部　グローバル・ビジネスのミクロ現象

　本書は基礎から始めて中級まで学べる構成としています。第Ⅰ部では，企業がグローバル・ビジネスを展開する際に企業を取り巻き，影響を与えるグローバル・ビジネスのマクロな事象を解説しています。こうした事象は，実は多国籍企業の行動と外部環境の相互作用によって発生しています。

　そして第Ⅱ部では，外部環境に対処してビジネスを展開する企業の戦略的行動，つまり第Ⅰ部に比べるとミクロな事象について解説しています。とくに第Ⅱ部では，企業が国内市場から外国市場に参入し，事業展開する際のグローバル・ビジネスの具体的な個別的事象を解説しています。

　本書は，学習書として初学者からの教科書として活用できるよう編集しました。

　各章の各項目は簡潔な解説文と図表によって著してあります。通年の開講講義回数に対応するよう全24章構成にしました。課題レポートを課すときには，その章にフィットするトピックスを利用してください。また学習者の理解度をチェックできるように，練習問題を各章末に設けました。教員は練習問題を活用し，学生の理解度を確認してください。

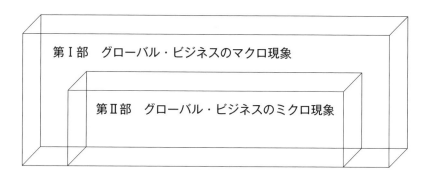

第Ⅰ部　グローバル・ビジネスのマクロ現象

第Ⅱ部　グローバル・ビジネスのミクロ現象

目　　次

第Ⅰ部
グローバル・ビジネスのマクロ現象

第1章　ビジネスのグローバル化 …………………………………………… 3

第2章　グローバル・ビジネスの環境Ⅰ：政治経済 ………………… 23

第3章　グローバル・ビジネスの環境Ⅱ：文化的環境 …………… 43

第Ⅱ部

グローバル・ビジネスのミクロ現象

7．機能等価性（functional equivalence）……………………… 289

練習問題 ………………………………………………………… 292

第20章　マーケティングⅡ：市場細分化 …………………… 293

1．市場細分化戦略 ……………………………………………… 293

2．市場の細分化 ………………………………………………… 294

3．マーケティング戦略の決定 ………………………………… 295

練習問題 ………………………………………………………… 303

第21章　プロジェクトマネジメント ………………………… 304

1．プロジェクトマネジメントの概要 ………………………… 304

2．プロジェクトの種類とプロジェクトマネジメントの流れ … 306

3．プロジェクトチームの特徴と発展段階 …………………… 308

4．プロジェクトチームのマネジメント ……………………… 309

練習問題 ………………………………………………………… 314

第22章　グローバル・ブランドⅠ：企業戦略の要 ………… 316

1．はじめに ……………………………………………………… 316

2．ブランドに対する社会的注目の高まり …………………… 318

3．既存製品ブランドの構築と活用 …………………………… 319

4．製品ブランドの中でもとくに重要なグローバル・ブランド ……… 323

5．おわりに ……………………………………………………… 328

練習問題 ………………………………………………………… 331

第23章　グローバル・ブランドⅡ：マネジメント ………… 332

1．はじめに ……………………………………………………… 332

2．製品ブランドの統合性 ……………………………………… 335

3．グローバルなブランド・ポートフォリオの構築 ………… 338

4．ローカル・ブランドやリージョナル・ブランドの役割 … 341

グローバル・ビジネスの
マクロ現象

日本丸名古屋寄港
梶浦雅己 画

第1章

ビジネスのグローバル化

今日，地球上には約 200 以上の国や地域があり，国連に加盟している国は 193 カ国（2019 年 1 月時点）にのぼる。国家間には政治体制，経済システムなどの違いがあるにもかかわらず，企業のビジネス活動は国境を超えてグローバルに展開されている。国家も企業と同じように他国と関わり合いながら，自国経済を運営していかなければならない状況に直面している。

1．経済のグローバル化

⑴　国際経済取引の意義

国が経済成長を持続させるためには，まず生産活動に必要な天然資源，労働力，技術など各種の資源（生産要素）が不可欠である。また，経済活動の成果としての利潤を実現するための市場が必要である。その市場の規模が大きいほどより大きな成果が期待できる。しかし，すべての国が必要な資源を完全に揃え持つことはありえず，また，これら全てを低コストで入手することも不可能であろう。一方，国内だけで無限大の市場を求めることは非現実的である。そこで限られた資源と市場を確保するために，各国はモノ・サービス・カネを他の国々とやりとりする。つまり各国は，国際経済取引（International Economic Transaction）を行うことによって，国際分業に参加し，より高い経済的利益を得ようとしている。

このように一国の経済は自己完結的なものではなく，他国との国際経済取引を通じてはじめて機能するのである。近年，国際貿易，海外直接投資，国際金融取引などさまざまな経済取引が活発に行われ，それに対する国際的な対応と協調も進められているため，世界経済の相互依存性（International Economic

Interdependence）が高まっている。すなわち，現代社会においては，国境を意識することなく各国の経済や市場が次第に一体化する，いわゆる経済のグローバル化やボーダレス化が進展している。

(2)　経済のグローバル化とその背景

　経済のグローバル化に伴って，企業は国境を越えて，自由に経済取引活動を展開することができるようになった。その一方，世界の国々は政治・経済体制，法制度，文化，価値観などは本来それぞれ異なるため，時に対立・紛争が起こることも事実である。また，各国間には物理的・地理的な隔たりがあるため，モノの輸送や人の移動，情報の交換などの面においても時間的，コスト的制約が考えられる。このような観点からみると，経済のグローバル化とは，各国間の政治的，経済的，また文化的相違の克服及び市場間の時間的，距離的短縮であるととらえることもできる。経済のグローバル化の進展は，次のような背景によってもたらされている。

　①　市場経済への移行

　1980 年代末から 1990 年代初頭にかけて，ソ連及び東ヨーロッパ諸国の社会主義国体制は次々と崩壊し，経済システムも従来の計画経済から自由競争を重んじる市場経済へ移行し始めた。同じ時期のアジアでは改革開放への転換を果たした中国も「社会主義市場経済」を掲げ，資本主義的な市場経済原理に基づく経済運営の手法を取り入れた。冷戦崩壊以降，中央統制経済（計画経済）を採用していた国々は市場経済へ移行すると同時に，よりオープンな対外経済政策を実施するようになった。これに伴い，世界は急速に市場経済社会に変貌した。

　図表 1-1 は世界の市場経済国と比較的オープンな対外経済政策を採用している国・地域の GDP と人口規模の変化を示している。市場経済化の流れと次項で述べる新市場の勃興は，世界全体の市場規模を急速に拡大させている。つまり市場経済国，市場経済化が進んでいる国・地域の増加とそれに伴う新市場の出現は，経済のグローバル化の進展に大きく寄与していると言える。

　②　新興市場の出現

　1980 年代の後半からアジア NIEs，ASEAN4，中南米の諸国，中東，アフ

図表 1-1　世界市場経済圏の総人口と GDP 規模

	構　成	GDP （兆ドル）	人口 （億人）
1990 年	・OECD 加盟国（当時 24 カ国） ・ANIEs，ASEAN4 ・メキシコ，ブラジル等中南米諸国	18.8	15.7
2001 年	・1990 年時点での市場経済国 ・ロシア，中国，インド	29.4	45.9
2012 年	・先進工業国・地域 ・アジア諸発展途上国（一部） ・中・東欧諸国（一部） ・CIS 諸国 ・中南米諸国（一部）	66.3	51.5
2018 年	・先進工業国・地域 ・アジア諸発展途上国（一部） ・中・東欧諸国（一部） ・CIS 諸国 ・中南米諸国（一部） ・アフリカ諸国（一部）	80.6	57.3

出所：1990 年と 2001 年は『通商白書』2004 年版，3 頁の内容により作成。
　　　2012 年の各国地域の GDP と人口はそれぞれ IMF "WEO OCT 2012", 世界銀行 WDI, 2018 年は IMF "WEO April 2019" により集計。

リカの一部の発展途上国及び東欧諸国は急速な経済成長を遂げ，新興市場（Emerging Market）として注目されるようになった。21 世紀に入ると，ブラジル，ロシア，インド，中国の 4 カ国，いわゆる BRICs（国名の頭文字からなる造語）が世界経済における存在感を増してきた。広大な国土，豊富な天然資源，巨大な人口規模を有することがこの 4 カ国の共通の特徴であり，市場としての重要性も年々高まっている。

　図表 1-2 は近年における主要先進国と新興国の新車販売台数の推移とシェアの変化を示すものである。耐久消費財の代表格である自動車の市場は従来所得水準の高い先進国に集中していたが，図表から分かるように近年新興国はすでに先進国を凌駕する自動車市場に成長した。こうした消費市場の新興国へのシフトは企業の市場開拓のフロンティアの拡大を意味する。このように企業の新興市場への進出もまた経済のグローバル化を加速させたもう 1 つの要因である。

図表 1-2　主要先進国・新興国の新車販売台数の推移とシェアの変化

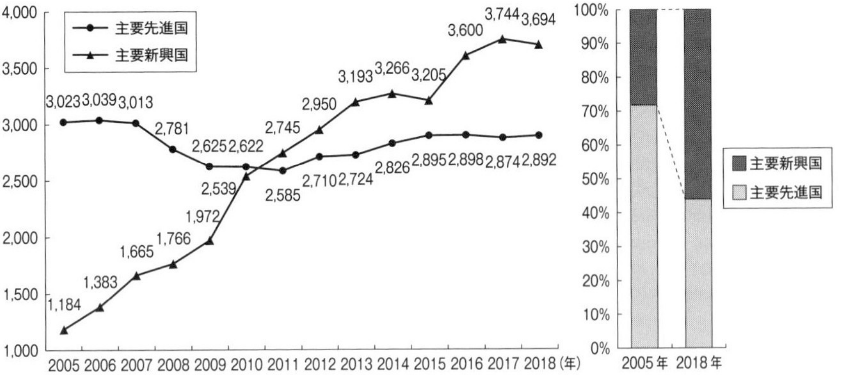

備考：主要先進国は，カナダ，チェコ，米国，オーストリア，ベルギー，デンマーク，フィンラン
　　　ド，フランス，ドイツ，ギリシャ，アイルランド，イスラエル，イタリア，オランダ，ノル
　　　ウェー，ニュージーランド，ポルトガル，スペイン，スウェーデン，スイス，英国，豪州，日
　　　本，韓国，シンガポール，台湾。
　　　主要新興国は，アルゼンチン，ブラジル，チリ，コロンビア，メキシコ，ウルグアイ，ベネ
　　　ズエラ，ポーランド，ルーマニア，ロシア，トルコ，中国，インド，インドネシア，マレーシ
　　　ア，パキスタン，タイ，ベトナム，南アフリカ。
出所：国際自動車工業連合会（OICA）及びマークラインズ社データベースにより作成。

③　貿易・投資自由化の流れ

　市場と経済活動のグローバル化に伴い，様々な経済取引が効率的に且つ円滑
に行われるように，関税引き下げや投資の自由化等について交渉する場が求め
られている。また，知財保護や競争政策や政府調達などの問題のように通商
の公平性を保つために国境を越えた取引活動に対し，ルールや監視・管理シス
テムを構築する必要性も生じている。そのため，各国間で通商摩擦や紛争が起
こった場合に，その仲介・紛争処理の場となる国際的な枠組みが構築されてい
る。

　第2次大戦後，多国間貿易自由化交渉の場となったのが GATT（General
Agreement on Tariffs and Trade：関税と貿易に関する一般協定）である。
GATT は戦後の国際通商システムを規定し，その枠組みの下で行われた関税
交渉は主要国の関税引き下げに大きな役割を果たし，戦後の国際貿易の拡大を
促進した。

　1995 年に GATT は新たな国際通商システムとしての WTO（World Trade

Organization：世界貿易機関）に生まれ変わった。2019年3月時点でWTOの加盟国は164カ国に達しており、現在加盟申請中の国は23カ国にものぼる。加盟国の貿易量の合計は世界貿易全体の約98％を占めている。

　近年では多角的・無差別的国際的な枠組み（WTO）と並行する形で、地域間、2国間など多様なレベルでの貿易・投資自由化交渉も盛んに行われている。TPP11（環太平洋パートナーシップに関する包括的及び先進的な協定：CPTPP），RCEP（東アジア地域包括的経済連携），日中韓FTA（自由貿易協定）などのように、特定地域内の複数国が交渉に参加し、重層的に域内の貿易・投資の自由化を進めるもの（図表1-3）もあれば、日本とEUとのEPA（経済連携協定），中国と韓国とのFTAといったように2国間、1国1地域間の通商交渉もある。これら枠組みの交渉対象の中には、関税の引き下げや投資の自由化だけではなく、知財保護、競争政策、政府調達、商用関係者の移動、電子商取引、法制度の調和などビジネス環境の整備に関する包括的な内容が含まれることが多い。

　他方、貿易・投資自由化が進展する中、自国の国際競争力或いは投資先とし

図表 1-3　日本をとりまく経済連携協定

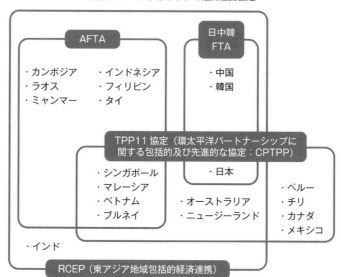

出所：各種資料により作成。

図表 1-4　外国直接投資に対する規制と緩和（2003-2018 年）

	2003	2004	2005	2006	2007	2008	2009	2010	2011	2012	2013	2014	2015	2016	2017	2018
政策転換を行った国	59	79	77	70	49	40	46	54	51	57	60	41	49	59	65	55
規制関連の改正件数	125	164	144	126	79	68	89	116	86	92	87	74	100	125	144	112
規制緩和の件数	113	142	118	104	58	51	61	77	62	65	63	52	75	84	98	65
規制強化の件数	12	20	25	22	19	15	24	33	21	21	21	12	14	22	23	31
中立的な政策	–	2	1	–	2	2	4	6	3	6	3	10	11	19	23	16

出所：UNCTAD, World Investment Report 2019 より作成。

ての魅力度を高め，経済のグローバル化の恩恵をより多く享受するために，自
ら外国資本に対する規制緩和に踏み切る国も多い。図表 1-4 は 2003～2018 年
の間に外国直接投資に対する政策転換を行った国の数とその傾向を示してい
る。これをみると，2008 年リーマンショック以降の世界経済の減速を背景に
一部の国の保護主義の台頭を反映し，規制強化に転じた国が近年若干増加した
ものの，期間全体として規制緩和の件数は規制強化のそれを大きく上回ってい
ることが分かる。経済のグローバル化はこうした貿易・投資自由化の制度化に
よっていっそう促進されている。

図表 1-5　世界のインターネットとモバイル通信の普及状況

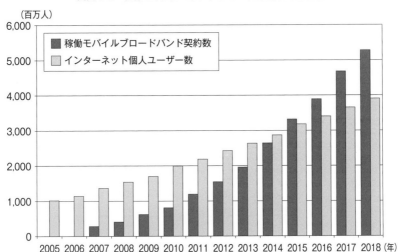

出所：国際電気通信協会（ITU）World Telecommunication / ICT Indicators database。

④　交通・輸送技術と IT の進歩

　交通・輸送と IT 分野における技術進歩は経済のグローバル化のインフラを支えている。産業革命以来，交通・輸送技術の発達によって，輸送のスピード化，効率化，低コスト化などが劇的に実現され，世界規模の陸海空輸送・物流網が拡大しつつある。国際間のモノの輸送，ヒトの移動の時間的，コスト的な制約が急速に小さくなった。中でも特にインターネットの急速な普及（図表1-5）によって，大容量の情報がハイスピード・低コストで伝送されることが可能になった。こうして，世界の市場と経済が時間的にも距離的にも次第に一体化し，グローバルな取引活動が容易に行えるようになった。

(3)　世界経済の成長

　経済のグローバル化，市場経済化に伴って，世界経済は大競争の時代に突入している。戦後，先進工業国が世界の経済成長の主役を担ってきたが，1980年代後半以降のアジア NIEs，1990 年代の ASEAN，中国や，21 世紀に入ってからのインド，ベトナム及び一部のアフリカの国々などのように，かつて経済成長に取り残された地域の国々が急速な経済成長を遂げてきた。

　図表 1-6-1 は近年の世界各地域及び主要国の実質 GDP（国内総生産）の推移を示すものである。2008 年のリーマンショックの影響で，2009 年の世界経済は戦後初のマイナス成長となった。2010 年以降の世界経済は総じて緩やかな回復基調にあるものの，回復ペースは先進国と途上国とではバラつきがみられる。新興・途上国の成長は，勢いは欠くものの，全体として世界経済を牽引している構図は変わっていない（図表 1-6-2）。

　発展途上国グループの中で特に BRICs と呼ばれるブラジル，ロシア，インド，中国 4 カ国経済の存在感は 2000 年以降急速に高まっている図表 1-7 は2018 年の GDP 総額と人口規模上位 10 カ国を示すものである。BRICs 各国の経済規模はすでに先進国と比肩しており，特に PPP（購買力平価）ベースで見る場合，先進国を上回る勢いである。これらの国は，人口規模の大きさから考えると，将来的には世界経済における役割が一層高まり，先進国市場に匹敵する大市場に成長していく可能性がある。

図表 1-6-1　世界と主要国・地域・グループ別実質 DGP 伸び率の推移

(単位：%)

	10 年間平均 1999-2008	2009	2010	2011	2012	2013	2014	2015	2016	2017	2018
世界	4.3	-0.1	5.4	4.3	3.5	3.5	3.6	3.4	3.4	3.8	3.6
先進国	2.5	-3.3	3.1	1.7	1.2	1.4	2.1	2.3	1.7	2.4	2.2
アメリカ	2.7	-2.5	2.6	1.6	2.2	1.8	2.5	2.9	1.6	2.2	2.9
ユーロ圏	2.1	-4.5	2.1	1.6	-0.9	-0.2	1.4	2.1	2.0	2.4	1.8
ドイツ	1.6	-5.6	3.9	3.7	0.7	0.6	2.2	1.5	2.2	2.5	1.5
フランス	2.1	-2.9	1.9	2.2	0.3	0.6	1.0	1.1	1.2	2.2	1.5
イタリア	1.2	-5.5	1.7	0.6	-2.8	-1.7	0.1	0.9	1.1	1.6	0.9
スペイン	3.6	-3.6	0.0	-1.0	-2.9	-1.7	1.4	3.6	3.2	3.0	2.5
日本	1.0	-5.4	4.2	-0.1	1.5	2.0	0.4	1.2	0.6	1.9	0.8
英国	2.5	-4.2	1.7	1.6	1.4	2.0	2.9	2.3	1.8	1.8	1.4
新興・途上国	6.2	2.8	7.4	6.4	5.4	5.1	4.7	4.3	4.6	4.8	4.5
中東欧	4.3	-2.7	4.2	6.7	2.6	4.9	3.9	4.8	3.3	6.0	3.6
ロシア・CIS	7.2	-6.3	5.0	5.3	3.6	2.5	1.0	-1.9	0.8	2.4	2.8
ロシア	6.9	-7.8	4.5	5.1	3.7	1.8	0.7	-2.5	0.3	1.6	2.3
アジア太平洋	6.1	4.2	8.4	6.4	5.7	5.9	5.6	5.6	5.4	5.8	5.3
中国	10.1	9.2	10.6	9.5	7.9	7.8	7.3	6.9	6.7	6.8	6.6
インド	6.9	8.5	10.3	6.6	5.5	6.4	7.4	8.0	8.2	7.2	7.1
ASEAN-5	5.1	2.4	6.9	4.7	6.2	5.1	4.6	4.9	5.0	5.4	5.2
中南米	3.3	-2.0	6.1	4.6	2.9	2.9	1.3	0.3	-0.6	1.2	1.0
ブラジル	3.5	-0.1	7.5	4.0	1.9	3.0	0.5	-3.5	-3.3	1.1	1.1
中東・北アフリカ	5.4	0.8	4.9	4.4	4.9	2.4	2.7	2.4	5.3	1.8	1.4
サハラ以南アフリカ	5.5	3.8	7.1	5.3	4.7	5.2	5.1	3.2	1.4	2.9	3.0

注：ASEAN5 カ国はタイ，マレーシア，インドネシア，フィリピン，ベトナム。
出所：IMF, "World Economic Outlook, April 2019" より作成。

図表 1-6-2　世界 GDP 総額に対するグループ別貢献率の推移

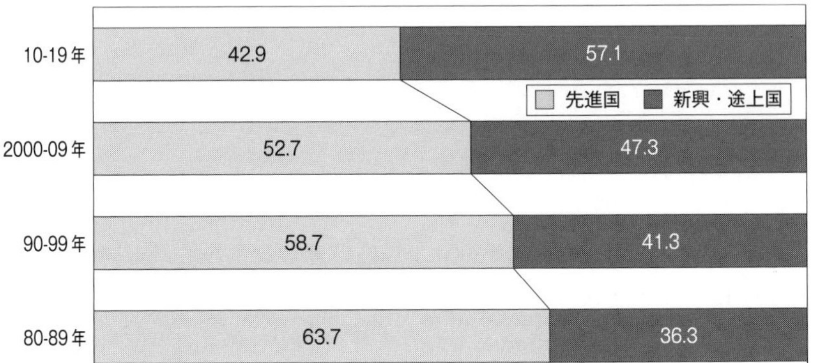

注：2019 年は予測。
出所：IMF, "World Economic Outlook, April 2019" より作成。

図表 1-7　主要国の GDP と人口規模の順位（2018 年）

順位	GDP		GDP（PPP ベース）		人口規模	
	（単位：10 億ドル）		（単位：10 億ドル）		（億人）	
1	米国	20,494	中国	25,362	中国	13.93
2	中国	13,608	米国	20,494	インド	13.53
3	日本	4,971	インド	10,498	米国	3.27
4	ドイツ	3,997	日本	5,485	インドネシア	2.68
5	英国	2,825	ドイツ	4,505	パキスタン	2.12
6	フランス	2,778	ロシア	3,986	ブラジル	2.09
7	インド	2,726	インドネシア	3,495	ナイジェリア	1.96
8	イタリア	2,074	ブラジル	3,366	バングラデシュ	1.61
9	ブラジル	1,869	英国	3,074	ロシア	1.44
10	カナダ	1,709	フランス	3,073	日本	1.27

注：▭ は BRICs。
出所：World Bank, World Development Indicators database より作成。

(4)　反グローバリズムの高まり

　東西冷戦終結後，自由化の流れがさらに加速し，各国間の貿易投資障壁が次第に低減・撤廃の方向に向かうにつれて，各国経済の相互依存関係が深まった。経済のグローバル化が世界経済の発展に大きく寄与したことは否定できない。しかし，グローバリゼーションの進展に伴って，自由競争や市場主義を絶対視するような政策指向が様々なひずみを生じさせたといわれ，例えば各国における雇用不安，所得格差の拡大，環境破壊，食品安全，文化伝統の喪失，国家主権の侵害などといった問題が深刻化している。世界の NGO 団体及びその支持者たちは，進行しつつあるグローバリゼーションがその元凶であると懸念を表明しており，「反グローバリゼーション」の運動も世界範囲で興っている。

2．経済のグローバル化の進展

(1)　世界貿易の動向

　一国の対外経済活動は貿易という形で始まる。それはモノの交換を通じて分業の利益や規模の経済性を得ることができるからである。第 2 次世界大戦以降，世界経済の発展は貿易の拡大によるところが大きい。外国貿易，特に輸出は多くの国で経済成長の原動力となっている。

　図表1-8は，2000年から2018年までの世界貿易の増減を示している。それをみると，世界貿易は1990年から2008年のリーマンショックまで総じて拡大基調にあることが確認できる。2008年9月のリーマンショックの影響で主要国・地域の輸出入は急激に縮小した。その後，世界貿易は徐々に回復し，2011年に前年比20％近くの伸びをみせ，金融危機前のレベルを上回った。しかし，2012年以降その伸び率は再び大きく鈍化し，その後いわゆる「スロートレード（貿易の伸び率がGDPの成長率を下回る状態）」現象が続いた。2017年の世界貿易は前年比10.5％増の17兆3,162億ドルとなり，3年ぶりにプラス成長に転じ，それまで5年間続いた「スロートレード」現象から脱却した（JETRO『世界貿易投資報告』2018年版）。しかし，2018年には世界貿易の伸びは再度減速した。これは米中貿易摩擦が世界貿易にマイナスの影響を及ぼし始めているためとみられる。各国間貿易制限的措置に対する報復の応酬と世界的な連鎖は，今後世界貿易に混乱と打撃を与えるリスク要因になると考えられる。

　近年は世界貿易全体の低調な動きが続いているが，次のいくつかの動向が今後世界貿易を拡大させる新しい成長点として期待されている。

　第1に生産技術の向上と市場の拡大を背景に，世界貿易に占める新興・途上国のシェアが輸出入ともに上昇しており，世界貿易の新たな牽引役として注目されている点である。

　第2に財の貿易と比べサービス貿易が近年堅調に推移しており，貿易全体に

図表 1-8　世界貿易拡大の軌跡

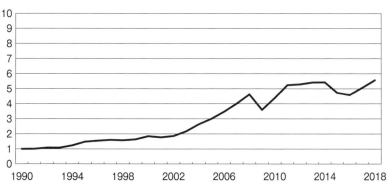

備考：1990年を1とする。
出所：UNCTAD, Statistical database より作成。

占める割合が 2011 年以降急上昇し，その後概ね 20%の高い水準を維持している点である。サービス貿易拡大の背景には輸送や旅行等の従来型のサービス以外に，通信・コンピュータ・情報，知財使用料，法律や会計といった業務サービスの成長がある。今後，ICT 技術の活用，ビジネススタイルの多様化により，サービス分野においても国際分業が進展することで，サービス貿易のさらなる拡大が期待されている。

第 3 にデジタル関連財（IT 製品，半導体等電子部品類，計測器・計器類，産業用ロボット，3D プリンター等），デジタル関連サービス貿易，越境電子商取引（EC），越境データ・フロー，いわゆる「デジタル貿易」が 2010 年頃から拡大基調を強め，近年ではとりわけ越境 EC，越境データ・フローの成長が，財・サービス貿易に比べて著しい。今後デジタル技術の本格的な活用に伴って，デジタル貿易はさらに拡大し，世界貿易の新たな成長点となる可能性

図表 1-9　世界貿易における上位国・グループのシェアと順位

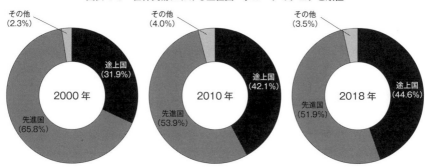

（単位：%）

	2000 年		2010 年		2018 年	
1	米国	12.1	中国	10.3	中国	12.8
2	ドイツ	8.5	米国	8.4	米国	8.5
3	日本	7.4	ドイツ	8.2	ドイツ	8.0
4	フランス	5.1	日本	5.0	日本	3.8
5	英国	4.4	オランダ	3.8	オランダ	3.7
6	カナダ	4.3	フランス	3.4	韓国	3.1
7	中国	3.9	韓国	3.0	フランス	3.0
8	イタリア	3.7	イタリア	2.9	香港	2.9
9	オランダ	3.6	英国	2.7	イタリア	2.8
10	香港	3.1	ベルギー	2.7	英国	2.5

出所：UNCTAD, Statistical datebase より作成。

が高い。

　図表1-9は2000年から2018年までの3時点でみた世界貿易における各国とグループ別のシェアと順位（ベスト10）を示している。期間中，先進国のシェアは依然として発展途上国のそれを上回っているものの，世界貿易における存在感が低下しつつある。一方，発展途上国全体のシェアは2000年時点では先進国の半分以下であったが，2018年になるとそのシェアは44.6％に達しており，先進国（51.9％）に迫る勢いとなった。

　国別シェアの順位で中国が急速な伸びを見せているように，発展途上国の継続的シェア拡大の背景には1990年代後半以降中国などの新興・途上国の輸出入の急拡大があったと考えられる。

(2)　直接投資の動向

　図表1-10は2007年から2018年までの世界全体とグループ別対外直接投資の推移を示すものである。対外直接投資は1990年代半ばから2000年までの間に，欧米企業によるクロスボーダーM&A（国境を越えた企業買収）の急増を背景に急拡大した。2000年頃から直接投資を牽引してきた欧米諸国のIT不況，景気後退，M&Aの鎮静などによって直接投資は一時後退した。その後，

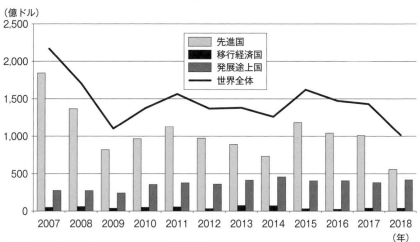

図表 1-10　世界全体とグループ別対外直接投資の推移（2007～2018年）

出所：UNCTAD, Statistical database より作成。

世界経済の回復に伴い，世界の対外直接投資は，2011年にピークであった2007年に及ばないものの，大幅に増加した。しかしその後には，世界経済の緩慢な回復や資源価格の変動などの要因により，対外直接投資は一進一退の状態が続いており，本格的な回復に至っていない状況である。

　グループ別の動向をみると，発展途上国からの直接投資は2000年以降拡大しはじめたが，全体的に依然として先進国が対外直接投資の主な担い手である。しかし世界経済の中で存在感が高まる新興国の対外直接投資の規模が年々拡大している。近年，特に中国企業がその資金力を背景に海外企業の大型買収案件に乗り出し，積極的な海外展開を進めている。

　図表1-11は世界の直接投資の受入れの状況を示している。2007年から2018年までの世界対内直接投資総額に占める先進国と発展途上国のシェアの推移をみると，2007年時点では先進国が圧倒的なシェアを占めていたが，その後，途上国のシェアが徐々に拡大し，2014年にはついに先進国のシェアを上回っている。その後，先進国のシェアが大幅に上昇し，途上国を凌駕したが，2018年に再度途上国に抜かれている。発展途上国のシェア拡大の背景には，先進国

図表 1-11　世界全体とグループ別対内直接投資額の推移（2007～2018年）

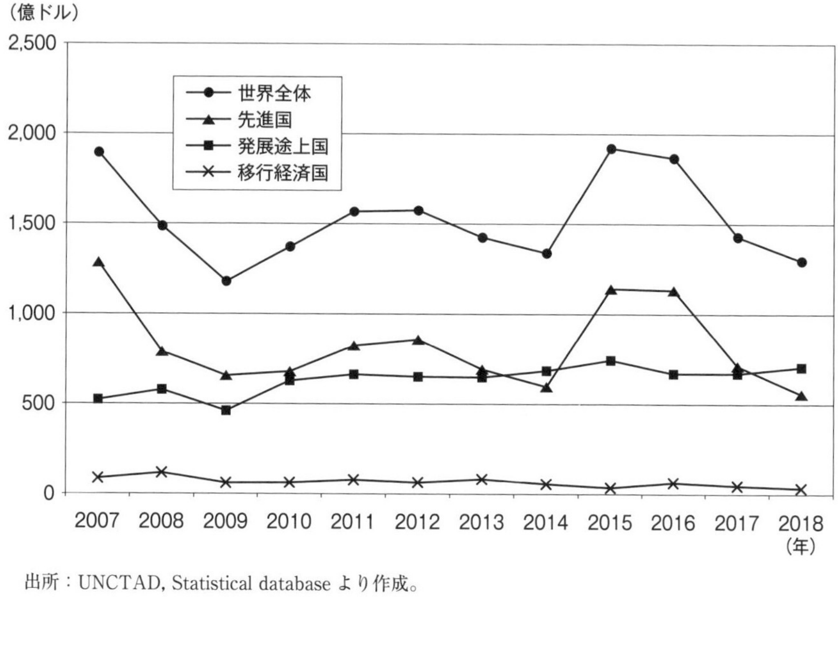

出所：UNCTAD, Statistical database より作成。

の緩やかな景気回復以外に，新興・途上国市場の重要性が近年増していること
や，石油，天然ガスなど一次産品価格の高騰によりアフリカや中東，CIS 諸国
などの資源保有国向けの直接投資が増加したことなどが考えられる。

　以上で見てきたように，2008 年のリーマンショックに発端した世界の金融
危機を境に，海外直接投資の資金の出し手，受け手の両方で，新興・途上国の
存在感が急速に高まっている。

⑶　多国籍企業の活動

　国際貿易と直接投資の規模は拡大し続けているが，そのけん引役が多国籍企
業（MNE, Multinational Enterprise）である。一般的に，多国籍企業とは「本
拠のある国以外で生産またはサービス施設を所有するか，あるいはそれらを支
配する企業」といわれる。つまり，多国籍企業とは直接投資を通して海外に子
会社を設立し，その経営活動をコントロールすることによって，ビジネスを展
開する企業である。

　1950～60 年代にわたって，豊富な資金力と技術力を有する米国企業は直接
投資活動をヨーロッパ，中南米諸国，さらにアジア地域まで広げ，急速な多国
籍化を遂げた。70 年代に入ると，ヨーロッパ経済の回復や日本の高度成長期
を経て，欧州企業と日系企業が直接投資を通して世界市場での競争に加わり，
多国籍化の道を歩み始めた。80 年代からはアジア NIES（新興工業国）の台頭
に伴って，韓国，台湾，香港，シンガポール企業が積極的に直接投資活動を展
開し，世界の多国籍企業の仲間入りを果たした。2000 年以降には，新興・途
上国，とりわけ中国等アジア諸国の多国籍企業が急成長する国内市場で得た収
益や競争優位を武器に積極的に海外展開を進めてきた。

　また，今日では多国籍企業の対外直接投資の増加に伴って，その海外生産
の規模が拡大しつつある。図表 1-12 は多国籍企業外国子会社の海外生産規模
の推移を示すものである。これによると，1990 年代の初めから 2018 年にかけ
て，多国籍企業の海外子会社の総売上，付加価値総額，総資産及び総雇用者数
の推移から，海外生産の規模が拡大し続けてきたことがわかる。

　一方，図表 1-12 から近年多国籍企業の国際生産活動から一つの顕著な傾向
がみてとれる。それは海外子会社の製品販売と雇用の伸びと比べ，付加価値が

図表 1-12　多国籍企業外国子会社の海外生産の規模（1990 ～ 2018 年）

（単位：億ドル）

	1990年	2005-2007年（年平均）	2015年	2016年	2017年	2018年
対内直接投資の所得	82	1,028	1,513	1,553	1,691	1,799
対内直接投資の利益率 (%)	5.3	8.6	6.9	6.8	6.8	6.8
対外直接投資の所得	128	1,102	1,476	1,478	1,661	1,792
対外直接投資の利益率 (%)	8.0	9.6	6.3	6.1	6.3	6.4
海外子会社の総売上	7,136	24,621	26,019	25,649	26,580	27,247
海外子会社の付加価値総額	1,335	5,325	6,002	5,919	6,711	7,257
海外子会社の総資産	6,202	50,747	91,261	95,540	104,915	110,468
海外子会社の雇用者数 (千人)	28,558	59,011	69,533	70,470	73,571	75,897
総固定資産形成	5,820	12,472	18,731	18,781	20,039	21,378
知財使用料収入	31	174	321	325	355	370

出所：UNCTAD, World Investment Report 2019 より作成。

より速いペースで増加していることである。このことから，多国籍の海外子
会社が製品販売よりもむしろ海外での事業活動そのものからより大きな付加
価値を得られていることがわかる。また，この価値創造の過程において，従来
と比べて労働力の重要性が相対的に低下していることがわかる。その背景に
は近年多国籍企業の子会社が特許使用料，ライセンス料の収入，サービス貿易
等，デジタルで無形の事業活動から莫大な収益を得ていることがあったと推測
できる。海外子会社の緩やかな固定資産形成からみてもわかるように，今後
一部の多国籍企業の海外事業活動はこうしたアセットライト事業（asset-light
operations）や非出資型事業（non-equity modes of operations）にシフトし
ていく可能性が高い。

3．ビジネスのグローバル化

　今日，多くの企業は新たな市場の開拓や効率的な分業体制を構築するため
に，国境を越えたグローバルな取引活動を活発化させている。これは，「市場
のグローバル化」と「生産のグローバル化」の 2 つの側面からみることができ

る。

(1)　市場のグローバル化（Globalization of Market）

　かつて市場は世界各国ごとに分散して存在していた。しかし，1980 年代以降，世界各国の人々の消費傾向・嗜好性が急速に同質化する現象が見られた。また経済グローバル化と自由化の進展によって，企業は以前と比べてより自由に国境を越えて，製品を販売することが可能になった。例えば，今日アップル社の iPhone やネスレ社のインスタントコーヒーやトヨタ自動車のハイブリットカーなどは世界中の消費者に訴求し，他のメーカーの製品と競争しながらグローバルな市場を形成している。

　このように国，地域ごとに分散する各国市場は次第にグローバルな巨大市場に転じていった。この流れに対応するために，企業は世界標準化製品の提供を通じて，グローバル的な視野でマーケティングを展開し，より大きな収益を得ている。この意味で，企業は市場グローバル化の推進者であると同時にその受益者でもある。

　しかし一方では，依然として各国の文化，民族の伝統による嗜好や慣習などが存在する。また，各国市場のビジネス慣習，企業の価値観，法制度などの相違もある。実は，これらの多様性，異質性も依然として無視できないのである。そのため，企業は自社の販売戦略や製品流通などのビジネス活動を現地市場に適応しなければならないことも多い。

　とはいえ，市場のグローバル化に伴って，各国の企業はグローバル市場という共通の土俵で競争しなければならない状況に直面していることは変わらない。したがって，企業はどの市場においても国内外のライバル企業と遭遇する可能性がある。このように市場の一体化がグローバルな市場競争をもたらしているのである。

(2)　生産のグローバル化（Globalization of Production）

　世界各国が保有する生産要素や得意な分野と不得意な分野はそれぞれ異なっている。例えば，豊富且つ安価な労働力を有する国もあれば，国土が広くて，土地価格が安い国もある。また，高性能の家電製品の設計技術を保有している

国もあれば，その家電製品を極めて低いコストで組み立てることができる国も
ある。グローバルな市場競争が激化する中，企業は少しでも有利な立場に立つ
ために，こうした優位性の相違を生かして，自社の生産活動をグローバルな規
模で最適に配置し，生産のグローバル化を進めている。

　図表1-13は生産のグローバル化（国際生産ネットワーク）をイメージした
ものである。もともと1国で完結していた生産活動を，生産工程・タスクごと
に分割し，サービス・リンク（モノ，カネ，ヒトの流れ）でつなぐ形でそれぞ
れに適した国（生産ブロック）に分散立地させる。このことを生産のフラグメ
ンテーションと呼ぶ。国際生産ネットワークがこのように複数の国に跨って展
開されているのは，各国それぞれの競争優位や立地優位を生かして，低コスト
でより良い製品を製造するために他ならない。

　以上のように経済のグローバル化の進展につれて，現代企業は常にグローバ
ル的な視野で市場をとらえる必要に迫られている。つまり企業は消費の同質化
傾向を意識すると同時に，消費の多様性，異質性も考慮に入れつつ，マーケ
ティングを展開しなければならない。市場のグローバル化は企業間の国際的な
競争を激化させている。企業は競争優位を獲得するために，グローバルな規模
で生産活動を最適に配置し，企業の効率性を高めていくことが重要である。し
かしながら，世界市場や各国の比較優位，競争条件など，企業のビジネスを取

図表 1-13　生産のフラグメンテーション

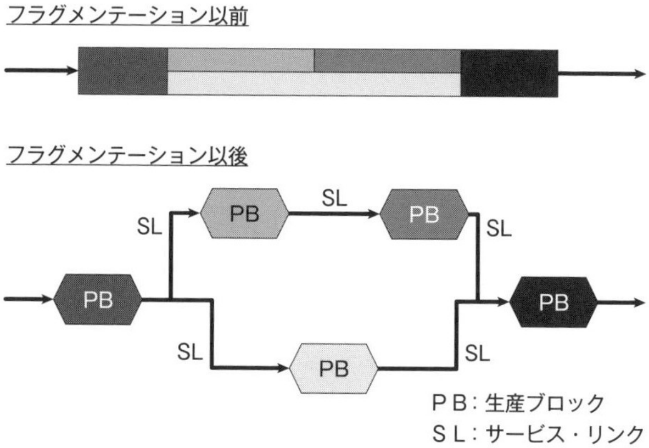

出所：木村（2012），7頁。

り巻く環境は，目まぐるしく変化している。企業は生き残るためにこれらの環境の変化に最も効率的な方法で対応していかなければならない。

■トヨタ，年内にも投入，ダイハツ新設計手法「DNGA 車」，調達や生産，連携深化，東南ア展開視野

トヨタ自動車は 2019 年中にも，グループのダイハツ工業の新たな設計手法「DNGA」を用いた小型車をトヨタブランドで発売する。20 年代前半には東南アジアにも投入する見通し。軽・小型車の得意なダイハツと車両の開発や部品調達から連携を深め，成長市場の取り込みを目指す。

ダイハツは 9 日，DNGA を初めて採用した軽自動車「タント」を発売した。DNGA は車の骨格となる車台を中心に，軽自動車や小型車といった従来の車両の区分け（セグメント）を超えて設計することでコストを抑える手法だ。

タントは乗り降りしやすいようにドアの開口部を広くしたほか，駐車時の運転操作を支援する機能などを備える。価格は約 122 万円から。軽・小型車で部品の 7〜8 割を共通化して，生産コストを約 1 割削減できたという。生産車種が変わっても，各国の生産ラインで柔軟に対応できる。

同日記者会見したダイハツの奥平総一郎社長は「ダイハツらしい良品廉価な 1 台となった」と述べたうえで，「（DNGA 車の）第二弾をこの秋に投入することになる」と述べた。その段階でダイハツからトヨタへの OEM（相手先ブランドによる生産）供給を始めるという。具体的な車種は今後詰めるが，20 年代前半にトヨタブランドとしてマレーシア，インドネシアなどでも展開する見通しだ。

トヨタがダイハツと連携を深める背景には小型車市場での苦戦がある。21 年に世界の自動車販売の 6 割を占めるとされる新興国市場は，初めて自動車を購入する層が多く，価格を抑えた「エントリー車」の生産ノウハウが不可欠になる。

トヨタは新興国戦略車「IMV」や多目的スポーツ車（SUV）が得意な一方で，小型車は苦戦している。11 年に新興国向けに投入した小型車「エティオス」はシェアが伸び悩んでいる。16 年にダイハツを完全子会社化して，グループで得意分野を相互に生かす戦略を進めている。東南アジア向けではダイハツと関係を深め，インドではスズキから OEM 供給を受けている。

新興国市場が拡大するなか，消費者ニーズに沿った車を低コストで提供できる体制をいかに早く整えられるかが課題になっている。

出所：『日本経済新聞』2019 年 7 月 10 日付，地方経済面・中部（抜粋）。

■イタリアにスタバ進出，「本場」でファン狙う

【ジュネーブ＝細川倫太郎】米コーヒーチェーン大手のスターバックスがイタリア進出を果たした。7 日，ミラノに 1 号店をオープン。焙煎（ばいせん）設備を併設した高級店舗で，顧客の前で 1 杯 1 杯作る。エスプレッソの本場に挑戦する意味は大きく，

コーヒー文化が根づくイタリアでファンを獲得できるか注目されている。

スタバは 77 カ国・地域で 2 万 8000 店以上を展開し，各地で平均 4 時間に 1 店舗のペースで出店している。だが年 60 億杯のコーヒーが消費されるイタリアへの進出には慎重だった。

ミラノで開業するのは高級店「リザーブ・ロースタリー」。同業態は米シアトル，上海に続く 3 店舗目となる。店舗面積は 2300 平方メートルと広い。

郵便局だった歴史的建造物を改装し中央には焙煎設備を併設。軽食やカクテルなどアルコール類も提供する。内装はモダンでデザイン性が高く，通常のスタバの店舗とは全く違った雰囲気だ。

イタリアではエスプレッソの 1 杯の値段はおおよそ 1 ユーロ（約 130 円）だが，新店舗では 1・8 ユーロに設定した。年末までにミラノでさらに複数店舗の開業を予定する。

スタバのイタリア進出について「米国のコーヒー文化とは違う」との声も多い。ケビン・ジョンソン最高経営責任者（CEO）は「我々がイタリアのコーヒー文化に適応する」と話している。

出所：『日本経済新聞』2018 年 9 月 8 日付，朝刊。

参考文献

池本清（2000）『テキストブック国際経済』有斐閣。

伊藤元重（2001）『ゼミナール国際経済入門』日本経済新聞社。

江夏健一・桑名義晴（2001）『理論とケースで学ぶ国際ビジネス』同文舘。

馬田啓一・浦田秀次郎・木村福成（2012）『日本の TPP 戦略』文眞堂。

木村福成（2012）「TPP と 21 世紀型地域主義」馬田啓一等編著『日本の TPP 戦略』文眞堂。

経済産業省『通商白書』各年版。

日本貿易振興会『ジェトロ投資白書』各年版。

日本貿易振興会『ジェトロ貿易白書』各年版。

日本貿易振興会『世界貿易投資報告』各年版。

堀出一郎・山田晃久（2003）『グローバル・マーケティング戦略』中央経済社。

宮崎勇（2000）『世界経済図説』岩波書店。

Hill, C. W. L. (2005), *International Business*, 7th ed., Irwin: McGraw-Hill.

IMF, *World Economic Outlook* 各年版.

Keegan, W. J. (2002), *Global Marketing Management*, 7th ed., Prentice Hall.

Kotler, P. and G. Armstrong (2004), *Principles of Marketing* [activebook version 2.0], Prentice Hall.

UNCTAD, *World Investment Report* 各年版.

練習問題

1．経済のグローバル化が進展する要因を4つ挙げなさい。

①

②

③

④

2．カッコに適切な語句を入れなさい。

①　限られた資源と市場を確保するために，世界各国間ではモノ・サービス・カネを他の国々とやりとりされる。つまり各国は，（　　A　　）を行うことによって，国際的な分業体制に参加し，より高い経済成長を達成しようとしている。

②　グローバルな巨大市場に対応するために，企業は（　　B　　）の提供を通じて，グローバル的な視野で（　　C　　）を展開し，より大きな収益を得ている。

③　グローバルな市場競争が激化する中，企業はすこしでも有利な立場に立つために，各国の（　　D　　）の相違を生かして，自社の（　　E　　）をグローバルな規模で最適に配置し，生産のグローバル化を進めている。

④　経済のグローバル化の進展につれて，現代企業は常にグローバル的な視野で市場をとらえる必要に迫られている。つまり企業は消費の（　　F　　）を意識すると同時に，消費の（　　G　　）（　　H　　）も考慮に入れつつ，マーケティングを展開しなければならない。

第2章

グローバル・ビジネスの環境Ⅰ：政治経済

　海外に進出し，生産・販売活動を行う企業は，進出先で本国と異なる政治・経済体制，法制度，文化環境などに直面している。政治，経済，法制度の相違性と文化の多様性は，国際ビジネス活動の重要な環境要因として，企業の収益，コストなどに重大な影響を与える可能性がある。グローバルな規模でビジネス活動を展開する企業はこうした各国の環境要因を十分に把握した上で，進出先や現地での経営戦略を検討しなければならない。

1．政治的環境

　一般的に，政治システムはその国の経済システム，法制度に重要な影響を与えるとされる。政治システムとは国の統治方式を指すが，大きく2つの尺度で分けることができる。第1に，政治システムが集産主義と個人主義のどちらに重点が置かれるのかである。第2に，全体主義と民主主義の程度である。一般的には集産主義と全体主義，個人主義と民主主義が組み合わさる傾向が強いが，民主主義国家が集産主義的な色合いを残している場合もあれば，全体主義国家であっても集産主義ではない場合もある。各国の政治システムはその組み合わせと度合いによって異なってくる。

⑴　集産主義と個人主義

　集産主義的な政治システムは，集団の利益が個人利益の上位にあるという特徴を持つ。この政治システムでは，社会全体の利益，目標，ニーズが常に優先される。一方，個人の利益や自由が制限され，場合によってはそれが犠牲にされることもある。集産主義は古く古代ギリシアの哲学者プラトンにさかのぼる

ことができる。プラトンは『国家』という著作の中で，社会全体の利益のためには個人の権利は犠牲にされるべきであり，財産の所有を公有制にし，国家統治は社会全体の利益を優先させるべきだと主張している。近代では，集産主義の思想は社会主義者に受け継がれた。

① 社会主義

現代の社会主義者は，社会主義のイデオロギー理論は 19 世紀に生まれたカール・マルクス理論にあると主張している。カール・マルクスは，当時の資本主義社会の状況下では，少数の資本家が労働者を搾取して莫大な富を蓄積している一方，最低の賃金しか得られない大衆労働者は搾取されており，貧困に喘いでいると主張した。そして，マルクスは私的資本よりも国有資本のほうが社会全体の利益をかなえると述べた。

20 世紀初頭に，社会主義は「共産主義」と「社会民主主義」の 2 つの陣営に分裂したが，その後両者はそれぞれに盛衰の道をたどった。「共産主義」はロシアの革命家レーニンがマルクスの思想に基づいて発展させた革命思想である。

レーニンは共産主義を実現するためには政権奪取に暴力を辞さないという暴力革命論を説き，政権を維持するには先進的政党である共産党による独裁政治が不可欠だと主張した。この思想はロシア，中国革命の成功や東欧諸国の共産化をもたらし，さらにアジア，アフリカ，ラテンアメリカの第 3 世界の国々に影響力を与えた。1970 年代の後半には共産圏諸国の人口規模は世界人口の過半数を占め，共産主義勢力はピークに達した。しかし 1980 年代後半から東欧諸国は次々と社会主義制度を放棄し，その後ソビエト連邦は崩壊した。他方，中国は 1990 年代から社会主義市場経済を掲げるとともに，市場経済化を導入して緩やかな政治体制へと改革を進めた。

一方，「社会民主主義」はその政治目標を達成するために非暴力的，民主主義的な手段で議会での過半数議席の確保によって政権交代を目指す。例えば，イギリス労働党やフランス社会党やドイツ社会民主党などがある。これらの西欧社会民主主義政党は長期にわたって西欧民主主義国で強い政治力を発揮していた。また，インドやブラジルなどの途上国の政治舞台においても社会民主主義政党は重要な役割を果たした。私的な利益よりも公的利益が優先される社会

を目指して，多くの社会民主党政権は電信通信，鉄道，鉱業，製鉄などの特定産業の国有化を進めた。しかし，生産手段の国有化は結局のところ，一般大衆社会の利益にはならなかった。多くの国において，独占的な地位や政府の金融支援によって競争から過度に保護された国有企業はますます非効率的になり，業績の悪化が深刻化した。こうした経済運営の失策によって，1980年代の初めに西欧諸国の社会民主主義政党は政権を保守系政党に奪われた。政権政党の保守系政党は国有企業を民間投資家に売却し，いわゆる「民営化」を積極的に推進した。以後，西欧諸国では政党間の政権交代が進み，民営化路線は一般化した。

　②　個人主義

　個人主義は社会や国家や集団などを個人の集合としてとらえ，個人の尊厳とその自己決定を最優先とする立場である。個人主義では個人が経済活動や政治活動を行う自由を保障すべきだとし，個人の利益は国家の利益よりも優先されるべきであると主張されている。集産主義と同じく個人主義的な思想も古代ギリシアの哲学者アリストテレスにその起源を求めることができる。アリストテレスは自由市場主義的なイデオロギーの信奉者であった。彼は公有制と比べ私有制のほうがより大きな努力や配慮を払われるため，財産（生産手段）の個人所有はより高い生産性を実現し，社会の進歩が促進されると主張した。

　18世紀に入り，個人主義は政治哲学としてイギリスの哲学者たちの手によって精緻化され，大きく2つの考え方が確立された。ひとつは『自由論』を著したジョン・スチュアート・ミルに代表される，個人の自由と自己表現の自由を保証すべきだという考えである。もうひとつは『国富論』を著したアダム・スミスが主張した自由主義経済的な考えである。アダム・スミスは人々がそれぞれ自らの利益を自由に求めることによって，社会全体に大きな厚生（経済的な利益）がもたらされると主張する。市場は「神の見えざる手」によってうまく調整されるため，政府などが人為的に経済に介入する必要はないというものである。この2つの考え方を総合すると，個人主義の中心的な理念では個人は政治・経済的に自由な立場にあり，政府はそれを制限すべきでない，これが社会の基本的なルールとなるべきだというものである。

(2)　全体主義と民主主義

①　民主主義

民主主義とは人民が権力を所有し，その権力を直接的に行使する，或いは選挙で選出した代表（代議士）を通して，間接的に行使することができるという主義であり，またその原則に基づいて築かれた政治システムである。民主主義制度は古代ギリシアの都市国家に発したとされるが，近代的な民主主義は市民社会の成立によって欧米諸国に勃興した。民主主義の主たる要素は言論，表現，結社の自由や基本的人権の保障や政治体制から独立する，公平な裁判制度，法治主義，政策運営の透明性などである。

②　全体主義

民主主義の対極にあるのは全体主義である。全体主義とは1人の人間或いは1つの政党が個人の生活や意見を全面的に統制し，国家が個人よりも高次の存在とされる主義である。全体主義国家では，国家権力が個人生活や私的部門の隅々まで浸透され，基本的な人権や自由なども認められていない。全体主義は一党独裁や独裁者への個人崇拝や言論の自由や結社の自由への抑圧などによって特徴づけられる。例えば，第1次世界大戦後のナチスドイツはその典型である。しかし，今日の世界では純粋な全体主義国家よりも，むしろ全体主義と民主主義の中間である権威主義体制や共産主義体制などをとっている国のほうが多いと言われている。図表2-1は政治体制の類型，特徴及びそれに該当する国を示すものである。ここから中間的な体制を採用する国のほうが圧倒的に多いことが分かる。

図表2-1　政治体制の類型

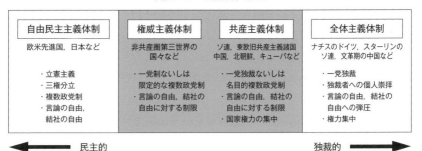

出所：加藤秀次郎（1999）『はじめて学ぶ政治学』実務教育出版，16頁をもとに筆者作成。

⑶　グローバル・ビジネスのリスクと政治体制

　グローバル企業は本国以外の国の様々な政治環境の中でビジネスを展開している。国の政治体制はその国に進出しようとする外国企業にとって重要な検討課題になる。政治体制は外国企業の収益，目標の達成，操業コストの形成に大きな影響を及ぼし，グローバル・ビジネスの最大のリスク要因となる。また，国の政治的環境は標的市場や投資先としての魅力度を左右する要因でもある。

　政治的リスクの最も一般的なものは政治の力によるビジネス環境の急激な変化と政策転換である。戦争，政変，暴動，反乱，ストなどの社会の不安や混乱は企業のビジネス活動に悪影響を与える。場合によってはその存立を脅かす可能性もある。例えば，戦乱の中で企業の関連施設が攻撃を受けた場合，社会が混乱する中で，民衆が暴徒化し，外国企業に対する破壊・略奪行為，従業員の傷害・殺害につながる可能性もある。一方，政変などによる政府の急激な政策転換は外国企業の強制収用（没収），国有化などという事態にまで発展することも考えられる。

　一般的に集産主義・全体主義的傾向の強い国は政治的リスクが高いとされている。個人主義や民主主義と対照的に，集産主義的体制は私的財産権，企業活動の自由を守る意識が極めて希薄である。一方，全体主義的体制では，圧政による民衆の不満から生じる社会不安，暴動などがありうる。また，国家利益の優先，権力の集中，自由・人権への抑圧などの特性から，全体主義的体制では民族間の対立，ナショナリズムの高揚，法制度の未確立，人治主義，政策・法制度の運用上の恣意性，腐敗・汚職の横行などといった問題が事業のリスク要因とコスト要因になりうる。

　しかし，今日の世界では未開発の市場すなわち市場潜在性が大きい市場ほど高い政治的リスクを伴うケースが多い。一般的に国の政治的リスクのレベルはその国の経済，社会の発展段階と反比例する。したがって政治的リスクは先進国と比べて発展途上国のほうが高い。例えば，中国やロシアやインドなどの国々は大きな人口規模，安価な労働力を有する一方で，急速な経済成長を遂げたため，潜在性のある市場或いは魅力的な投資先として注目されているが，その反面，政治的安定性という視点から多くのリスクが存在している。

2．経済的環境

(1)　経済システム

　一般的に集産主義的な政治体制における経済運営はより集権的であり，経済活動が強く統制されるのに対して，個人主義的な体制の下での経済運営は分権的であり，企業などはより自由に経済活動を行うことができる。現在，世界各国の経済システムは大きく次の3種類に分けられている。

①　市場経済

　市場とは，生産者と消費者のように経済主体間で交換・取引が行われる場である。市場では自由競争を通じて価格が成立する。財やサービスの生産に関しては，「何が」，「どれだけ」生産されるかが市場での需給関係と価格によって決定される。例えば市場では，ある商品に対する需要が供給を上回った場合に価格が上昇するため，生産者はそれに応じてその商品を増産する。逆に供給が需要を上回った場合，価格が下落することで，生産者はその商品の生産量を減らす。このような市場のメカニズムを利用して，財やサービスの需給の調整と資源分配を行う経済運営を市場経済という。

　市場経済の下での政府の役割は，市場を機能させるために企業間の自由競争を促進し，法制度によって市場の秩序と経済取引の公平性を維持することである。市場経済の特徴のひとつは私的企業に営利目的での経済活動を自由に行う権利が保証されていることである。そのため，企業はより大きな利益を目指して，新製品，新技術の開発や製品の品質，顧客サービスの改善などに取り組み，効率性の向上を図る。こうした個別企業の努力は国全体の経済成長につながる。現在では，OECD諸国は概ね市場経済を採用している。

②　計画経済

　計画経済は指令経済ともいう。計画経済は経済資源の国家所有を土台とし，財やサービスの需給調整と価格成立を市場によってではなく，政府の計画制定と実行を通じて行う経済システムである。つまり，「何が」，「どれだけ」生産されるかは中央計画当局の計画によって決定されるという点に特徴がある。本来，計画経済は市場経済的な資本主義システムから生じる不況や失業などの弊

害を克服するために，国家が生産手段や経済活動などを所有・統制し，計画的な生産を行うという目的から考えられたシステムである。しかし，現実に行われた計画経済はその理念と程遠いものが多い。例えば，現実の計画経済の下では本来市場の需給関係から決まる価格が形成されない。消費者が何を欲しがっているのか，企業がどういう経済資源をもっているかについて，中央政府は正確な情報を把握できないため，目的とする経済計画を立案し実行することはむずかしい。また，資本が国家所有のため，企業自体が行う経営のイノベーション，例えば新技術の開発や品質・サービス改善，生産性の改善の自由度が制限され，成果に対するインセンティブが少ない。したがって計画経済を採用した国の経済運営は極めて非効率的なものとなり，次第に行き詰る。

　これまで計画経済は主にソ連，東欧，中国などの社会主義国に選択されていたが，1989年「ベルリンの壁」の崩壊とそれに端を発した東欧革命，ソ連の解体に伴って，東欧諸国は次々と社会主義を放棄し，市場経済へと移行した。アジアでも80年代以降中国は政治体制としての社会主義を温存したまま，着実に市場経済化を進めてきた。これら市場経済化を目指す国々は「市場経済移行国」或いは「移行経済」と呼ばれている。

　③　混合経済

　前述のように，社会主義社会の矛盾点や経済の非効率性が指摘されるようになった。しかし一方で，純粋な市場経済（自由放任型）には市場の暴走，所得格差の拡大，競争の勝敗による社会リスクの増大，環境破壊の深刻化などの重大な欠陥があることも認識された。そのため今日では市場経済と計画経済のどちらか一方を選択している国はほとんどない。大多数の国は混合型の経済体制を採用している。

　混合型経済とは，各国の経済実情に応じて諸制度の長所を適切に組み合わせることによって，経済運営を行う経済システムである。このようなシステムの下では政府が市場のメカニズムと政府の計画の使い分けや民間部門と公的部門との役割分担を通じて，経済的な目標を達成しようとする。現代では，単一の原理に基づく経済運営では制約や限界が避けられないため，混合型の経済体制を選択するほかないと多くの専門家に指摘されている。

(2)　地域経済統合

　1990年代に入ってから，世界の各地域で地域経済統合への動きが活発化した。これは近隣諸国または限られた地域の国々が貿易・投資の自由化，諸制度の調和等について交渉するための枠組みを結成し，域内における経済活動を効率的に且つ円滑に行うための連携関係あるいは協力関係の構築である。地域経済統合は貿易，投資，人の移動などの経済取引分野の自由化から段階的に進み，最終的には金融，財政などの経済政策の調和（統合）へと進化するとされる。

　ベラ・バラッサは地域経済統合の諸段階を次のように分けている。

・自由貿易地域（協定）（域内の貿易自由化，関税の撤廃ないし軽減）
・関税同盟（域内関税の撤廃，域外向け共通関税の設定）
・共同市場（財やサービスの自由化，資本，労働等の生産要素の域内自由移動）
・経済同盟（域内諸国の金融，財政などの経済政策の部分的調整）
・全面的な経済統合（金融，財政及び景気対策の統一化，超国家的機関の設立）

　地域経済統合は域内諸国と域内経済に様々な効果をもたらすことが容易に想像できる。一般的には次のような効果が挙げられる。

〈静態的効果（短期的）〉
・貿易創出効果（域内貿易の拡大）
・貿易転換効果（「域外からの輸入」から「域内からの輸入」への転換）
〈動態的効果（長期的）〉
・市場拡大効果（大市場の形成，大量生産による規模の経済）
・競争促進効果（競争激化による生産性の向上，技術進歩の加速）
・投資誘発効果（無関税の適用，市場確保を目的とする域内向け投資の拡大）

　現在では世界に数多くの地域統合の枠組みが存在しているが，その統合の段階はまちまちである。AFTA（ASEAN自由貿易地域：1992年）とNAFTA（北米自由貿易協定：1994年）は自由貿易地域の段階に当たる。MERCOSUR（南米南部共同市場：1995年）は共同市場の段階まで進んでいる。EU（欧州

連合：1993年）はすでに金融面での通貨統合（単一通貨ユーロ），経済，外交，安全保障等の諸政策，諸制度の共通化のレベルに達している。

　しかし，上述した統合の段階はあくまでもその方向性を示すものであり，実際に各地域は統合の目標が異なるため，順序通りに各段階を踏むとは限らない。例えば，NAFTA は形式上は第1段階の自由貿易地域に属するが，その実態はすでに共同市場の要素である投資，サービスの自由化のレベルにまで進んでいる。

(3)　為替レートと外国為替市場

　商品と同じように各国通貨にはそれぞれ一定の価値がある。為替レートは異なる2つの通貨間の交換比率であり，それぞれの通貨の価値或いは値段といってもよい。例えば，ドルと円のレートの場合，1ドル＝120円とすれば，1ドルと120円とが交換できるということを意味する。一方，為替市場とは外国為替取引が行われる場であり，通貨の相場が決定される場でもある。

　図表2-2は外国為替市場のイメージを示すものである。企業は貿易，貸借，投資などの国際ビジネスを行う時，また，個人が様々な目的で海外に行く時，決済（受け払い）するには銀行で外貨を買ったり売ったりする必要がある。こうした顧客（企業，個人）の売買注文を受けた外国為替銀行はその売買金額の平均化・均等化を目的として，為替市場で外国通貨の売買取引を行う。為替市場は特定の仲介業者（ブローカー）や一部の大企業の他に銀行を中心に構成されることから，「インターバンク市場」とも呼ばれる。外国為替市場は東京，ロンドン，ニューヨークなど世界各地にあるため，市場はほぼ24時間途切れることなくどこかで開かれている。

　外国為替相場は為替市場で形成される。基本的に為替相場は，ある通貨に対して市場での買いが多いかそれとも売りが多いか，すなわちその通貨に対する需要と供給の関係によって形成される。

　また一国の通貨の需給関係に影響を与える要因は経済成長率，インフレ率，金利水準，失業率，景気動向，国際収支など，その国の総合的な経済状況を反映するファンダメンタルズ（Fundamentals：経済の基礎的条件）以外に，投機取引，国際政治情勢の変化，通貨当局による市場介入，市場参加者の心理な

図表 2-2　外国為替市場のイメージ

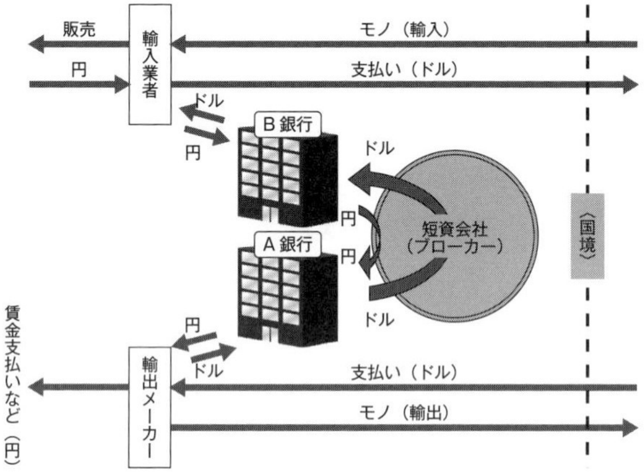

出所：伊藤（2002），317頁。

どがあげられる。為替相場はこれらの要因の相互作用によって形成される。

⑷　グローバル・ビジネスのリスクと経済的環境

　企業は国際ビジネスの意思決定に際して，政治的環境以外に経済的環境についても検討しなければならない。グローバル企業が特定国・地域を市場或いは投資先と選択した時，その国・地域を取り巻く経済的環境がビジネスの勝敗を左右する可能性がある。なぜなら，経済的環境はビジネスの展開に伴うコスト，収益，リスクの形成に関わるからである。

①　経済システム

　経済システムは一国の所有制と経済活動の自由度を規定している。例えば，市場経済では私的財産や企業間の自由競争や経済取引の公平性などが法的に保障されているため，企業にとって操業コストやリスクが低く，ビジネスに有利な環境である。また，市場経済国の多くは所得水準が高く，購買力を有するため，企業長期的収益が見込まれる。一方，ロシアや東欧諸国，中国，インドなどの「市場経済移行国」は経済成長と自由化に伴って，新しい市場と魅力的な投資先として注目されている。

②　地域経済統合

　世界的な地域経済統合の動きは企業にとって好機であると同時に課題でもあ

る。地域統合によって，域内の貿易，サービス，投資，人の移動などの自由化の拡大や，無関税，許認可・通関手続きの簡素化，制度の統一などによって，域内企業にとってはコスト削減要因となるのみならず，市場が全地域に拡大するため，集中生産による規模の経済も実現できる。また域内の自由化に伴い，企業間の競争が激化するため，企業は絶えずコスト削減などの合理化や技術革新に取り組んでいかなければならないが，それは結果的に企業の競争力の向上につながる。

　しかし，これまで域内の国に製品を輸出してきた企業は，域外共通関税という障壁を解消するために，直接投資を通して域内に生産拠点を設けて，従来の市場を確保し，域内の他の加盟国に無関税で輸出する戦略を構築しなければならない。例えば，EU統合の深化に伴って，日本や米国など域外の多くの多国籍企業は欧州へ生産拠点を移転せざるをえなくなった。また，従来EU各国ごとに配置されていた生産・販売施設の整理統合，さらにEU市場全体を統括する地域本社の設立が必要となった。

　③　為替レート

　為替相場の変動は企業の国際的な事業展開に大きな影響を与える可能性がある。自国通貨が上昇する場合，短期的には輸出価格の割高による販売不振，減益などの影響を受けるが，中長期的には輸出製品の競争力の低下につながる恐れがある。しかしその反面，海外からの原材料，部品の輸入価格の低下，海外投資時の資産価値の上昇などのメリットが期待できる。

　一方，自国通貨の下落は輸出製品の価格競争力を高める。しかしそれは輸入価格の上昇や海外資産価値の低下をもたらし，間接的に企業の収益を圧迫することも考えられる。

　為替リスクとは企業が為替相場の変動から被る損失のことである。為替リスクへの対応は企業の国際経営の重要な課題となっている。為替リスクを回避するには企業は輸出入の均衡策や先物予約や現地生産など様々な方策を講じるだけでなく，為替相場の変動要因を十分理解し，相場の変動による収益への影響を予測する能力を備える必要がある。

3. 法的環境

　国際的な事業展開を行う企業が直面するもうひとつの問題が法的環境である。複数の国で事業を展開している企業の諸活動には，それぞれの国の法律や規制が適用される。また，多国籍企業のように世界規模での経営活動を遂行する企業は個別の国の法規制以外に国際条約や経済統合による統一基準や規制などから制約を受けることもある。国・地域によって法律の整備状況，法律に対する解釈及びその運用も異なる。例えば，一部の発展途上国では法整備が遅れており，法解釈と運用面でも不確実性がみられ，これらの国々での事業展開は大きなリスクを伴う。一方，米国や EU などの先進国では特に環境，安全，人権などの関連法規制が厳しいため，その対応は大きなコスト増要因になると考えられる。

　ここで現代企業にとって最も重要である法的な問題について検討する。

(1)　財産権

　財産権とは財産を排他的・独占的に支配する権利である。一般的に物権（一定の物を支配する権利），債権（債務者に対して給付を請求する権利），及び知的財産権（知的活動の所産に対する無体財産権）に分けられている。財産権の保護は資本主義の基本原理であり，基本的な人権のひとつとして近代憲法の原則とされる。

　物権と債権については一部の途上国に進出する際，特に注意する必要がある。一般的に集産主義的体制を経験した国では私的財産の保護意識が希薄である。したがって，関連法律があっても，条文を恣意的に解釈し，国内の政治的，経済的な理由によって外国企業の物権や債権が十分保障されず，権利の行使が制限される可能性がある。また，一部の国では物権そのものの取得も禁止されている。例えば，アジアでは日本，韓国，マレーシア，インドを除いた多くの国においては，土地の使用権は認められるが，外国企業による土地購入（所有権）は原則として認められていない。

　●知的財産権

　近年グローバルな企業競争の激化，技術進歩の加速に伴って，知的財産権に
対する保護意識が高まっている。知的財産権は大きく工業所有権と著作権に分
類され，特許権，意匠権，商標権，著作権などを含む。企業は巨額の研究開
発費と莫大な時間，人員等を投入して，新技術，新製品などを開発する。開発
された技術の所有権を持つ企業は新製品の販売，ロイヤリティー（技術の使用
料）の請求などを通じて利益を得る。また，ブランドや商標の知名度は企業の
競争優位を形成させる手段でもある。従って知的財産権は企業にとって収益と
競争力の源泉といえよう。知的財産権の侵害は，企業の潜在的利益の喪失，ブ
ランド・イメージの低下などの被害につながる。

　世界的にみると，先進国では知的財産権を保護する制度が整備されているも
のの，その運用と解釈が国によって違う場合がある。多くの発展途上国は，知
財関連法律の整備が遅れており，政府と国民の知財保護意識，特許などの出願
手続き，裁判の公平性などの面において様々な問題がある。一般的には知的財
産権の関連法律が整備されていない国，世界知的所有権機関（WIPO）や工業
所有権の保護に関するパリ条約などの国際的な知財保護条約に加盟していない
国，WTO（TRIPS協定：貿易関連知的所有権協定）に加盟していない国，或
いは知財関連法律，国際条約，取り決めが守られていない国では知的財産権が

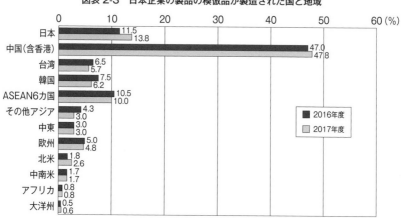

図表2-3　日本企業の製品の模倣品が製造された国と地域

出所：特許庁，2016年度，2017年度「模倣被害実態調査報告書」により筆者作成。
注：ASEAN6カ国はインドネシア，タイ，マレーシア，シンガポール，ベトナム，フィリピ
ン。

侵害されるリスクが大きい。

　図表 2-3 は近年日本企業の製品の模倣品が製造された国と地域の分布を示している。模倣品の製造は世界的に広がっており，特に日本と経済関係の強いアジア地域に集中していることが分かる。

　このように企業は海外進出にあたって，進出先国の知的財産権の整備状況，制度の特徴，政府の姿勢，対応などを含む知財保護の実態を十分把握する必要がある。

(2)　製造物責任

　製造物責任とは製品の欠陥により他人に生命，身体，財産に関する被害を与えた場合に，過失の有無にかかわらず，その製品の製造業者等が負うべき損害賠償の責任である。製品の「欠陥」は製造物設計上，製造過程における問題，有害，粗悪な材料の使用，製造物の特性や潜在的な危険性等に関する情報の表示，警告を怠った場合を含む。近年製造業者と消費者双方の製品安全に対する意識が国際的に高まっている。日本では 1994 年に民法の特別法である製造物責任法（PL 法）が施行された。こうした中で一度製品の欠陥により消費者に損害を与えれば，莫大な賠償金を支払うだけでなく，企業イメージの低下，社会的責任の追及などにより企業そのものの存立が脅かされる可能性がある。

　一般的に欧米先進国における製造物責任の意識は高く，企業が莫大な損害賠償金を請求されることが多いため，企業側が自社製品に高額な保険金をかけて対応するのが現状である。一方，発展途上国では製造物責任の意識が低く，関連法制度の整備も遅れている。海外で事業展開を行う企業はこうした各国の違いを認識しなければならない。欠陥製品への根本的な対策とは直接には欠陥製品を出さないことである。しかし，予防策と万が一発生する場合の対策が一層重要である。複数の国で事業を展開する企業にとって，製造物責任への対応は各生産・販売拠点や事業部門や部品納入業者などを含むグループ全体で取り組むべきである。また，各国の関連法律，適用業種，紛争処理体制の整備状況，異なる文化背景を持つ消費者の苦情への適切な対応など様々な面から検討する必要がある。

(3) 環境保全

　グローバル化の進展は世界経済の発展を促進させたと同時に，地球規模の環境負荷をも増大させている。特に1980年代以降，世界は大量生産，大量消費，大量廃棄の時代に入り，地球温暖化，大気，水質，土壌の汚染，森林伐採など，様々な環境問題が深刻化した。このような状況の中で経済成長と環境保全を両立できるような持続的成長が求められるようになった。

　多国籍企業が世界規模で事業展開することによって引き起こされる環境破壊も問題視されている。例えば，先進国の一部の企業は自国の環境規制が厳しいため，汚染物質排出量の多い生産施設を規制の緩い発展途上国に移転したり，途上国での過剰な伐採により森林消失を引き起こしたりしている。また，多国籍企業の大量生産・大量販売のシステム自体が汚染物質の排出，産業廃棄物，一般廃棄物（生活ごみ）を増やし，世界規模の環境破壊を加速させたという批判の声が高まっている。

　世界的な環境保全意識の高まりと各国における環境保護関連法規の整備など，企業を取り巻く状況の変化により，多くの企業は積極的に環境問題に取り組むようになった。先進的な企業が環境マネジメント・システムを構築することはその一例である。これは環境負荷をできるだけ少なくするために企業自らが環境方針を定め，継続的に改善を図る経営管理手法である。1990年後半から日本の企業は環境管理の国際規格ISO14001の認証を取得する動きが活発化した。近年，製造業企業では，部品や素材に含まれる化学物質を調達段階で管理するグリーン調達や企業の自主的な環境対策を示す環境報告書の発行や環境保全策を定量的に評価する環境会計など，様々な取り組みが広がっている。

　企業にとって環境対策に取り組むことは汚染，健康被害による補償，訴訟費用，法的な制裁などの環境リスクを回避する上で重要であるが，消費者や取引先，地域社会の環境意識が高まる中，次節で取り上げる「企業の社会的責任」の観点から，法的義務を超えた環境への配慮は企業のイメージアップにつながり，中長期的に企業の経済的利益をもたらすという経営戦略的な意味も持っている。

(4)　企業の倫理的課題

　近年企業社会でコンプライアンス（法令順守）という言葉が盛んに叫ばれている。企業は法律を違反すれば，法的な制裁によって罰せられるだけでなく，信認失墜によって業績が悪化し，倒産に追い込まれるケースもある。例えば，雪印乳業の集団中毒事件，三菱自動車のリコール隠し事件，米エンロン社の不正経理事件，オリンパスの粉飾決算事件などの不祥事で，これまで以上に企業は法令順守の必要性を迫られている。たとえ合法的な行為であっても社会通念上或いは道義上好ましくない行為を行えば，企業は事実上社会から非難され，企業イメージの低下による経済的な損失をこうむる恐れもある。まさに企業の倫理問題が問われているのである。現代の企業は法令順守に加えて，倫理規範を定めることで，企業の社会的責任（CSR, Corporate Social Responsibility）を果たさなければならない。

　一般に企業の社会的責任は環境対策，消費者対策，従業員への配慮，地域社会貢献など多岐にわたるが，受動的に法令を遵守するだけという姿勢では不十分である。図表 2-4 は企業の社会的責任と価値創造との関係を示している。企業は利潤を追求すると同時に，能動的に潜在的な社会要請に応えることで，始めて「良き企業市民」として地域社会に受け入れられるようになるのである。

図表 2-4　社会的責任と企業価値創造―企業とステークホルダーの関係―

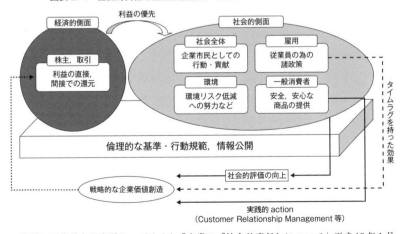

出所：三菱総合研究所ウェブサイト「企業の『社会的責任』について」平成 13 年 1 月（http://www.mri.co.jp/PRESS/2001/mn01013101.pdf, 2013 年 6 月 21 日アクセス）。

また，こうした倫理基準を遵守することは潜在的なリスクの回避，企業価値の向上，長期的な収益増大にもつながるものでもある。

　海外で事業展開を行う企業は各国の法制度の整備状況，文化の相違性による倫理基準の違いを十分検討する必要がある。環境保全意識の強いヨーロッパでは法的義務を超える企業内の環境政策の確立がより重要な意味をもつであろう。男女平等や従業員の基本的な権利などに厳格な欧米では，日本流の企業倫理で対応しきれない部分がある。また，贈収賄が横行し，腐敗に寛大な文化風土をもつ多くの途上国では，企業と社員の誠実性や公正性とともに社会的責任が問われる。

　企業が社会的責任を果たす場合はコスト負担増を伴うため，短期的に競争力が低下することが懸念されうる。しかし企業は，長期的な視点から，社会的な利益と企業の経済的利益を両立させる努力をすべきである。

■ポケモン，東南ア地ならし──新興国，知財保護道半ば，コピー品横行，企業は自衛

　アジア新興国の知的財産権保護は道半ばだ。各国は著作権や商標などを守る制度作りを進めるが，実際はキャラクターの人形などの模造品やコピー品があふれる。司法制度が未成熟なことも問題を根深くしている。

　東アジア地域包括的経済連携（RCEP）交渉などで知的財産保護は最重要課題のひとつに挙がり，各国は対応を進めている。インドネシア政府は近年，著作権法や商標法を制定・改正。工業デザインなどを保護する意匠法も作る方針だ。

　だが実際は権利侵害が続く。全米商工会議所が世界50カ国・地域の知的財産の保護や活用を指数化した「国際知的財産権指数」によるとタイが42位，インドネシアが45位などと東南アジアの多くの国が下位に沈んだ。

　企業は自衛に動いている。熊本県のPRキャラクター「くまモン」の海外での利用許諾や商標を管理するADKホールディングスは8月，中国ネット通販2位の京東集団（JDドットコム）のサイトにくまモンの専門店を開業した。自社の商品だけでなく，中国企業が開発した商品も販売する。京東のサイト上に出品される偽物を排除する効果を狙う。

　出所：『日本経済新聞』2019年8月9日付，朝刊。

■巨人GAFA，社会共存の風圧，課税強化・賃上げ・偽ニュース対策…，コスト膨張，下がる利益率

　米グーグルなど「GAFA（グーグル，アップル，フェイスブック，アマゾン・ドッ

ト・コム）」と呼ばれる IT（情報技術）大手 4 社が、「社会と共存するうえでのコスト」を求められ始めている。欧州を中心に課税強化の動きが広がる一方、賃上げ圧力が強まり、情報流出の対策コストも膨らんでいる。データを独占して高成長を続ける一方で、税や賃金など「社会全体への還元」には十分な関心を払ってこなかった GAFA という「異形の企業群」。かつてのような高い収益性の維持は難しくなっており、売上高税引き前利益率は 2019 年度に 20％割れ寸前まで低下する見通しだ。

　合計約 6400 億ドル（約 72 兆円）の株式価値が消失──。GAFA の時価総額は 7～10 月のピーク比で大幅に減少した。

　「ウォー・ルーム」。フェイスブックはシリコンバレーの本社に設置したコンテンツ監視の緊急対策室をこんな異名で呼ぶ。偽ニュースの拡散や情報流出などの問題が相次ぎ、米中間選挙を控えてトラブル回避に全力をあげる。不祥事対応には約 2 万人（派遣社員含む）と 1 年前の 2 倍の人員を投入。正社員数は 9 月末で同 45％多い約 3 万 3600 人に達する。

　アマゾンは「低賃金」批判を踏まえ、米英の配送センターなどで働く約 40 万人の最低賃金を引き上げた。この結果、19 年度に営業費用が 27 億 5000 万ドル増加すると米金融大手モルガン・スタンレーは予想する。

　税金も焦点だ。英政府は 10 月 29 日、新たなデジタル課税を 20 年 4 月から導入すると発表した。大手 IT 企業を対象に英国での売上高に 2％の税を課す。データやソフトウエアなど「形のない資産」で稼ぎ、低税率の租税回避地（タックスヘイブン）を使った節税策が容易な IT 企業に業を煮やした措置だ。欧州連合（EU）なども過度の節税への対応を厳格化しており、IT 大手の税引き後利益を抑える要因になる可能性が高い。

　個人情報保護やコンテンツ監視を巡って規制強化の動きも世界的に強まっている。欧州では個人情報の厳格管理を求める「一般データ保護規則（GDPR）」が 5 月に施行され、その前後 3 カ月でフェイスブックの欧州での 1 日あたり利用者は約 300 万人減少した。

　「邪悪にならなくても稼ぐことはできる」。グーグルが掲げてきたこんな社是は有名だ。設立から日が浅く、理想主義的な傾向もある GAFA。大量のデータから利益を生み出す新しいビジネスモデルを成功させ、国境や規制の枠組みを飛び越えてきた。

　いまや世界中に影響を与えるほどの存在となり、「大人の企業」としての振る舞いが求められている。過去数年間にわたって世界の企業業績を押し上げてきた GAFA の収益力は、社会とのかかわり方をどう築いていくかで大きく左右される。

　出所：『日本経済新聞』2018 年 11 月 4 日、朝刊（抜粋）。

参考文献

伊藤元重（2002）『マクロ経済学』日本評論社。
岩田規久男（2003）『経済学を学ぶ』筑摩書房。
加藤秀治郎（1999）『はじめて学ぶ政治学』実務教育出版。
寒河江孝允（2003）『知的財産権の知識』日本経済新聞社。
塩原俊彦（2003）『ビジネス・エシックス』講談社。
浜辺陽一（2005）『コンプライアンスの考え方』中央公論新社。

堀出一郎・山田晃久（2003）『グローバル・マーケティング戦略』中央経済社。

森田保男（1999）『企業と国際経営』同文舘。

安室憲一（1999）『地球環境時代の国際経営』白桃書房。

Balassa, B. (1962), *The Theory of Economic Integration*, London: Allen and Unwin Ltd.

Keegan, W. J. (2002), *Global Marketing Management*, 7th ed., Prentice Hall.

Kotler, P. and G. Armstrong (2004), *Principles of Marketing* [activebook version 2.0], Prentice Hall.

Hill, C. W. L. (2005), *International Business*, 7th ed., Irwin: McGraw-Hill.

練習問題

1．カッコに適切な語句を入れなさい。

① 外国為替相場は（　　A　　）で形成される。基本的に為替相場は，ある
　通貨に対して市場での買いが多いかそれとも売りが多いか，すなわちその通
　貨に対する（　　B　　）の関係によって形成される。

② 知的財産権は企業にとって（　　C　　）の源泉といえよう。知的財産権
　の侵害は，企業の（　　D　　）の喪失，（　　E　　）の低下などの被害
　につながる。

③ 現代の企業は法令順守に加えて，倫理規範を定めることで，（　　F　　）
　を果たさなければならない。

2．地域経済統合の諸効果について詳しく述べなさい。

第3章
グローバル・ビジネスの環境Ⅱ：文化的環境

　複数国でビジネスを行う多国籍企業は，本国と異なる文化的環境に直面する。現地従業員，消費者，取引先とライバル企業の関係者などはそれぞれ異なった文化的背景をもつ。また，彼らの価値観や行動様式は多国籍企業の日常的経営管理から長期的な戦略構築まであらゆる面に影響を及ぼしている。多国籍企業にとって，文化的環境は海外子会社の人的資源管理，製品開発，マーケティング戦略の構築など多国籍企業の国際経営と競争力の維持に重要な意味をもつ。

1．グローバル・ビジネスと文化的環境

　多国籍企業は，まさに異文化の世界で事業を展開しているといえる。多様な文化的環境は国際経営では非常に重要な変数であり，場合によって国際事業の成否を左右する要因にもなりうる。このため，各市場における文化の違いを認識・理解し，異文化への適応能力を高めることが求められている。

⑴　文化とは
　文化とは何かについて様々な定義がなされている。ビジネスとその文化的側面に関する優れた研究実績をもつヘールト・ホフステードは，社会人類学の観点から，文化を広義にとらえて「人間の考え方，感じ方，行動の仕方のパターンを総称するもの」と定義する。人間は社会活動を通してこのパターンを学び続ける。それはコンピューター・ソフトのように人間の心に組み込まれるため，ホフステードはこのパターンを「メンタルプログラム」と呼んでいる。
　図表3-1は，メンタルプログラムの3つのレベルを示すものである。ホフス

図表 3-1　人間のメンタル・プログラミングの３つのレベル

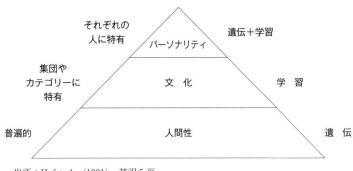

出所：Hofstede（1991），邦訳 5 頁。

　テードによれば，文化は人間のパーソナリティ（人格）や人間性とは異なり，遺伝によって受け継がれるものではなく，学習によって伝承されるものであり，また，特定カテゴリー（例えば，国籍，民族，宗教，性別，世代，帰属組織等）によって異なるものである。

(2)　文化と行動様式

　では，文化はどのような形で現れるのだろうか。アドラーは行動に対する文化的影響を循環図で明確に示している（図表 3-2）。人間は自分の人生や周りの世界について自分が持っている価値観を通して文化を表現する。この価値観はある状況における個人や集団にとって最適と思われる行動様式の選択に影響を与える。選択するための態度は当該文化に合致する日常の行動規範，行動様

図表 3-2　人間行動に与える文化の影響

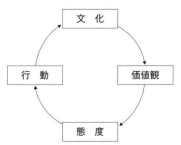

出所：Adler（1991），邦訳 15 頁。

式を規定している。そして，絶えず変化する行動パターンがさらにその社会の文化に影響を与える，というように，このサイクルは永遠に続く。このように社会の文化は最終的にこの社会の構成員の行動様式によって表現される。また個人や集団の具体的な行動が社会の文化に影響を及ぼすことで，文化と人間行動の相互作用が生じるのである。

⑶　文化の多様性と普遍性

　文化について考える時，文化間の相違，つまり多様性にのみ注目しがちである。しかし，どの文化に属する人でも基本的に似たような社会的問題に直面しているため，文化の相違の多くはある意味で同じ目的を達成するための方法の違いに過ぎない。とすれば，文化はすべての文化に当てはまる共通の要素を有することになる。このことは「文化の普遍性」あるいは「文化の普遍的特質」といわれる。

　複数国でビジネスを行う多国籍企業では異なった文化に帰属する人間が働いている。例えば，経営管理の運営上，企業ルールに違反する行為に対して何らかの罰則を設けることは，社員のコンセンサスを得られるであろう。しかし，どの程度の違反になると罰せられるのか，またどのような罰則を設けるかについては，文化的環境の違いによって社員の見解は異なるであろう。つまり前者は文化の普遍性を示すものであり，後者は文化の多様性の表れであるといえる。

　文化的環境によって消費者ニーズや嗜好性は異なる。しかし，人類共通の欲求や価値観もまた存在するため，文化的環境を越えて世界に共通して求められる製品が現実に存在している。一般的に，衣食住関連製品については文化的環境が大きく影響するが，自動車，エレクトロニクス，エンターテイメント（音楽，映画，ゲーム），医薬品などは世界共通の嗜好性が強い。また国際化，情報化の進展に伴って，文化的環境に依存するとされる衣食住関連製品でさえ世界的なニーズの同質化傾向が出現している。そのため，グローバル・マーケティングを展開する場合，製品の「適応化」を図るだけではなく，文化の普遍性を利用して，ロレックス，エルメス，コカコーラ，マクドナルドなどのように，全世界の市場で共通する製品の「標準化」を行い，文化の違いに対応する

ことが重要である。

2. 異文化への適応

　グローバル・ビジネスの場は異なる文化が相互作用する場でもある。した
がって，そこでは異文化間のコンフリクトが生じることがある。コンフリクト
の原因のひとつに，いわゆるエスノセントリズム（ethnocentrism：自民族中
心主義）の存在がある。これは自文化に基づくビジネスのやり方が合理的であ
り，他文化のそれは非合理的で価値のないものとみなす傾向をいう。エスノセ
ントリズムは程度の差があるが，どの文化においても見られる現象であるとい
われている。

　また，文化間の相互作用に悪影響を与える他の要素として自己言及基準
（SRC, Self Reference Criterion）と文化的コンテクスト（cultural context）
がある。人間は物事の価値判断をするときに無意識のうちに自分たちの文化的
価値，基準に照らし合わせて判断する傾向がある。James Lee はこの場合の基
準を自己言及基準（SRC）と名付けた。個人に刷り込まれた文化的コンテクス
トは SRC の形成に影響を与える。また SRC は文化的コンテクストに反作用
を及ぼし，エスノセントリズム（自民族中心主義）の根拠にもなる。Lee によ
れば，SRC をコントロールすることによって，文化的コンテクストに柔軟に
対応でき，結果的にエスノセントリズムを抑えることが可能であるという。

　国際ビジネスに悪影響を与える異文化間のコンフリクトを回避するために
は，多国籍企業は多様な文化を認識・理解し，エスノセントリズムと SRC か
ら脱却する必要がある。そのために異文化に適応してマネジメントすることが
求められる。具体的な方法は次の通りである。

(1) 異文化コミュニケーション

　異文化を理解するには，異文化双方向のコミュニケーションが重要な手段と
なる。エドワード・ホールは異文化コミュニケーションを「異なる文化的背景
をもつ人間同士の意思伝達のプロセス」と定義している。彼は文化を「高コン
テクスト」文化と「低コンテクスト」文化に分けて，2者がコミュニケーショ

図表3-3　文化とコミュニケーション

低コンテクスト文化	高コンテクスト文化
●言語への依存度大 ●貴方が言うことが貴方が意味すること ●非言語表現（ノンバーバル）への依存度小 ●情報はその大部分が，書かれるにせよ，口頭にせよ，特定言語によって伝達される ●異文化コミュニケーションで意味を十分斟酌しない（underscanning） ●ホンネ，正直さ，内容を重んじる	●言語への依存度小 ●貴方の言葉に10通りの意味がある ●非言語表現への依存度が大 ●情報は，特定言語によるよりも，より多く物理的状況や内部の知識によってその意味が導き出される ●異文化コミュニケーションで意味を斟酌しすぎる（overscanning） ●タテマエ，和，形を重んじる

出所：林（1996），72頁。

ンに与える影響を分析している。

　高コンテクストのコミュニケーションでは，情報のほとんどがメッセージの送り手と受け手双方に共有されており，明確に言語化された部分が非常に少ない。一方，低コンテクストのコミュニケーションでは，メッセージの受け手と送り手に共有される部分が少なく，情報の大半は明確に言語化されている。図表3-3から文化のコンテクストがコミュニケーションと深く関わっていることが分かる。

　世界には高コンテクストの文化もあれば，低コンテクストの文化もあるが，総じて，東洋文化のコンテクストは西洋のそれより高いといわれている。コミュニケーションは国際ビジネスの効率性に影響する要因のひとつであり，文化コンテクストの違いが企業内部の意思疎通を妨げる可能性がある。したがって異文化間の効果的なコミュニケーションを促進するために，文化のコンテクストを十分に理解する必要がある。

(2) 異文化学習とトレーニング

　文化は遺伝的なプロセスではなく，後天的な学習のプロセスによって獲得されるものである。このことは，異文化と遭遇した場合に相手の文化を学習することによって，その文化を理解し，うまく適応することが可能であることを意味している。異文化適応について，ホフステードは「多文化世界で生き残る基本的な技術は自分自身の文化的価値観を理解することである。そして次に協力

しなければならない相手の文化的価値観を理解することである」と指摘している。

　多国籍企業には効率性の高い組織運営が必要であるため，現地適応とグローバルな統合が同時に求められている。その際に多国籍企業にとって異文化の理解と学習は特に重要な意味をもつ。こうした取り組みは文化的違いに対し寛容心を育てるだけでなく，異文化間のコミュニケーションの障害を取り除くことによって，現地スタッフとの間に強い連帯感を創出することができる。さらにビジネスの上でも，現地消費者の価値観，行動パターン，嗜好性などの文化的要素を理解することはマーケティング戦略や競争戦略の構築に有効である。現地のスタッフもまた多国籍企業本国の文化の学習・理解を通して，異文化に適応できるようになる。

　異文化を理解するには教育が不可欠である。多くの多国籍企業は海外での事業展開をスムーズに進めるために，海外派遣社員と現地人管理スタッフを対象に双方向のトレーニング制度を設けている。これには語学研修や実務研修のほかに，異文化適応，異文化コミュニケーション能力の強化を目的とする異文化トレーニングプログラムが用意されていることが多い。

(3)　文化多様性への対応と活用

　経営管理の立場からすると，文化の多様性は効率性を損なう要因のようにみえるかもしれない。なぜなら文化の多様性は意思伝達の曖昧さ，複雑さを増し，意思決定や統一行動など企業経営上最も重要なプロセスに混乱をもたらすのではないかと思われるからである。しかし多様な文化には様々な視点と選択肢を提供し，新しいアイディアを受け入れやすい環境を作り出して，企業の創造性と柔軟性を高めるといったメリットがある。こうしたメリットを生かし，異なる文化を相互作用させることを通して，経営における相乗効果が生み出されることが考えられる。このような異文化の相互作用と創造のプロセスは「異文化シナジー」と呼ばれる。

　異文化シナジー効果の創出は異文化間の相互理解を促進するだけではなく，円滑な現地経営，環境適応の柔軟性，効果的なマーケティングなどにも役立つ。文化の多様性メリットを最大に活用しつつ，そのデメリットを最小に抑え

ることが多国籍企業の異文化マネジメントの重要な課題である。

3．企業文化とグローバル経営

(1)　企業文化とその役割

　国籍，民族によって文化が違うように，組織としての企業もそれぞれの文化をもっている。一般的に，企業文化は，「企業の構成員に共有される価値観と行動パターン」と定義されている。ある企業の企業文化を知るには，企業の運営や日常の仕事の中で何が重要視されているのか，そして重視されていることを実現していくためにどのような行動をとっているのかをみればよい。

　企業文化の多くはその企業の経営方針・理念の中に反映されている。例えば，トヨタ自動車は「クリーンで安全な商品の提供を通じて，豊かな社会づくりに貢献し，国際社会から信頼される良き企業市民を目指す」という経営理念を掲げている。具体的には「内外の法およびその精神を遵守し，オープンでフェアな企業活動を通じて，国際社会から信頼される企業市民をめざす，各国，各地域の文化，慣習を尊重し，地域に根ざした企業活動を通じて，経済・社会の発展に貢献する，クリーンで安全な商品の提供を使命とし，あらゆる企業活動を通じて，住みよい地球と豊かな社会づくりに取り組む，労使相互信頼・責任を基本に，個人の創造力とチームワークの強みを最大限に高める企業風土をつくる……（一部省略）。」などが述べられている。トヨタ自動車が「世界のトヨタ」と呼ばれるほど積極的にグローバルな事業活動を展開してきたこと，世界に先駆けて環境を配慮したハイブリッドカーを開発・商品化したこと，生産現場の従業員の知恵を生かした，品質管理手法「QCサークル」を進めたことなどは正にトヨタの企業文化を象徴するものである。

　多国籍企業のグループ企業では多様な文化的背景をもつ従業員が働いている。そこでは，企業グループ共通の経営目標の達成，効率的な組織運営を実現するために企業全体としての価値観の共有化や行動様式の共通化を図り，彼らに組織への帰属意識を持たせる経営が求められるであろう。

(2)　企業文化の形成

　企業文化はその企業本拠国の国民文化の縮図だと考えられがちである。しかし，同じ国に本拠を持つ企業の文化は必ずしも一様でない。また，異なる国籍をもつ企業の文化には類似性がみられることもある。企業文化は創業者や有力なリーダーたちの信念や価値観によって形成されることも多い。しかし，企業文化は不変なものではなく，社会環境の変化に伴って古い文化の変革と新しい文化の創造を通じて進化するものである。例えば，企業経営の環境対応の動向があげられる。世界的な環境保護意識の高まりや経済のグローバル化などの変化に対応し，グローバルな競争の中で優位に立つために，企業は単に生産，販売など経営面での努力だけでは不十分である。企業は時代や社会変化に適応する形で企業文化を醸成し，またそれをマネジメントする必要もある。つまり，企業文化の形成は企業が長年にわたって社会環境や競争環境など様々な環境に適応した結果であるといえよう。

　それでは多国籍企業の海外子会社の企業文化はどのように形成されたのであろうか。図表3-4は海外子会社の企業文化の形成プロセスを示すものである。各国に分散する多国籍企業の海外子会社の文化はまず本拠国の国民文化の色を強く持ち，そして，その企業の発展初期の歴史や業種の特性や環境の変化などの様々な状況要因から影響を受け，コア・コーポレート・カルチャー（核となる企業文化）が形成されている。次にこのコア・コーポレート・カルチャーは海外子会社に持ち込まれ，そして現地の環境要因（例えば，市場の競争状況や技術進歩や政府の政策や社会の変化などを含む），タスク要因（海外子会社の

図表3-4　海外子会社の企業文化の形成プロセス

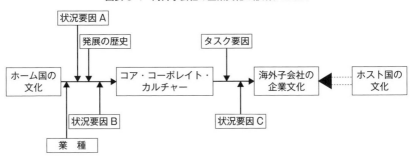

出所：根本・T.吉本（1994），86頁。

運営，業務などの内部要因），さらにホスト国の文化から影響を受け，海外子会社の企業文化が最終的に形成される。

(3) グローバル経営における企業文化マネジメント

　前述のように共通の価値観や行動様式を内包する企業文化は企業の求心力と効率性を高めるという重要な役割を果たす。しかし，本社文化と海外子会社文化との違いは，しばしば多国籍企業の国際経営活動に困難をもたらしている。異文化による摩擦を回避するためには，まず現地への適応，すなわち現地の文化，慣習などを尊重しなければならない。しかし，グローバルな統合（統一管理）と効率性の追求などの見地からは，企業全体の一体性を保つ必要がある。多くの多国籍企業はこのようなジレンマに直面している。グローバルな経営活動の中で多国籍企業はいかにこの問題に対処すべきかについては，次のアプローチから重要な示唆を得ることができる。

　図表3-5は企業文化マネジメントのあり方を類型化したものである。

　第1は浸透アプローチである。これは本社文化そのまま海外子会社に移転し，グループ全体文化の同化を図るものである。本社の文化が深く浸透すれば，効率性の向上，経営目標の達成にプラスに働くと考えられるが，これを現地の文化を無視する形で進められると，逆に組織内のコンフリクトの増大，企業の求心力の低下を引き起こし，ひいては企業の経営成果に悪影響を与えるおそれがある。

　第2のローカル化アプローチは浸透アプローチの対極にあるものである。これは本社文化にこだわらず，子会社の文化を維持する，いわば「郷に入っては郷に従え」式の完全な現地適応型のアプローチである。しかし，このような単純な現地迎合主義的な方法はあまりにも文化多様性メリット，統合の効率性を軽視するとの批判がある。

　第3は融合アプローチである。これは本社と子会社両方の文化の変革と融合を促し，第3の文化の創造を目指すものである。このハイブリッド型（混合型）のモデルでは効率性と文化多様性メリットを両立できるため，理想的なモデルといえよう。

　第4のシナジーアプローチは本社文化と子会社文化をそのまま維持して，異

図表 3-5　グローバル企業文化の諸アプローチ

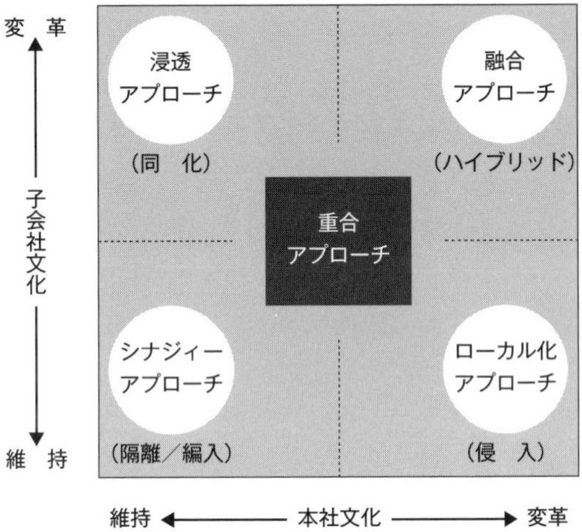

出所：根本・T.吉本（1994），153頁。

文化を相互作用させることを通して，シナジー効果（相乗効果）の創出を図る
ものである。これは文化の多様性メリットを活用する文化マネジメントの手法
である。

　国際経営の現実においては，多様性と統合性を併存させるのが重要である。
本社文化の統合性と子会社文化の多様性メリット及びその相互作用によるシナ
ジー効果をいかに同時に追求するかが文化マネジメントの大きな課題である。
それが達成される状態は「文化の重合」と呼ばれている。

　近年グローバル市場における競争はますます激しくなり，複雑化している。
従来のようにグローバル化か或いはローカル化という二者択一的な経営は今日
の市場環境に対応できなくなった。そこでグローバル化とローカル化の同時
達成を目指す，いわゆる「グローカル化」（global と local を合体させた和製英
語）という国際経営の新しいコンセプトが登場してきている。グローバル経営
における企業文化マネジメントにはこのような視点が求められている。

■勝利の方程式，ほほ笑むか？　日系百貨店の成功モデル，シンガポール流，高島屋，
バンコク出店

　高島屋がタイに初めて百貨店を出店した。現地の有力財閥などと組み大型の商業施設

を開発。接客や商品を地元ニーズに沿う形に合わせる。(1)日本の食の充実，(2)強力な
パートナーとの不動産開発，(3)ローカライズを組み合わせる事業モデルは同社がシンガ
ポールで確立したアジア事業の「勝利の方程式」。大型ショッピングセンター（SC）や
ネット通販の波が押し寄せるタイで花開くか。

　「いらっしゃいませ。サワディーカー」。10日，タイ首都バンコクで開業した百貨店
「サイアム高島屋」。午前10時の開店で1000人以上の客が並び，高島屋の木本茂社長や
着物をまとったタイ人の女性店員が深々とお辞儀して出迎えた。

　高島屋が入居したのはタイの小売り大手サイアムピワットや有力財閥チャロン・ポ
カパン（CP）グループが開発した商業施設「アイコンサイアム」。ここに持ち込んだの
は，25年前に出店したシンガポール店での成功体験だ。

　その1つがローカライズ。日本式をただ持ち込むのではなく，現地事情に応じて柔軟
に変える。

　「お辞儀は45度ですよ」。10月上旬，高島屋横浜店（横浜市）から来た教育係が1週
間，お辞儀や包装のやり方など高島屋流の「おもてなし」をたたき込んだ。

　ホワイトカラー志向の強いタイでは事務職採用者は販売業務に抵抗も強い。サイアム
高島屋の堀口建治社長らは「百貨店の原点は販売員で，いちばん偉い」と現地の従業員
に説き伏せた。経営理念をタイ語に訳し，考え方から学んでもらった。

　一方で，制服は現地の好みに合わせた。同社では全店でグレーを基調にした制服を採
用するが，現場から「地味だ」との意見が相次いだため，タイのデザイナーに依頼し，
赤，黒，白をベースとした制服を作った。「優秀な人材に長く働いてほしい」（堀口社
長）と異例の対応をとった。

　こうした現地化はシンガポール高島屋の経験で積み上げられた。日系百貨店として後
発でシンガポールに参入した高島屋は「同じターゲットで勝負しても勝ち残れない」
（タカシマヤ・シンガポールの矢野辰雄社長）と，現地の人に照準を絞った。地場の有
力企業と組み，催事や食品の品ぞろえを変更。現地でのデパ地下の支持は圧倒的だ。

　開業から10年間は赤字続きで撤退も検討されたが新モデルへの転換後，黒字に転
換。今では地元から「タカ」の愛称で親しまれる。高島屋全体の2割弱を占める61億
円の営業利益を稼ぐ。

　有力企業と組む点でもサイアム高島屋はシンガポール方式に近い。CPなどと組んだ
ことで，出店条件が一部優遇されたとみられる。開業2年目の20年2月期にも黒字化
を見込んでいる。

　出所：『日経MJ』2018年11月16日付（抜粋）。

参考文献

江夏健一・首藤信彦編著（1995）『多国籍企業論』八千代出版。

江夏健一・桑名義晴（2001）『理論とケースで学ぶ国際ビジネス』同文舘。

絹巻康史他著（2001）『国際経営』文眞堂。

城座良之他著（2003）『グローバル・マーケティング』税務経理協会。

根本孝・T.吉本容子（1994）『国際経営と企業文化』学文社。

根本孝編著（2004）『グローカル経営』同文舘。

林吉郎（1996）『異文化インターフェイス経営』日本経済新聞社。

Adler, N. J. (1991), *International Dimensions of Organizational Behavior*, South-Western Publishing Co. (江夏健一他監訳『異文化組織のマネジメント』セントラル・プレス, 1998 年。)

Buckley, P. J. and M. Z. Brooke (1992), *International Business Studies an Overview*, Basil Blackwell Limited. (江夏健一訳『国際ビジネス研究総論』文眞堂, 1993 年。)

Hall, E. T. (1989), *Beyond Culture*, N.Y.: Anchor Books. (岩田慶・谷泰訳『文化を越えて』TBS ブリタニカ, 1993 年。)

Heenan, D. A. and H. V. Perlmutter (1979), *Multinational Organization Development*, Addison-Wesley Publishing Company. (江夏健一他訳『グローバル組織開発』文眞堂, 1990 年。)

Hofstede, G. (1991), *Cultures and Organizations Software of the Mind*, McGraw-Hill International (UK) Limited. (岩井紀子・岩井八郎訳『多文化世界　違いを学び共存への道を探る』有斐閣, 1995 年。)

Lee, James A. (1966), "Cultural Analysis in Overseas Operations," *Harvard Business Review*, March-April, pp. 106-114.

練習問題

1．カッコに適切な語句を入れなさい。

①　グローバル・ビジネスの場では異なる文化が相互作用する場でもある
　　が，異文化の相互作用でトラブルや不必要なコンフリクトを拡大させる原
　　因は，自文化をビジネスのやり方の価値判断基準とする（　　A　　）の
　　存在である。また，文化間の相互作用に悪影響を与える他の要素としては
　　（　　B　　）と（　　C　　）がある。

②　多様な文化には様々な視点と選択肢を提供し，新しいアイディアを受け
　　入れやすい環境を作り出して，企業の（　　D　　）と（　　E　　）を
　　高めるといったメリットがある。こうしたメリットを生かし，異なる文化
　　を相互作用させることを通して，経営における（　　F　　）が生み出さ
　　れることが考えられる。このような異文化の相互作用と創造のプロセスは
　　（　　G　　）と呼ばれている。

2．異文化への適応と異文化マネジメントの具体的な3つの方法について述べ
　　なさい。

第4章
多国籍企業の史的展開

　多国籍企業については1960年以降からさまざまな定義がなされてきたが，そのなかでも，国際連合で定められた定義を用いるのが一般的である。すなわち，「多国籍企業とは本拠のある国以外で生産またはサービスの設備を所有もしくは支配している企業」のことである。では，多国籍企業はどのように生成し，発展したのであろうか。本章では，そのプロセスを振り返ることを通じて，多国籍企業に関する歴史知識を深めていくことにする。

1．グローバル経済の出現と多国籍企業

(1)　第1次グローバル経済誕生の前夜

　多国籍企業については古くからその存在が確認されているが，そのなかでも先駆形態として位置づけられるものが，イギリス東インド会社である。これは1600年にイギリス女王・エリザベスⅠ世が，ロンドンの商人らに対して交易独占権を与えたことにより誕生した企業である（1858年に清算，消滅）。同社はヨーロッパとアジアを結ぶ貿易活動に従事し，商品調達から卸売販売までの一連の事業活動を展開した。

　ところが，やがてイギリス東インド会社は活動内容を変えていった。インドを支配していたムガール帝国から地方での地税徴収権を得るなどして，行政的な機能を有するようになったのである。イギリス東インド会社は多いときには20万人を超える独自の軍事力を有し，イギリスの植民地であったインドを管理した。貿易会社から行政機関へと変容していった。

　この時代，イギリス東インド会社のように，植民地の貿易システムを支援することを目的に設立された会社がいくつか存在した。オランダ東インド会社，

デンマーク東インド会社，ハドソン・ベイ会社，ロイヤル・アフリカ会社など
であった。

　このように，17世紀はじめ頃から，先駆的多国籍企業と呼ばれるものが国
境を越えた事業活動を営んでいた。ただし，この時代の多国籍企業は今日われ
われが目のあたりにしている多国籍企業とは，経営の目的や内容を異にするも
のであった。また，それら企業の活動が世界経済に与えた影響も微々たるもの
であった。実際に1500～1800年の間に，世界貿易の成長率は年率で1％程度
しかなかった。多国籍企業が世界経済における存在を示すようになるのは，19
世紀後半になってからであった。

(2)　第1次グローバル経済の萌芽

　19世紀半ば頃より，多国籍企業の活動範囲が広がりはじめた。前時代と比
べて特徴的なことは，製造業の多国籍企業が出現したことである。そのなかで
も，初期の多国籍製造企業として知られているものが，アメリカのミシン製造
会社・シンガーである。

　同社は，1851年に俳優であり発明家でもあったアイザック・メリット・シ
ンガーによって設立された。彼が取得したミシンの特許技術を基に，事業活動
をはじめた。当時すでにミシンは存在していたが，その多くは工業用であっ
た。シンガーは自分で簡単に衣服を縫いたいという一般消費者のニーズに応
え，家庭用ミシンの販売に乗り出した。

　家庭用ミシンという新製品を販売するために，シンガーは販売組織の構築に
力を注いだ。消費者にまだ知られていないミシンを販売するためには，商品の
用途や使用方法を説明する必要があった。そこで，シンガーは販売員を戸別訪
問させる対面的な営業活動を行った。また，高額な商品を現金一括で販売する
ことが難しかったことから，分割払いを可能にする消費者金融サービスを提供
した。さらには，ミシンの長期使用を保証するために，部品供給システムを構
築し，修理や部品交換に応じられるようにした。これら販売サービスは他社に
委託することが難しかったことから，活動のほとんどを自社で行った。製造業
でありながら，小売事業まで自ら展開したのである。こうして家庭用ミシンに
対する認知を高めていった。

　当初，シンガーはニューヨーク工場でミシンを生産していたが，やがてエリザベスポート工場（1873 年設立）を建設し，製品の量産化を進めた。工場では，部品の鋳造・製造，製品の塗装・組立などの各工程を，一貫生産体制の下で展開した。コストダウンが図られ，ミシンの価格を引き下げていった。

　アメリカ市場で高い評価を得たシンガーのミシンは，ヨーロッパをはじめとする海外市場へも輸出された。そうしたことから，1867 年シンガーはイギリスのグラスゴーに初の海外工場を建設し，現地生産に着手した。重量のあるミシンは輸送コストが高くつくことから，現地で生産したほうが有利であると判断したのである。

　グラスゴーの工場では，初期にはアメリカから輸入した部品を用いて製品を組立てていたが，やがてミシン本体のすべてを生産するようになった。シンガーは本国で蓄積した管理能力や技術能力といった経営資源をグラスゴー工場に移転し，現地経営を展開した。このようにして，同社は多国籍企業としての道を歩み始めた。シンガーは後にカナダ，オーストリア，ドイツ，ロシアなどでも工場を所有した。

　世界各地に直営の販売店も設置された。1906 年時点でシンガーは 5,385 の店舗を有していたが，主要なものではアメリカに 1,270 店，ロシア 703 店，イギリス 577 店，ドイツ 391 店，イタリア 237 店，フランス 236 店，トルコ 215 店，メキシコ 210 店を展開した。日本にも 70 店が設立された。これら店舗ではアメリカで行ってきた販売方法を踏襲した。

　国際的な経営活動の結果，シンガーはミシン業界で独占的な地位を築くことに成功した。1914 年時点で，世界で販売された家庭用ミシンの約 90％がシンガー製であった。

(3)　第 1 次グローバル経済の形成

　シンガーのように，国境を越えてビジネス活動を行う企業の数は次第に増加した。たとえば，世界的な電気機器メーカーとして知られているドイツのシーメンス（1847 年設立）は，第 1 次世界大戦勃発（1914 年）までにイギリス，フランス，スペイン，オーストリア・ハンガリー，ロシアなどに海外工場を設立した。日本においても 1923 年に古河電気工業と資本・技術提携を結び，富

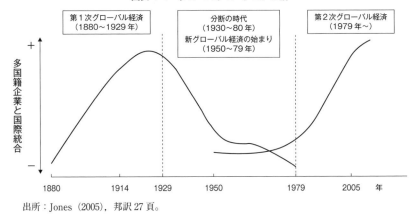

図表 4-1　グローバリゼーションの波

出所：Jones（2005），邦訳 27 頁。

士電機製造を設立した。

　また，世界的な食品メーカーであるスイスのネスレ（1866 年設立）も，1900 年頃までにアメリカ，イギリス，ドイツ，スペインなどに工場を設けた。日本においても 1933 年に淡路島の藤井煉乳と提携し，藤井乳製品を設立した。

　このように世界各地で多国籍企業が誕生した。ハーバード大学ビジネススクール教授のジェフリー・ジョンズは，この時代のことを特に「第 1 次グローバル経済」と呼んでいる（図表 4-1 を参照）。①イギリスで起きた産業革命の動きが欧米各国に伝播して工業化が進んだこと，②鉄道網の整備や，蒸気船の出現による造船技術の進歩，海底ケーブルの敷設，スエズ運河の開通といった輸送手段や通信技術が進歩したこと，③各国が金本位制を採用したことで外国為替リスクが軽減され，国際資本の移動が促進されたことなどが，多国籍企業の誕生に積極的な影響を与えたと考えている。

　このように国際ビジネス環境が整うにつれて，多国籍企業は本国で培った技術やノウハウといった競争優位を持って，自国とは異なる環境下でビジネス活動を展開するようになった。これら企業によるビジネス活動は各国の経済を結びつけ，グローバル経済の形成に重要な役割を果たした。

(4)　第 1 次グローバル経済時代におけるイギリス多国籍企業

　第 1 次グローバル経済が形成されるなかで，特に中心的な役割を果たしたの

がイギリス多国籍企業であった。1914 年時点で，イギリスは 65 億ドルの海外直接投資を行っていたと推計されている。世界全体の海外直接投資額の合計額が 144 億であったことから，イギリスからの海外直接投資は全体の 44.9％を占めていたことになる（図表 4-2 を参照）。

　世界に先駆けて産業革命に成功したイギリスは，卓抜した経済力を有していた。木綿工業，製鉄業，機械工業，造船業，海運業，金融業といった分野で競争優位を持ち，世界経済をリードした。軍事力も抜き出ており，1913 年時点で人口 4,500 万であった同国は，4 億人の人口を抱える植民地を有していた。覇権国家として栄えていた。

　イギリスを代表する多国籍企業には，空気入りタイヤのダンロップ，兵器のヴィッカース，カタン糸の J. & P. コーツ，ガラスのピルキントン，レコードのグラムフォン（後の EMI），石油のシェル（後のロイヤル・ダッチ＝シェル），石鹸のリーバ・ブラザーズ（後のユニリーバ）などがあった。これら企業の多くは，はじめに海外市場に販売代理店や販売子会社といった販売組織を設立し，製品を輸出した。そして，関税引き上げや輸入規制といった問題が生じると，現地生産に移行した。

　たとえば，ウィリアム・ヘスケス・リーバの手によって創設されたリーバ・

図表 4-2　投資本国別にみた海外直接投資残高の割合（1914 年）

（単位：％）

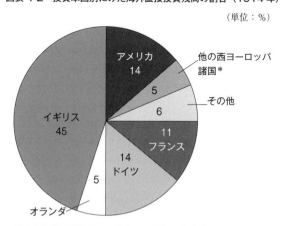

注：＊は主にベルギー，スウェーデン，スイス。
出所：Jones（1995），邦訳 35 頁。

ブラザーズは，1889年ポートサンライトに大規模な工場を建設し，石鹸を生産した。イギリスでは工業化にともなう労働者階級の増加により，石鹸の需要が高まっていた。リーバ・ブラザーズは「サンライト」などのブランド石鹸を販売し，その需要に応えた。

やがて工業化の波が各国へ広がると，海外でも石鹸の需要が生まれた。リーバ・ブラザーズは，世界各国への製品輸出を開始した。ところが，各国政府が自国産業を保護するために輸入関税を引き上げはじめると，輸出に不利な状況が生じた。そこでリーバ・ブラザーズは，カナダ，オーストラリア，アメリカ，南アフリカなどで現地生産に着手した。日本でも1910年に尼崎工場を建設し，事業活動を展開した。輸出から現地生産に海外戦略を転換した。

また，同社は原材料を確保することを目的とした海外直接投資も行った。オーストラリアの牛脂，ソロモン諸島のココナッツ，日本の魚油などへのアクセスを目的とした投資がそれらのものであった。これらの原材料はイギリス国内での調達が難しく，輸入に頼らざるを得ないものであった。

その後，リーバ・ブラザーズは同じ原材料を用いることから，オランダのマーガリン製造企業であったユニと経営統合した（1930年）。現在はイギリスとオランダに国籍を置く多国籍企業となっている。

リーバ・ブラザーズの事例からもみられるように，イギリス多国籍企業は海外市場を求めてビジネスの場を拡大していった。第1次グローバル経済の形成において主導的な役割を果たした。

2．第1次グローバル経済の崩壊と第2次グローバル経済の萌芽

(1)　第1次グローバル経済の終焉

イギリス多国籍企業がリードした第1次グローバル経済は，20世紀に入ると縮小に向かった。この時代，世界的な規模での経済不況が発生した。1929年10月24日にニューヨーク証券取引所で発生した世界恐慌は，世界各国で金融恐慌，景気後退を引き起こした。この事態に直面し，各国政府はブロック経済を形成するなどして，自国産業の保護に努めた。各国間の協調体制が崩れ，グローバル化に逆行する動きが生じた。

　また，この時代には世界的な規模での戦乱が生じた。1914 年に第 1 次世界大戦が，1939 年に第 2 次世界大戦が勃発した。各国政府は自国にある敵国所有企業の資産を接収した。ナショナリズムが高まり，外資に対する圧力が増した。

　さらに第 2 次世界大戦後（1945 年），世界は資本主義陣営と社会主義陣営に二分されるようになり，冷戦時代に突入した。資本主義陣営には，アメリカを盟主に，イギリス，フランス，イタリア，西ドイツ，日本，韓国などが属した。社会主義陣営には，ソビエト連邦を盟主に，ルーマニア，ハンガリー，ポーランド，東ドイツ，中国，北朝鮮などが属した。両陣営の対立は，軍事や外交のみならず，経済や文化などにも大きな影響を与えた。

　このようにグローバル経済の進展に否定的な環境が生じた。多国籍企業は活動の場を制約された。特に，イギリス多国籍企業は本国の国力衰退を背景に，国際競争力を失っていった。グローバル経済における主導的な立場が過去のものとなった。

(2)　アメリカ多国籍企業の台頭

　第 1 次グローバル経済が崩れ去るなかで，1950 年代より前時代とは異なる新たなグローバル経済が芽生え始めた。ジェフリー・ジョンズはこの時代のことを「第 2 次グローバル経済」と呼んでいる（図表 4-1 を参照）。①第 2 次世界大戦後，各国経済が復興したこと，②商用ジェット機の就航，大型貨物船およびコンテナ輸送の進展，テレックスやファックスの利用開始などといった，輸送・通信技術が発達したことが，この時代の多国籍企業の展開に積極的な影響を与えたと考えている。

　第 2 次グローバル経済の萌芽に重要な役割を果たしたのが，アメリカ多国籍企業であった。先述したシンガーをはじめ，カミソリのジレット，飲料のコカ・コーラ，写真フィルムのイーストマン・コダック，化学製品のダウ・ケミカル，デュポン，3M，医薬のファイザー，メルク，自動車のフォード，GM，電機製品・設備の GE，モトローラ，事務機器のゼロックス，IBM などが代表的な企業であった。

　アメリカ多国籍企業の特徴は規格化された標準製品の大量生産にあった。互

換性部品を用いることで，また，組立作業を単純化された標準作業にすることで，低コスト・大量生産を実現した。

たとえば，1903年にヘンリー・フォードによって設立されたフォードは，黒色で箱形のモデルTという車種を開発し，この車種に特化した生産を開始した。モデルTのみしか生産しないために部品は一種類であった。部品の互換性を確保するとともに，単純化することで，コストダウンを図った。

また，工場ではベルトコンベアによる流れ作業により，自動車を組み立てた。分業体制を構築することで，未熟練工でも自動車を生産できるようにした。さらに，フォードは鋼板やガラスも自社で生産し，垂直統合を進めた。これら経営活動の結果，モデルTの価格は1908年の850ドルから，1915年には440ドルへと引き下げられた。一般大衆でも自動車が購入できるようになった。

モデルTは海外でも需要を生み出した。フォードは1908年パリに，1909年ロンドンに販売子会社を設けた。その後さらに需要が高まると，輸送コスト軽減のために現地生産を開始した。1911年のイギリス工場建設を皮切りに，ドイツ，フランス，カナダなどで組み立て生産を始めた。日本でも1925年に横浜工場を建設した。こうしてフォードは多国籍企業としての道を歩みはじめた。

図表 4-3　投資本国別にみた海外直接投資残高の割合（1980年）

(単位：%)

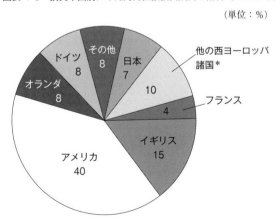

注：＊は主にベルギー，スウェーデン，スイス。
出所：Jones (1995)，邦訳53頁。

　第2次世界大戦後の物資不足のなかで，フォードが行ったようなアメリカ的生産方式は威力を発揮した。やがてアメリカ製品が世界市場を席巻した。アメリカ企業は海外進出にも積極的であった。1980年までにアメリカからの対外直接投資は世界全体の40％を占めた。アメリカ多国籍企業は電気製品，化学製品，自動車といった分野で市場シェアを獲得した（図表4-3を参照）。

(3)　日本多国籍企業の展開

　アメリカを中心とした新たなグローバル経済が芽生えるなかで，日本多国籍企業も存在感を示すようになった。自動車のトヨタ，日産，ホンダや，電気のパナソニック，日立，三菱，シャープなどがそれら企業であった。

　アメリカ企業が合理性を追求するために画一的な商品を大量生産したのに対し，日本企業は顧客層に合わせて多様な製品を作った。最高の品質や性能を実現することを目指し，製品ごとに部品やコンポーネントを開発した。部品は純正品であり，他社製品あるいは自社の他製品との互換性はなかった。個々の部品やコンポーネントのインターフェースはあらかじめ標準化されておらず，最終製品に組み立てる段階で調整された。このようなインテグラル型（擦り合わせ型）のモノづくりを展開した。日本企業は特に製品の小型化や軽量化に優れており，世界のモノづくりをリードした。インテグラル型のモノづくりでは単純大量生産型と比べて高コストになりがちだが，開発から生産に至るまでの段階で徹底的に無駄を排除することで，生産コストを低減した。

　たとえば，1937年に豊田喜一郎によって設立されたトヨタは，トヨタ生産方式と呼ばれる生産方法を確立した。在庫や不良品などの無駄を減らすために，必要なものを，必要な時に，必要な量だけ生産することを目指した（これをトヨタでは「ジャスト・イン・タイム」と呼んだ）。これを実現するために，必要な部品名や数量が書かれたカンバンと呼ばれる在庫管理表を，後工程から前工程へと渡す仕組みをつくった。カンバン・システムはトヨタ社内のみならず部品を納入する1次関連企業をはじめ，2次，3次，4次といった関連企業にも導入された。関連企業ではトヨタの仕様書に従い，同社向けの純正部品を生産し，納品した。

　生産ラインでは，同じラインで何種類かの車種が生産された。多品種を作る

ことで，市場の変化に対応できるようにした。一般的にこのような物づくりでは生産工程が複雑になるとともに，工程変更に時間がかかりコストが上昇する。ところが，トヨタでは速やかに段取り替えを行うことで，生産コストがあまり増加しないようにした。

また，生産工程では，各工程で欠陥品の排除，品質向上（カイゼン）が図られた。これらは，QC サークルなどによる従業員参加形態で実施された。「人」を中心とした現場の強さが生み出された。

これらの生産革命により，トヨタでは，低コストでありながら高品質の自動車を作ることに成功した。海外市場でも製品の評価が高まり，市場を席巻した。そして，1980 年代に貿易摩擦が生じると，次第に海外での現地生産に着手した。1984 年に GM と合弁で北米に NUMMI を設立したのを皮切りに，アジア，ヨーロッパ，中南米，中近東，アフリカなど，世界各国に約 50 の生産拠点を設けた。トヨタ生産方式は海外拠点へも移転され，実施された。2012 年にはトヨタの海外生産台数の比率は約 60％まで高まり，世界トップクラスの自動車メーカーとなっている。

トヨタに見られるように，日本企業はインテグラル型のモノづくりを実施するとともに，生産能力とくに現場の能力に磨きをかけ，国際競争力を高めていった。日本多国籍企業はグローバル経済における存在感を高めていった。

3. 第2次グローバル経済の進展

(1) 旧社会主義国のグローバル経済への参入

1970 年代後半より，グローバル経済をめぐる新たな動きが生じた。その地殻変動は，旧社会主義国によるグローバル経済への参入によって生じた。中国をはじめとする社会主義国が，経済の閉塞感を打開するために改革を断行し，自国経済をグローバルな経済システムのなかに組み込んでいった。

こうしたなかでブラジル，ロシア，インド，中国のいわゆる BRICs が世界経済における存在感を示すようになった。たとえば，当時約 10 億人の人口を抱えていた中国は，1979 年から 2010 年までに実質 GDP 年率 9％程度の水準で経済成長を果たした。

　この経済成長を支えたひとつの要因が，対内直接投資の増加であった。アメリカ，ヨーロッパ諸国，日本といった先進国の多国籍企業が中国へ進出し，多くの経営資源を移転した。やがて中国は DVD プレイヤー，携帯電話，パソコン，カメラ，冷蔵庫，洗濯機などを含む多くの製品において，世界最大の生産国となった。

　また，1990 年代のオフショアリング（国外でのサービス業務の調達）の進展とともに注目されたのが，当時約 8 億 5,000 万人の人口を抱えていたインドであった。1991 年以降，インドは開放政策へと路線を転換し，外資に門戸を開いた。そうしたことを背景に，アメリカやイギリスを中心とする多国籍企業が進出し，コールセンター，会計処理，ソフト・ウェアのメンテナンス・開発といった業務を移転した。インターネットの商業利用が本格化したことで，このような情報通信産業が飛躍的に発展した。新産業の誕生は，インド経済の成長に積極的な影響を与えた。

　このように，第 2 次グローバル経済は新興国の台頭をともない本格化した。多国籍企業はこれらの国々を組み込んだ，新たな経営展開を求められるようになった。

(2)　中国多国籍企業の台頭

　旧社会主義国のなかで，特にグローバル経済における存在感を示したのが中国であった。中国企業は次第に国際競争力を高め，中国発の多国籍企業も誕生した。家電のハイアール（海爾集団），TCL，通信機器のファーウェイ（華為技術），パソコンのレノボ（聯想集団），自動車のチェリー（奇瑞汽車），ジーリー（吉利汽車）などがそれら企業であった。

　中国企業は日本企業とは対照的なモノづくりを展開した。中国企業は自社で部品やコンポーネントを設計・開発せず，市場に流通している標準化された部品やコンポーネントを調達し，これらを組み合わせて製品を生産した。このようなモジュラー（モジュール）型（組み合わせ型）の生産では，日本企業のような手の込んだ製品を作ることはできなかった。しかし，市場に出回っている部品やコンポーネントを用いることで安価に，ある程度の品質を維持した製品をつくることができた。

　たとえば，1984 年に張瑞敏によって設立されたハイアール（海爾集団）は，ドイツのリープヘルや日本の三菱重工，東芝といった外国企業との技術提携をすすめた。製品に用いる部品の約 90％を外国製に頼り，冷蔵庫や洗濯機といった製品を生産した。生産工程では徹底した品質管理，労務管理を実施し，外国製品と並ぶ品質を実現した。日本製品のような高い機能は無いが，所得水準の低い人々のニーズを満たすことのできる廉価な製品を市場に送り出した。中国国内をはじめとする新興国を中心に需要が生まれていった。

　また，ハイアールはブランド構築に向けたマーケティング投資も積極的に行った。24 時間体制のアフターサービスや，エアコンの無料据え付けといったサービスの展開により，顧客満足を追求した。やがてハイアールの名声は高まり，冷蔵庫，洗濯機などの生産台数で世界 1 位となった。電子レンジ，液晶テレビ，携帯電話，パソコンといった製品でもシェアを獲得していった。そして世界的な家電メーカーのひとつとなった。

　1990 年代半ば頃から，ハイアールは国内で蓄積した経営資源を海外に移転し，現地生産を始めた。1996 年にインドネシアでの現地工場設立を皮切りに，フィリピン，マレーシア，アメリカ，イラン，モロッコ，パキスタンなどに生産拠点を設けた。中国を代表する多国籍企業のひとつとなった。

　このように，中国多国籍企業は世界的にモノづくりの設計思想（アーキテクチャ）がインテグラル型からモジュラー型へと変化するなかで，成長を遂げた。新たなモノづくりの潮流に，豊富な労働力，モノづくりに対する価値観，消費者ニーズなどの諸条件が上手く適合していた。

(3) 多様化する多国籍企業の出自

　これまでみてきたもの以外にも，多くの多国籍企業が存在する。たとえば，韓国 4 大財閥のひとつであるサムスン（三星）は，韓国経済の成長とともに事業を拡大した企業である。同族所有企業であり，グループ傘下に電子，機械，化学，金融などの事業を抱えている。特に，同社の中心的な存在であるサムスン電子は，半導体，DRAM，携帯電話，液晶パネルなどといった分野で国際競争力を有している。成長段階にあるが，リスクの高かったこれらの分野に，同社は積極的かつ集中的に投資してきた。その結果，世界的な市場シェアを獲

得することに成功した。価格変動が激しく，多くの競合企業が赤字に苦しむなか，サムスン電子は 2011 年度に売上高約 11 兆 5,500 億円，営業利益 1 兆 1,400 億円という業績を残した。サムスン電子は事業のグローバル化を推進しており，世界各地に 65 の生産拠点を構えている。海外売上高比率はおよそ 85％に達している。

　また，台湾のフォックスコン（鴻海科技集団）は，電子機器の受託生産（EMS）で世界最大の企業グループである（第 11 章「アウトソーシング」参照）。海外大手メーカーの下請けとしての存在であるが，売上高約 9 兆円という巨大企業である。特に，同社は金型の設計・製造能力に優れていることで知られている。また，垂直統合体制を採ることで，試作から量産までのスピードが早く，しかも顧客の要望に合わせたコスト・品質を実現している。アップルの「iPod」「iPhone」，任天堂の「ニンテンドー DS」「Wii」，ソニーの「プレイステーションポータブル」「プレイステーション 3」など，ライフサイクルの短い民生機器を中心に，受託生産している。従業員数はおよそ 100 万人であり，中国，ベトナム，インドなど世界 14 カ国に生産拠点を有している。

　このほか，インド 3 大財閥のひとつであるタタ・グループ（Tata Group）は，鉄鋼，電力，金融，不動産，食品，レジャー，情報通信，小売，自動車な

図表 4-4　投資本国別にみた海外直接投資残高の割合（2018 年）

（単位：％）

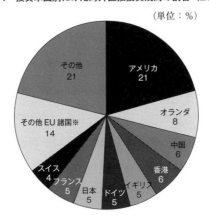

注：※は主にアイルランド，ベルギー，スペイン，イタリア，スウェーデン。
　　中国，香港は相互に直接投資を行っているものも含まれている。
出所：United Nations Conference on Trade And Development（2019）より筆者作成。

ど，幅広く事業活動を展開している。たとえば，同社のタタ・モーターズは，バスやトラックといった商用車分野で国際競争力を有しており，タイ，アルゼンチン，南アフリカなどに生産拠点を有している。2009 年には，商用車で培った技術を活かし，世界で最も安い自動車「ナノ」（約 28 万円）を発売し，話題となった。シンプルな設計，モジュール部品の活用，新たな製造方法の採用などにより，低価格を実現した。世界の低所得者層（BOP 市場）を対象とした販売活動を展開している。一方で，タタ・モーターズはフォードから「ジャガー」や「ランドローバー」を買収し，高級ブランドへの進出も試みている。自動車業界における存在を高めつつある。

⑷　新たな多国籍企業の出現

　2000 年代になると，インターネット技術に基づく新たなビジネスモデルをもった多国籍企業が誕生した。検索エンジン，クラウドサービスを提供するグーグル（Google），デジタルデバイス，ソフトウェアを提供するアップル（Apple），ソーシャル・ネットワーク・サービスを提供するフェイスブック（Facebook），世界最大のネット通販サービスを提供するアマゾン（Amazon.com）がその代表的なものであり，この 4 社は頭文字を取って GAFA と呼ばれる。これら企業は自社のサービスを通じて膨大な個人データを蓄積し，それらのデータを集約・活用して新たな事業を展開するプラットフォーマー型企業である。

　たとえば，1995 年にジェフ・ベゾスによって設立されたアマゾンは，わずか 4 名の社員を抱えるオンライン書店としてスタートした。リアルな店舗を持たず，顧客からインターネットを通じて注文を受けた本を，郵送により届けた。同社は創業からわずか 1 カ月で，世界 45 カ国から注文を受けている。1998 年にイギリス，ドイツ，2000 年にフランス，日本，2002 年にカナダに海外サイトを構築し，現地法人を設立した。アマゾンは創業から早期に国際化を進めたボーン・グローバル企業であった。

　アマゾンは，ユーザー登録をすれば次回から一度で注文できる「ワン・クリック」や，スマートスピーカーであるアレクサから注文を受け付ける「ゼロ・クリック」，消費者が購入する際の意思決定を支援する「カスタマー・レ

ビュー」，購買履歴から顧客の好みにあった商品を提案する「レコメンデーション機能」など，これまでにはなかった新たなサービスを次々と打ち出した。

　本屋からスタートした事業は品揃えを拡充させ，総合オンラインストアへと変貌を遂げた。バーチャル店舗であることが何億ものユーザーを抱えることを可能にした。自動化された大型倉庫を建設するなど，物流に積極的な投資を行うとともに，世界中の優秀な人材を集めた。膨大なデータ処理やAI機能を基礎にしたビジネスメソッドを構築した。

　さらに，アマゾンは2002年にAmazon Web Services（AWS）を立ち上げ，他社に先駆けてクラウド分野へ進出した。クラウドサービスはユーザーがハードやソフトを購入しなくとも，インターネットを通じて，必要な時に，必要なサービスを受けることができるものである。AWSによるサービスはストレージ，ネットワーキング，データベースのほかに，データ分析，アプリケーションの提供，IoT，AI，セキュリティーなど，多岐に渡るものとなっている。アマゾンが電子商取引ビジネスで培ってきた技術やノウハウが，プロバイダーとしての事業に活かされている。

　このようにアマゾンはプラットフォーマー型ビジネスを展開するようになった。2018年時点でのアマゾンの売上高は約25兆円（2,328億ドル）に達した。アマゾンをはじめとする巨大IT多国籍企業のビジネスは世界的な規模で事業を展開するため，個人情報管理の問題など，個別の国だけで対応できない新たな問題も引き起こしている。各国政府がルールの整備に乗り出している。

　以上のように，多国籍企業の活動の場は革新的な情報技術の出現により，質的な転換がみられる。かつて，多国籍企業の売上や利益の多くは本国市場で生まれており，海外からの業績への貢献は低い水準にあった。しかし，今日ではむしろ海外での事業が主流になっている企業が増えつつある。企業のグローバル化が進展しつつある。

■アリババ集団の成長戦略

　米国のIT系企業GAFAが世界的な存在感を高めるなか，注目を集めているのが中国のBATHである。検索エンジンサイトのバイドゥ（Baidu），ECサイトのアリババ

集団（Alibaba），ネットサービスのテンセント（Tencent），通信機器メーカーのファーウェイ（HUAWEI）を指し，その頭文字から BATH と呼ばれている。

その BATH の一角を占めるアリババ集団は 1999 年，中国・浙江省杭州市にて馬雲（ジャック・マ—）により設立された企業である。中国の中小企業がつくった製品を海外に販売する BtoB（Business to Business）プラットフォームビジネス「Alibaba.com」として，事業を始めた。やがて，同社の事業は一般消費者同士を結びつける CtoC E コマースプラットフォーム「Taobao.com」，企業と一般消費者を結びつける BtoC（Businss to Consumer）プラットフォーム「Tmall.com」などへと拡大させていった。同社の事業を，孫正義率いるソフトバンクグループが資金面で支援した。

アリババ集団はモバイル決済のアリペイ（ALIPAY）や，注文から配達までわずか 30 分以内（店舗から 3km 以内）に完結する食品スーパーのフーマーシェンセン（盒馬生鮮）など，数々の革新的なビジネスを打ち出している。2019 年 3 月期の決算では，売上 3,768 億元（約 6 兆 288 億円），営業利益 570 億元（約 9,120 億円）であった。

アリババ集団は利益の多くを電子商取引により稼ぎ出すが，データ企業として次の成長戦略も描きつつある。具体的に，同社は海外売上高の拡大を計るグローバル化，EC サービスが遅れた農村市場の開拓のほかに，先端技術への長期投資を戦略的に行っている。つまり，これまでに蓄積してきたビッグデータとクラウドコンピューティングの活用に向けた投資を行うとともに，AI（人工知能）を活用したデータ戦略を推進しようとしている。アジアを代表する企業のひとつへと成長したアリババ集団は，グローバル市場におけるさらなる飛躍を目指している。

出所：「中国 4 強「BATH」の最新事情」『日経ビジネス』2019 年 7 月 11 日号，34-41 頁。
Alibaba Group ホームページ（https://www.alibabagroup.com/en/about/overview，2019 年 7 月 30 日最終アクセス）。

参考文献

安部悦生（2002）『経営史』日本経済新聞社。
伊田昌弘（2019）「e ビジネスと国際ビジネス」安室憲一監修『安室憲一の国際ビジネス入門』白桃書房，234-248 頁。
井上忠勝ほか（1983）『企業の国際化をめぐる特殊研究』神戸大学経済経営研究所。
桑原哲也（2002）「初期多国籍企業の対日投資と民族企業—シンガーミシンと日本のミシン企業，1901 年〜1960 年代—」『國民經濟雜誌』第 185 巻第 5 号，45-64 頁。
安室憲一・関西生産性本部編（1997）『現場イズムの海外経営』白桃書房。
安室憲一（2003）『中国企業の競争力』日本経済新聞社。
山内昌斗（2010）『日英関係経営史』渓水社。
『日経エレクトロニクス』2011 年 1 月 10 日号。
『日経ものづくり』2012 年 2 月号。
Grichnik, K, C. and J. Rothfeder Winkler (2008), *Make Or Break*, McGraw-Hill companies.（ブーズ・アンド・カンパニー訳『グローバル製造業の未来』日本経済新聞社，2009 年。）
Jones, G. (1995), *The Evolution of International Business An Introduction*, International Thomson Business Press.（桑原哲也他訳『国際ビジネスの進化』有斐閣，1998 年。）
Jones, G. (2005), *Multinationals and Global Capitalism From the 19th to the 21st Century*, Oxford University Press.（安室憲一・梅野巨利訳『国際経営講義』有斐閣，2007 年。）

United Nations Conference on Trade and Development (2019), "Annex table 4. FDI outward stock, by region and economy, 1990-2018". (https://unctad.org/en/Pages/DIAE/World%20 Investment%20Report/Annex-Tables.aspx, 2019 年 7 月 27 日最終アクセス。)

練習問題

1. カッコに適切な語句や文を入れなさい。

① 多国籍企業とは（　　A　　）企業のことである。その多国籍企業の（　　B　　）形態として位置づけられるものが東インド会社である。ただし，これは今日の多国籍企業と経営の目的や内容が異なるものであった。

② 第1次グローバル経済の形成に中心的な役割を果たしたのが（　　C　　）多国籍企業であった。同国は世界に先駆けて（　　D　　）革命に成功した。工業化の進展とともに，同国多国籍企業は国際社会における存在感を高めていった。

③ 第1次グローバル経済は（　　E　　）の発生，（　　F　　）の勃発，（　　G　　）時代への突入などにより，崩壊した。その後，第2次グローバル経済の萌芽期に重要な役割を果たしたのが，（　　H　　）多国籍企業であった。この多国籍企業は互換性部品の利用やベルトコンベア生産方式の採用による（　　I　　）の大量生産に成功し，国際競争力を高めていった。

④ 自動車や電機といった分野では，日本多国籍企業も国際競争力を有していた。日本では，単純大量生産とは対照的に（　　J　　）型のモノづくりを展開した。顧客満足を追求し，高品質な製品を生みだしていった。

⑤ 1990年代になると中国多国籍企業も存在感を示すようになった。中国では，（　　K　　）型のモノづくりが展開された。ある程度の品質を維持しながらも，廉価な製品が生産された。新興国市場を中心に，需要が生まれていった。

⑥ 情報通信技術の発展を背景に，プラットフォーマー型ビジネスを展開する多国籍企業も出現した。こうした企業は，国内で築いた所有の移転により多国籍化していくという従来の国際経営研究が想定しているような発展プロセスを歩まず，創業から間もなく，国際ビジネスを展開している。こうした企業は（　　L　　）と呼ばれる。

第5章

多国籍企業と国家

第2次世界大戦以降に多国籍企業は急速に成長し，その巨大な経済力は世界経済全体に大きな影響を及ぼしている。また，多国籍企業のグローバルな事業展開は各国の経済，政治，社会，文化にも様々なインパクトを与えている。本章では，多国籍企業の活動が国家に与える影響に焦点を当て，両者の関係について述べている。

1．多国籍企業と国家の関係

(1) 対立から協調への歴史

国境を越えての商業活動は非難の的とされる歴史が長い。しかし，多国籍企業の功罪が本格的に論じられたのは第2次世界大戦以降のことである。ここでまず多国籍企業と受入国の関係を4つの段階に分けて説明する。

まず1950年代，米国の多国籍企業はヨーロッパや中南米や近隣のカナダなどへの進出を活発化した。当時は多国籍企業に対する認識はそれほど高くなく，脅威とは見なされていなかった。戦乱で疲弊した欧州諸国は，米国の多国籍企業が持ち込まれた巨額の資本，優れた生産技術と経営スキルなどが欧州の戦後復興と経済活性化につながると期待し，多国籍企業の進出を歓迎した。この時期の両者は相互依存的関係にある。

1960年代になると，米国企業は58年の欧州共同市場（EEC）の形成に伴い，ビジネス機会を得るために対欧投資を強化した。米国資本の大規模な欧州への進出は欧州各国で様々な摩擦を引き起こした。欧州市場が強い資金力と優れた技術を持つ米国企業に支配され，欧州各国の国益と国家主権が侵害されるのではないかという懸念が高まった。この時期から，多国籍企業に対する政

治的，社会的関心も生まれ，多国籍企業と国家の対立がしばしば議論の対象と
なった。

1970年代には，日本企業の発展途上国向けの直接投資が急増した。一方，
戦後に政治的独立を果たした諸発展途上国では，経済的な自立を目指す気運が
高まった。それにより多国籍企業の直接投資が途上国の国益と主権を損ない，
経済侵略の手段だとの批判が強まった。一部の途上国では外国企業資産の接
収，国有化が進められ，両者の対立が次第に表面化した。また，多国籍企業か
らの投資による経済効果は，必ずしも途上国の長期的な発展目標と一致しない
ため，外国企業の事業活動を規制すべきだと主張する声が高まった。特に70
年代前半は多国籍企業と途上国の対立が最も激しい時期であった。

1980年代に入ると，それまで積極的に外国直接投資を受け入れてきたアジ
ア諸途上国が驚異的な経済成長を遂げた。多国籍企業の直接投資に伴う資本形
成，技術移転，輸出の促進など，発展途上国の経済発展に与えた効果が広く認
識されるようになった。さらに，経済のグローバル化，各国経済の相互依存関
係の進展に伴い，多国籍企業と国家の関係は対立するよりもむしろ協調すべき
だとの認識が生まれた。

今日，多くの発展途上国は外資がもたらす投資，技術移転，産業波及，輸出
の拡大などの諸効果を自国の経済発展戦略に結びつけ，外国直接投資の受け入
れを対外経済政策の最重要課題と位置づけている。一方，多国籍企業側も受入
国の労働力，資源，市場などを活用し，グローバルな規模での利潤の最大化を
図っている。

国家と多国籍企業の利害は必ずしも一致していない。しかし初期にみられた
両者の単純な対立関係は変化し，その関係はより成熟し，多様化・複雑化して
いるといえよう。

(2)　国家と多国籍企業の利害関係

多国籍企業の活動は各国の経済発展に貢献する一方で，受入国との対立・衝
突をも引き起こしている。その原因は両者の特性と目標が一致しないことにあ
る。

16世紀フランスの政治学者，法哲学者であるジャン・ボーダンは，1576年

に著した『国家論』のなかで，時代に先駆けて国家主権を国家最高の恒久的権力と唱えている。彼の考えによれば，国家主権は国家が領土内のあらゆる個人や団体に対して最高・絶対の支配権をもつことを意味する。近代以降では国家は「一定の領土を基盤にし，そこに住むすべての人々に対して，他からの干渉を許さない排他的な支配権力を有する統治機構」と定義され，領土・国民・主権が国家の3要素とされた。

　国家は自国を存続させるために，国家としての役割と機能を果たさなければならない。国家の目標とはその役割と機能を果たすことである。一般的に，国家の役割と機能は次の4点に集約できる。

　第1に外交・防衛・治安・財政など国家存続のための機能，第2に経済と産業，国土の保全・開発，科学技術など国富を拡大する機能，第3に社会福祉・雇用・環境など国民生活を保障する機能，そして第4に教育や国民文化を醸成・伝承する機能である（加藤義喜・青木一能『グローバリゼーションの光と影』）。

　一方，多国籍企業の基本特性として次の2点を挙げることができる。

　第1に各国での事業活動に対して本国にある本社が統制・支配を行うことである。もちろん一部の海外子会社には本社から一部の決定権が委譲されている場合もある。しかし，全体的な管理・戦略立案や財務などの最重要課題については本社が最終的な統制力を行使するのである。

　第2に多国籍企業の目標はグローバル・ネットワークを効率的に利用して，利潤の最大化を追求することである。そのために多国籍企業の行動は，受入国の国益（国家の目標）と必ずしも一致するとは限らない。

　上述のように，国家はその統治領土（国内）のあらゆる個人や団体に対して最高にして絶対の支配権をもつ。それに対して多国籍企業の活動は超国家的性格をもっており，その海外子会社を統治する権威の主体は本社所在国（国外）に存在する。そのため，多国籍企業の事業展開によって受入国の経済の一部が外国の支配下に置かれ，国家の自主性が制限され，独自の政策選択ができなくなるとの懸念がある。

　また，国家の目標は極めて多面的であり，経済的利益だけでなく国家の存続，国民生活の安定，国民文化の継承なども同時に追求される。さらに，経済

的利益の達成においても効率性よりもむしろ公平性や均衡のとれた経済発展が重視されている。対照的に多国籍企業のネットワークは効率性を重視する巨大な「利潤追求装置」である。このように両者の特性と目標は基本的に異なり，双方の間に必然的に対立要因が内包するといわざるを得ない。

2．多国籍企業の直接投資によるインパクト

多国籍企業の直接投資は国家に様々な影響を与えているが，それを大きく投資の受入国への影響と投資国への影響に分けて検討する。

(1)　受入国への影響

多国籍企業の直接投資が受入国に与える主な影響として次のようなものが挙げられる。

第1に雇用への影響である。直接投資は企業の事業活動や雇用を国家間でシフトする側面があるため，新規参入の多国籍企業は受入国に雇用効果を与えている。この雇用創出効果には現地子会社での直接的な雇用と子会社の財やサービスの購入，工事，下請契約などの現地需要による間接的な雇用がある。しかし，多国籍企業の参入によって地場企業が競争に負けて倒産した場合，逆に失業を生み出すことが考えられる。また，進出企業の現地調達率が低い水準にある場合，間接的な雇用効果も期待できないとの指摘もある。

第2に国際収支と貿易への影響である。直接投資による資本流入，現地子会社の輸出及び現地生産による従来の輸入の代替などは受入国の国際収支にプラス効果を与える。その反面，利益送金，利子，各種技術使用料の支払い，資本財・中間財の輸入への支払いなどは国際収支のマイナス要因となる。

第3に技術移転効果である。直接投資は資本や企業の生産技術や経営スキルなどがひとつのパッケージとして移転するプロセスである。資本財や中間財に体化した製造技術や生産方法が導入されると同時に優れた経営管理方法やマーケティングスキルなども現地に移植される。また，進出企業で働く現地従業員に対する技術訓練や社内教育なども受入国の技術習得，人的資本の蓄積に貢献する。こうした技術移転は基本的には企業内部で行われているが，それはしば

しば現地企業の外部にも影響を及ぼし，いわゆる「外部効果」という形で受入国に便益を与えている。こうした効果が受入国全体に拡散する経路としては，現地下請企業に対する技術指導や地場企業へのデモンストレーション，現地子会社から地場企業への人材流出などが考えられる。これらの外部効果は地場産業に波及し，受入国関連産業全体の技術水準の向上につながると期待される。その一方，多国籍企業の参入によって，自国の技術集約的な企業が乗っ取られ，独自の技術開発が不可能になる。また，多国籍企業が現地企業に対して技術やスキルの移転を厳しく制限する傾向があるため，最小限の技術移転効果しか期待できないとの批判もある。

　第4に税収の増大効果である。現地企業からの税収は受入国の重要な税源として経済成長，国民の経済的福祉・厚生の向上を促進する。しかし，多くの受入国外資の誘致策として税制面での優遇措置を講じていることや多国籍企業の租税回避や移転価格の操作などは税収拡大を妨げる要因となっている。

　第5に社会的・政治的影響である。多国籍企業は各海外子会社を通じてグローバル・イノベーターとしての役割を果たしている。外資によって持ち込まれたモノ，価値観，発想，知恵などは受入国国民の意識改革，行政の効率化，法制度の改善，いわゆるグローバル・スタンダードの普及を促進する。しかし，受入国の経済の一部が外国に支配されることによって，国家の政策選択が制限され，政治的な自主性が損なわれ，国家主権ないし安全保障に支障をきたすのではないかという外資に対する強い警戒感もある。また，外資の活動が現地の伝統文化や自然環境を破壊し，社会の緊張を増幅させることも懸念されている。

(2)　投資国への影響

　直接投資は投資国にも様々な影響を及ぼしているが，最も重要なものとして次の3点が挙げられる。

　第1に直接投資による生産拠点の海外移転は本国における生産規模の縮小ないし生産施設の閉鎖を伴う場合が多いという点である。それにより本国の工場で働く従業員の失業，関連産業の雇用機会の減少が引き起こされる。失業の拡大は所得の減少，消費の低迷を招き，結果として国内の景気動向に悪影響を与

えることも考えられる。さらに国内での生産規模の縮小は投資国の産業基盤の弱体化をもたらし，いわゆる「産業の空洞化」現象が生じるとの見解がある。しかし，海外進出は本国からの中間財・資本財の輸出増やコスト削減，市場拡大による企業競争力の向上などの理由で本国の雇用がむしろ維持されるのではないかとする反対の見解もある。また，空洞化問題についても比較優位の観点から外国との棲み分け（分業）は企業の体力を強化し，産業構造の高度化につながるとの指摘もある。結論としては，直接投資の国内雇用，産業への影響を一般化することは困難であるといえよう。

第2は投資国の貿易，国際収支への影響である。海外進出によって本社からの機械，設備，部品及び一部の製品の輸出増や利益送金，利子，各種技術使用料の支払いなどは投資国の国際収支にプラス効果を与えるが，逆に直接投資による資本流出や海外子会社からの逆輸入などは国際収支のマイナス要因となる。

第3は技術流出に対する懸念である。多くの先進国では海外直接投資による技術移転は技術の拡散を引き起こし，投資国の競争優位の喪失につながるとの不安が根強い。これに対して，一般に移転されるのは重要な先端技術ではなく平準化した成熟技術であり，それが海外で活用されれば，むしろ企業と本国に利益をもたらすとの主張もある。現実に多くの多国籍企業ではこうした技術流出を防ぐために，一部の高技術集約度・高付加価値の製品生産或いはその生産工程を本国に配置することがみられる。

(3)　多国籍企業と発展途上国

多国籍企業の直接投資は一般的に先進国よりも発展途上国に大きな影響を及ぼす。なぜなら経済の低開発状態や産業基盤の脆弱，企業競争力の低さなどの要因により，多国籍企業の活動は途上国により大きな影響力を与えるからである。実際に多国籍企業の活動は多くの発展途上国の経済，政治，社会などに劇的な変化をもたらしている。

図表5-1は途上国における多国籍企業の活動に対する様々な期待と懸念をリストアップしたものであるが，多くのプラスの影響とマイナスの影響は二律背反的な関係にある。そのため，多国籍企業と途上国の関係を考える場合，次の

ような視点が必要である。

　まず多くの途上国では国民の所得水準・貯蓄率が低く，投資が不足するため，自力で工業化を推進することが困難である。また，資本不足のゆえに潜在的な失業を抱える農業部門から近代的工業部門への労働力の移動が阻害され，労働過剰経済となっている。直接投資の流入は資本不足を解消し，工業化を促進するだけではなく，過剰労働力を吸収し，途上国経済全体に好循環をもたらすことが期待できる。また，多国籍企業のもつマーケティング力，販売ネットワークへのアクセスを通じて，途上国は市場参入障壁を克服し，輸出の拡大を実現する。これは国際収支の改善や工業化に必要な外貨の獲得にもつながる。さらに，多国籍企業が様々な形で優れた生産技術，経営スキルを移転することによって，技術水準の向上，製造業の周辺産業の形成，輸出競争力の強化などの効果が創出され，結果的に途上国の経済発展に貢献することが考えられる。

　他方で，直接投資の流入に伴って，途上国では資本，技術の外資依存が進み，自国の主要産業或いは経済の一部が外国資本に支配され，国益が損なわれる。また，経済の自主権が多国籍企業の存在によって制約され，途上国政府は独自の経済発展戦略を展開するのが困難になるのではないかとの懸念がある。このほかに多国籍企業の活動が企業間競争を招き，国内企業の収益悪化，倒産，所得格差の拡大，環境破壊，伝統文化の崩壊など様々な形で発展途上国社

図表 5-1　多国籍企業活動への途上国への影響

プラスの影響	マイナスの影響
●工業化，経済開発のための資本導入 ●雇用機会の創出（直接的と間接的） ●国際収支の改善，輸出の拡大 ●技術移転（生産技術と経営スキル）とその外部効果 ●競争のメカニズムの導入，国内企業の改革を促進 ●受入国国民の意識改革，行政の効率化，法制度の整備・改善，グローバルスタンダードの普及など	●外資の経済支配，独自の経済発展目標の達成が困難 ●地場企業倒産による失業増，低い間接雇用効果，多国籍企業の工場閉鎖や立地移転による失業 ●部品，素材などの中間財の対外依存 ●技術移転に対する制限，内部移転による低い外部効果 ●地場企業の収益悪化，倒産，国内主要産業の弱体化 ●国家主権，安全保障への影響，不公平，所得格差の拡大，二重経済の創出，環境破壊，異質な価値観，生活様式の伝播，伝統文化の破壊などによる社会の緊張の増幅

出所：筆者作成。

会の緊張を増幅させることもありうる。

3．多国籍企業と受入国の交渉

⑴　交渉の必要性

　受入国と多国籍企業はそれぞれ異なる目標を持っており，両者の関係は常に対立要因を内包している。しかし，両者とも各自の目標や利益を達成するために，相手の持つ優位性などを自分にとって都合のいいように利用しようとしている。そこで両者にとっては，相手と交渉する（bargaining）必要性が生じる。

　例えば，受入国政府は外国企業の資本，技術，輸出チャネル等を生かして，自国の工業化，輸出振興を推進し，経済発展の目標を達成しようとしている。しかし，外資の流入は受入国の国内産業や経済主権や社会などにマイナスの影響を及ぼす可能性もある。一方，多国籍企業は受入国の安い労働力，消費市場，外資優遇政策を利用して，利潤の最大化を図ったり，競争優位を獲得したりしようとする。その反面，受入国の外資規制や政策の変更は多国籍企業のコスト上昇，収益低下につながる可能性がある。このように両者はいずれもある種のトレードオフの状況に直面する。そこで双方は各自のもつ優位性を利用して，相手から有利な条件を最大限に引き出そうとするのである。

　多国籍企業と受入国の交渉は一般的に直接的な交渉というより，双方行動とその相互作用の結果に反映されることが多い。具体的に多国籍企業の場合は投資先の選定，進出先における経営方針と戦略の選択等からみることができる。それに対して受入国の場合は外資政策の方向性，規制の強化と緩和等の形で現れる。

⑵　交渉力の形成要因

　多国籍企業と受入国政府が交渉する際，自分にとって不利な条件を最小限にし，相手から有利な条件を最大限に引き出す能力を交渉力（bargaining power）という。多くの場合では両者の交渉力の強弱や巧拙によって交渉の結果が決まる。交渉力の形成要因は両者の持つ優位性の大きさ，他の選択肢の有無などによって決定される。その主要な内容は図表5-2に例挙した通りであ

図表 5-2　交渉力の形成要因

多国籍企業の優位	受入国の優位
●資金力，資金調達能力	●生産要素の賦存状況とそのコスト
●生産・販売の規模	●労働力の質
●生産技術と経営手法	●市場のサイズとその潜在性
●マーケティングスキル，販売ネットワーク	●インフラの整備状況
●ブランドの知名度	●外資に対する優遇政策と規制
●研究開発能力，知財の保有	●法制度の整備状況
●人的資源の保有	●天然資源の保有
●グローバルな事業展開の柔軟性・機動性	●地理的優位
●その他の経営資源	●その他の立地的優位

出所：筆者作成。

る。

　また，交渉力の形成に影響を与える重要な要因としては，多国籍企業側のもつ代替的投資先の有無，国際経済情勢の変化，受入国の政策，法制度運用の実態，社会情勢，文化などに対する把握などがあげられる。一方，受入国の交渉力は官僚の能力，経験や他国の外資に対する優遇・規制の状況，国際経済情勢，多国籍企業の経営資源及び取引される財や技術の国際価格に関する情報の把握などによって左右される。

(3)　交渉における力学の変化

　多国籍企業と受入国の交渉が成立し，投資が実行された後，双方の交渉力が時間の経過と共に変化する可能性がある。これは主に双方の優位性と競争環境の変化に起因する。

　例えば，多国籍企業は投資を実行した後，投資資金が回収され，収益が一定の水準に達するまではその事業の移転が高いコストを伴うため，ある意味で資産が受入国に拘束されることになる。また，複数の多国籍企業が競い合って特定の国に投資しようとする場合，双方の力関係は変化し，多国籍企業の交渉力が低下する。一方，有利な立場にある受入国は外資関連政策を変更し，特定の外資を制限したり，選別したりして，新たな交渉を始める可能性がある。

　反対に受入国の投資環境の悪化（例えば，生産コストの上昇，治安の悪化等），より魅力的な投資先の出現などの要因によって，受入国の交渉力が低下

する可能性がある。この場合，多国籍企業は新規投資先の選別，受入国での生産規模の縮小，戦略変更などの方法を通じて，受入国からより有利な条件を引き出そうとする交渉を行うことが考えられる。

このように多国籍企業と国家の交渉力は双方の優位性と競争環境の変化によって，ダイナミックな変化を見せている。こうした力関係の変化はまた新たな交渉が始まるきっかけとなる。

■欧州当局，GAFA へ圧力一段と，「有料化で利用者減はやむなし」，規制の枠，コンテンツにも

フェイスブックなどの米ネット大手に対し，欧州当局が攻勢を強めている。ベルギーのブリュッセルで 24 日に開催された各国のデータ保護規制当局者が集まる国際会議「ICDPPC」では，出席した当局者が規制強化の必要性に言及。個人情報保護に加え，コンテンツ監視やデジタル課税にも規制の枠を拡大しつつある。急拡大してきたデータ経済は，規制に合わせた成長モデルに転換を迫られている。

「不透明なデータ活用の事例はまだまだ多い。厳格な規制の結果，IT 企業のサービスが有料化され，利用者が減っても仕方ない」。ICDPPC に出席したジオバンニ・ブタレリ欧州データ保護監督官は 24 日，日本経済新聞社の取材で規制強化の必要性を訴えた。

やり玉に挙げたのは，サービス利用開始時にデータの利用条件を決める初期設定という「入り口」の規制だ。フェイスブックの初期設定では，広告へのデータ活用を基本的に許可する条件。欧州ではこれをサービス開始時に利用者が，より主体的に選ぶ形にかえる圧力をかける可能性もある。

規制を強めれば，データを活用した広告を主な収益源とするビジネスモデルが揺らぐ。カーネギーメロン大学のアレサンドロ・アクイスティ教授は「フェイスブックなどは大半の利用者がよく確認せずに同意するのをいいことに，データを獲得しやすい設定を巧妙に使ってきた」と指摘する。

データの「出口」であるコンテンツや広告にもより厳しい規制をかけ，課税する流れがある。

欧州ではテロを誘発す投稿などを当局の命令後 1 時間以内に削除しなければ多額の罰金を科すルールづくりが進む。偽情報などもいずれ削除義務の対象になりそうな情勢だ。デジタルサービス売り上げに 3% 課税する案の議論も進む。

米広告監査大手 IAS のデール・オールダー上級副社長は「技術的には問題含みのコンテンツや広告の表示は減らせる。だが広告に依存するネット企業は基準を緩くせざるをえない」と話す。

今回の会議ではアップル，フェイスブック，グーグルの米 IT（情報技術）大手 3 社のトップがそろってメッセージを出した。欧州の規制当局との間で対立が続く中，トップが意識したのは「融和姿勢」だ。

「欧州のような包括的なプライバシー規制導入に向け米政府に働きかける」。基調講演に登壇したアップルのティム・クック最高経営責任者（CEO）は宣言。フェイスブッ

クのマーク・ザッカーバーグ CEO も「適切な規制が必要で当局と協力していきたい」。

グーグルなどは技術の使われ方を監査する倫理規定などを設定。フェイスブックは広告ターゲティングで提携先とのデータ連携を中止すると公表した。こうした取り組みは規制当局との関係改善を図る狙いがある。

欧州委員会が公開する同委幹部との会談記録によれば，GAFA（グーグル，アップル，フェイスブック，アマゾン）によるロビー活動のテーマのうち，コンテンツ監視などの割合が増している。規制包囲網への危機感の表れがうかがえる。米企業の独走に歯止めを掛けたい欧州側の姿勢は厳しさを増している。対立の火種は消えてはいない。

出所：『日本経済新聞』2018 年 10 月 26 日付，朝刊。

参考文献

江夏健一・米澤聡士（2004）『ワークブック国際ビジネス』文眞堂。

江夏健一・首藤信彦編（1995）『多国籍企業論』八千代出版。

加藤義喜・青木一能（2001）『グローバリゼーションの光と影』文眞堂。

森田保男（1999）『企業と国際経営―海外直接投資』同文舘出版。

Baker, J. C., J. K. Ryans, Jr. and D. G. Howeard (1988), *International Business Classics*, Lexington Books.（江夏健一他訳『国際ビジネス・クラシックス』文眞堂，1990 年。）

Buckley, P. J. and M. Z. Brooke (1992), *International Business Studies an Overview*, Basil Blackwell Limited.（江夏健一訳『国際ビジネス研究総論』文眞堂，1993 年。）

Buckley, P. J. and M. Casson (1976), *The Future of The Multinational Enterprise*, London: Macmillan Publishers Ltd.（清水隆雄訳『多国籍企業の将来』文眞堂，1993 年。）

練習問題

1. 次の表は多国籍企業と受入国政府が交渉する際に, 双方の交渉力形成に影響を与える要因を示すものである。その中の空欄に適切な語句を入れなさい。

交渉力の形成要因

多国籍企業の優位	受入国の優位
● ①	● ⑤
● 生産・販売の規模	● 労働力の質
● ②	● ⑥
● マーケティングスキル, 販売ネットワーク	● インフラの整備状況
● ブランドの知名度	● ⑦
● ③	● 法制度の整備状況
● 人的資源の保有	● 天然資源の保有
● ④	● ⑧
● その他の経営資源	● その他の立地的優位

2. 直接投資が投資国と投資の受入国にそれぞれ及ぼした影響を挙げなさい。

投資国への影響

①

②

③

投資の受入国への影響

①

②

③

④

⑤

第6章

通商政策Ⅰ：WTO（多国間貿易体制）

WTO（World Trade Organization：世界貿易機関）は国際貿易に関する
ルールと，貿易紛争が生じた場合のルールを規定する唯一の国際機関であ
る。現在，日本を含む160カ国以上が加盟しているWTOは，1995年に発
足したが，その前身は，第2次大戦後間もなくに発足したGATT（General
Agreement on Tariffs and Trade：関税と貿易に関する一般協定）である。
GATTは多数国間での貿易交渉を通じて自由貿易を推進することによって，
戦後の西側諸国の経済復興と成長に大きく寄与してきた。そしてこの「自由貿
易」とは，原則的に政府が介入・干渉しない状態，つまり政府が関税障壁や，
または輸入数量制限などの関税以外の貿易障壁（非関税障壁という）を設置し
ない状態で，生産者や企業が貿易を行うことを意味する。

本章では，この「自由貿易」の理論的根拠に加えて，GATTからWTOへ
の変遷そしてWTOの現状までを述べる。

1.「自由貿易」の理論的根拠

「自由貿易」を体系的に理論化した「自由貿易論」は，著書『国富論』の中
で「個人の利益を目指す投資が，見えざる手によって導かれる社会の利益を推
進する」と述べたアダム・スミスによって始められる。つまりスミスは，自由
放任（政府が規制等を設けていない状態）の市場で個人や企業が競争を行え
ば，市場の持つ価格メカニズムという「見えざる手」によって，限られた資源
が効率的に配分されて経済が豊かになる，という考え方を示したのである。

そしてこのスミスの発想を，著書『経済学および課税の原理』で展開した
「比較生産費説」において，自由放任状態で行われる貿易，つまり自由貿易が

いかに有益であるかを数値で例示して証明したのが，デービッド・リカードである。その後，彼等の主張した自由貿易は，19世紀のイギリスの経済政策で採用され，パックス・ブリタニカというイギリスの黄金時代を創り華々しい経済的繁栄をもたらした。

その一方でこの「自由貿易」を推進するGATTが第2次大戦終了後に発足したのは，各国が1930年代に味わった苦い経験から生まれた反省と教訓に基づいている。次にこの経緯を確認していこう。

2. ブレトン・ウッズ体制とGATTの誕生

(1) 1930年代の状況

1920年代のアメリカは，「黄金の20年代」と称される経済的好況に沸いた。しかし1929年に，ニューヨークのウォール街で発生した株の大暴落をきっかけとして，アメリカ経済が大不況へと突入すると，その影響はたちまち世界中へと拡大し，各国が深刻な経済危機に陥った。

このような不況に直面した各国が，そこから脱出するために採用したのが，関税の引上げや為替レートの切り下げ等によって，自国の産業が生き残る道を確保しようとする「近隣窮乏化政策」である。そしてこうした政策の中で，最も有名なのが，アメリカが1930年に制定した「スムート・ホーリー法」である。これは歴史的に悪名高い高率関税法であり，これが制定されるとすぐに，カナダやヨーロッパ諸国がこれに対抗するために関税引き上げを実施したため，やがて国際間の貿易量は大きく縮小していった。そこで各国は，最低限必要な物資を入手するために，経済的・政治的に密接な関係のある国々と経済圏を固める「経済のブロック化」を進めていった。そしてこうしたブロック経済圏形成の動きは，国際間での貿易を決定的に分裂させ，やがて第2次世界大戦を発生させる経済的な要因のひとつとなった。

(2) ブレトン・ウッズ体制とGATTの誕生

第2次世界大戦は，1945年に連合国側が，日・独・伊による三国同盟側に勝利したことで終結したが，実は大戦中から連合国側は，戦後の世界政治・経

済体制について協議を重ねてきた。特に連合国側が反省材料としたのは，1930
年代に各国が，「近隣窮乏化政策」という保護主義的な金融・貿易措置を次々
と採用したことが世界の貿易量を大きく減少させ，更には第2次世界大戦発生
を導いた要因のひとつである「経済のブロック化」までを招いたことである。
そこで連合国側は，自由貿易の復活・拡大，ブロック経済の解消などを通じ
て貿易量を増加し，世界の雇用・生産・消費を拡大することを戦後の国際経済
体制の基本原則と位置づけた。そしてこの原則に基づく新たな国際金融体制と
して設立されたのが，IMF（国際通貨基金）とIBRD（国際復興開発銀行）で
ある。この2つの機関は，1944年7月にアメリカのニューハンプシャー州ブ
レトン・ウッズで開催された「連合国通貨金融会議」で設立されたことから，
「ブレトン・ウッズ機関」と呼ばれ，為替や長期投資の問題を扱うことを役割
とした。

　その一方で，新たな国際貿易体制となるべく，当初期待されたのが，アメリ
カにより提案されたITO（International Trade Organization：国際貿易機関）
である。しかしこれを設立するためのITO憲章（別名「ハバナ憲章」と呼ば
れる）は，1948年3月24日に53カ国によって署名されたものの，うち51カ
国によって「批准」を拒まれた。つまりこれら51カ国は，ITO憲章が定める
規定に拘束されることを拒否したのであるが，その理由は，ITO憲章の規定
が極めて厳格であると同時に，「自由な貿易の拡大」という理想をあまりにも
忠実に追求する内容であったため，アメリカやイギリスの議会が批准を拒否す
ると，他の国もそれに倣って批准しなかったからである。こうしてITO憲章
は，期日までに発効しなかったため，制定されはしたもののそのまま放置され
る，という運命を辿ったのである。

　しかしアメリカは，ITO憲章の作成を提案した際に，もう1つのことを提
案していた。それは，少しでも早く貿易の自由化を拡大するために，ITO憲
章の制定を待たずに，各国が関税率を相互的に引き下げること等について交渉
を開始することである。この関税交渉は，1947年10月に23カ国が参加して
行われた結果，当時の世界貿易量の約5分の1に相当する100億ドルに影響
を与える4万5,000品目の関税譲許（交渉参加国が個々の品目に関して国際的
な上限税率を設定すること）が実現した。そしてこの関税譲許の結果と，そ

れがもたらす関税引き下げ効果を確保するために必要な諸規定を1つにまとめたものがGATTである。後にITO憲章が発効することが見込まれていたため，GATTは1948年1月1日に「暫定的に」（一時的に）発効したが，その後ITO憲章が発効しないことが確実となったため，ITOに代わる戦後の国際貿易体制としての位置づけがGATTに与えられた。

ITOは正式な国際機関として発足される予定であったが，GATTには，その後も正式な国際機関という位置づけは与えられなかった。つまり「国際条約」ではなく，「暫定的に発効された一般協定」であるGATTの法的な位置づけは，あくまで「一時的に利用される締約国間の約束事」に留まった。

このようにGATTの法的拘束力は必ずしも強いものではなかったが，その法的拘束力を更に弱めた存在が，GATTに導入されていた「祖父条項」である。これは締約各国が既存の自国の法律を，GATTの規則より優先できる権利を認める規定であるため，GATT規定が参加国によって確実に遵守されるという保証はなかった。

こうして戦後の世界貿易体制は，正式な国際条約ではなく，その法的拘束力の弱いGATTによって運営されることとなったのである。

3．WTO発足までの道のり

貿易障壁とは，関税の設置や引上げ，または輸出入数量制限・割当など，貿易の流れを阻害する存在を意味する。そしてGATTの目的は，モノ（goods）の貿易障壁の削減・撤廃を通じて，締約国間の自由貿易を推進することである。そしてこれを実現するために，「ラウンド」と呼ばれる多国間貿易交渉を開催することがGATTの重要な役割の1つとされた。図表6-1が示すように，GATT期には，計8回のラウンド交渉が実施された。最初の4回のラウンドは，単純に「第1回ラウンド」「第3回ラウンド」などと呼ばれるが，第5回以降のラウンドには，それぞれの開催にちなんだニックネームが付けられている。第5回目のラウンドは，当時の米国アイゼンハワー共和党政権の経済担当国務次官としてその交渉開始を提唱したC.ダグラス・ディロンの名に因んでディロン・ラウンドと呼ばれる。第6回目のラウンドは，当時の米国大統

図表 6-1　GATT 期のラウンド交渉の変遷

時期	開催地・名称	参加国数	交渉対象
1947 年	ジュネーブ	23	関税
1949 年	アネシー	13	関税
1951 年	トーキー	38	関税
1956 年	ジュネーブ	26	関税
1960 ～ 61 年	ディロン・ラウンド	26	関税
1964 ～ 67 年	ケネディ・ラウンド	62	関税・アンチダンピング措置
1973 ～ 79 年	東京ラウンド	102	関税・非関税障壁
1986 ～ 94 年	ウルグアイ・ラウンド	123	関税・非関税障壁・サービス・知的財産権その他

出所：WTO (2011), p. 19 より筆者作成。

領であったジョン・F.ケネディが，1962 年 1 月の一般教書演説でその開催を提唱したことからケネディ・ラウンドと呼ばれる。第 7 回目のラウンドは，1973 年 9 月に東京で開催された閣僚会議で採択された「東京宣言」に基づいて開始されたため，東京ラウンドと呼ばれる。そして第 8 回目のラウンドは，1986 年に南米のウルグアイの保養地プンタ・デル・エステ（Punta del Este）で開始宣言されたことからウルグアイ・ラウンドと呼ばれている。

(1)　ケネディ・ラウンド交渉まで

　GATT では設立当初からあらゆる貿易障壁の削減が推進されたが，1960 年代からは，特に関税率の引き下げに力が注がれた。GATT の貿易障壁削減方法は，まずは二国間で「互恵的な」（reciprocal）貿易障壁削減交渉を行い，その削減効果を後述の「最恵国待遇原則」に基づいてその他の締約国にも適用するというものであるが，これはアメリカで 1934 年に制定された「互恵通商協定法」の方法を導入したものである。そして GATT 発足当初からディロン・ラウンドまでの関税引き下げ方式として採用されたのが「国別・品目別引下げ方式」である。ディロン・ラウンドでもこの方式で関税削減交渉が行われた結果，新たに約 4,000 品目の関税が引き下げられた。

　ただし「国別・品目別引下げ方式」に関しては，交渉が回を重ねるにつれて，関税引き下げ効果が減少していること等が以前から指摘されていた。そこでケネディ・ラウンドから，それに代わって「関税一括引下げ方式」（対象となる全ての品目の関税を一律に引下げる方法）が導入された結果，約 3 万品

目に関して一律35％の関税引下げが実現するなど，鉱工業品を中心に大幅に関税は引下げられた。またケネディ・ラウンドでは，非関税障壁の削減についても議論された結果，従来から規定が不明瞭であったアンチ・ダンピング措置の発動要件を具体化した「アンチ・ダンピングコード」が制定された。この「コード」で追加されたルール等は，全ての締約国が遵守する義務を負うのではなく，そのコードを受諾した国だけがその義務を負うこととされた。

(2)　東京ラウンドからウルグアイ・ラウンドまで

　1973年から始まった東京ラウンドでは，更に新しい関税引下げ方式である「ハーモナイゼーション方式」が起用された。これは高関税率の産品ほど大幅に関税を引き下げるという方式で，これが採用されたことにより，前ラウンドに匹敵する約33％の関税引き下げが達成された。また東京ラウンドでは，非関税障壁の軽減について本格的な議論が実施された結果，政府調達やスタンダード等の10本の「コード」が制定された。更にこのラウンドでは，途上国に対して「特別かつ異なる待遇」を提供することを許容する規定の1つである「授権条項」が導入されたが，これによって途上国間で締結する自由貿易協定や関税同盟には，特別な待遇が適用されることとなった（詳細は次章を参照のこと）。

(3)　ウルグアイ・ラウンド交渉

　1980年代に入ると，戦後に制定されたGATTのルールを現状に即したものへと改正することによって，規定内容を強化・明確化する必要性が強く認識されるようになった。また従来のモノの貿易のルールだけでなく，サービス貿易や知的財産権等の従来のGATTでは扱ってはこなかった分野に関しても，国際的なルール作りを行う必要性が訴えられた。こうしたGATTルールの改正及び対象範囲の拡大作業が実施されたのが，ウルグアイ・ラウンドである。このラウンドでは，図表6-2が示す15分野が交渉対象とされ，1994年にはこのラウンドの最終合意文書である「マラケッシュ宣言」が採択された。こうしてGATTは，WTOへとその名を変えて，更に正式な国際機関として，1995年1月1日から新たなスタートを切ったのである。

図表 6-2　ウルグアイ・ラウンド交渉の交渉対象分野

①関税　②非関税措置　③熱帯産品　④天然資源産品　⑤繊維及び衣類　⑥農業　⑦GATT
⑧セーフガード　⑨東京ラウンド合意及び取決め　⑩補助金及び相殺措置　⑪紛争処理　⑫知的
所有権の貿易的側面　⑬貿易関連投資措置　⑭GATT 機能の強化　⑮サービス貿易

出所：WTO (2011), p. 18.

(4)　GATT と WTO の違い

　GATT と WTO の違いは，第 1 にその法的拘束力である。「一般協定」であり，例外として既得権益を認める「祖父条項」を導入していた GATT とは異なり，正式な国際条約である WTO に加盟を希望する国は，自国の法律を新設・改正してでも，WTO 協定の内容を自国法に反映させてそれを遵守する必要がある。

　第 2 はルールを規定する範囲の広さである。GATT 期にはモノの貿易のみが対象であったが，WTO 期では，サービス貿易や知的財産権等の広範なルールが規定されている。

　第 3 は紛争処理手続きのスピードである。GATT 期には紛争処理の際の基本的意志決定方式として「コンセンサス方式」（＝全会一致方式：全員が賛成しないと採択されない方式）が採用されていたため，被提訴国が反対することにより手続きの次の段階に進めない，という事態が多々発生し，紛争が解決するまでに長い時間がかかっていた。しかし WTO 期では，基本的意思決定方式としては「コンセンサス方式」を採用しつつも，要所部分では「ネガティブ・コンセンサス方式」（全員反対でない限り採択する方式）が起用されたことにより，紛争処理手続きが自動化され処理のスピードが迅速化した。

　第 4 は参加国を表す名称である。GATT の参加国は「締約国」であるが，WTO では「加盟国」である。

4．WTO 協定の全体像と基本原則

(1)　WTO 協定の全体像

　図表 6-3 は WTO の全体像を示している。WTO 協定は，WTO 設立協定

図表 6-3　WTO 協定の全体像

```
世界貿易機関を設立するマラケシュ協定［WTO 協定］
  ├── 物品の貿易に関する多角的協定［ANNEX 1A］
  │     ├── 千九百九十四年の関税及び貿易に関する一般協定（1994 年の GATT）
  │     ├── 農業に関する協定
  │     ├── 衛生植物検疫措置（SPS）の適用に関する協定
  │     ├── 繊維及び繊維製品（衣類を含む）に関する協定
  │     ├── 貿易の技術的障害（TBT）に関する協定
  │     ├── 貿易に関連する投資措置に関する協定（TRIMs）
  │     ├── アンチ・ダンピング協定
  │     ├── 関税評価に関する協定
  │     ├── 船積み前検査に関する協定（PSI）
  │     ├── 原産地に関する協定
  │     ├── 補助金及び相殺措置に関する協定（SCM）
  │     ├── セーフガードに関する協定
  │     └── 貿易の円滑化に関する協定
  ├── サービスの貿易に関する一般協定（GATS）［ANNEX 1B］
  ├── 知的所有権の貿易関連の側面に関する協定（TRIPS）［ANNEX 1C］
  ├── 紛争解決に係る規則及び手続きに関する了解（DSU）［ANNEX 2］
  ├── 貿易政策検討制度（TPRM）［ANNEX 3］
  └── 複数国間貿易協定［ANNEX 4］
        ├── 民間航空機貿易に関する協定
        └── 政府調達に関する協定
```

出所：経済産業省（2018），129 頁。

（別名マラケッシュ協定）と 4 つの附属書（ANNEX）から構成されている。

　附属書 1〜3 は，WTO 設立協定と一体を成し，全ての WTO 加盟国が受諾し，遵守することを義務づけられている「一括受諾」（single-undertaking）対象協定である。その一方で，附属書Ⅳの各協定は，「一括受諾」対象外協定であるため，GATT 時代の「コード」と同様に，受諾した加盟国間だけが遵守する義務を負う。

　尚，WTO の加盟国数は，2019 年 12 月時点で 164 カ国で世界貿易の 98％を包含する（WTO ホームページ）。

(2)　基本原則と例外

　WTO では，GATT の時代から前述の自由貿易論と，無差別原則に基づいて世界貿易の拡大を推進している。そしてこの「無差別原則」は，最恵国待遇と内国民待遇の 2 つに区別されるが，これらはいずれも GATT の時代から最

も重要な原則と位置づけられている。

　更に GATT の時代から，WTO では世界貿易を拡大させるための具体的な方法として，数量制限の全廃原則を導入し，国内産業を保護する必要がある場合には，関税の賦課によりその保護を実施することとしている。

　①　最恵国待遇（Most-Favored-Nation Treatment：MFNT）

　GATT 第 1 条に規定されている最恵国待遇をわかりやすく言えば，自分以外の加盟国全てを，国によって差別せず，等しく平等な待遇を与えるという原則である。そしてこれは，輸入の際の関税・輸出入制限・輸入手続きやその運用などの貿易条件について適用されるが，これが適用されることによって，WTO 加盟国の全ては，基本的に同じ貿易条件が与えられる。ただしこの最恵国待遇では，次章で述べる「地域経済統合」をはじめとする幾つかの例外を認めているため，場合によっては，全ての加盟国が同じ貿易条件を与えられないことも有り得る。

　②　内国民待遇（National Treatment：NT）

　GATT 第 3 条に規定されている内国民待遇をわかりやすく言えば，自国の市場に輸入された外国産品と，自国の同種の産品を差別せずに等しく同じ待遇を与えるという原則であり，これは一般消費税，酒税等の内国税及び国内の規制に適用される。例えばラウンド交渉の成果としてあるモノの関税率が削減されると，その従来よりも低くなった関税率は，最恵国待遇原則によって全加盟国に適用されるが，しかしある国が輸入品に対して消費税や国内規制を国産品と比較して差別的に適用すると，せっかくの関税引き下げ効果が無意味になってしまう。このような事態を回避するために規定されたのが，内国民待遇である。そして内国民待遇にも，国内生産者に対してのみ交付される補助金（GATT 第 3 条 8（b））などの例外規定が設けられている。

　③　数量制限の禁止

　GATT 第 11 条は，数量制限の禁止を明示しているが，その理由は貿易阻害効果が最も高いためである。関税が引上げられた場合は，その関税率さえ支払えば，その引上げをした国へ輸出することが可能であるが，数量制限が実施された場合は，一定の数量以上はその国へと輸出することは不可能となる。しかもそうした措置が，輸入国の行政当局によって差別的・恣意的に適用される可

能性もある。ただし数量制限に関しても，国際収支擁護の制限，農水産物の輸入制限，緊急措置に基づく制限（セーフガード）など，様々な例外規定が設けられている。

5．WTO の現状

WTO では，少なくとも 2 年に 1 回，定例閣僚会議を開催する。図表 6-4 はこれまでに開催された閣僚会議の変遷を表しているが，2019 年末までの時点で，閣僚会議は 11 回開催されている。

第 1 回閣僚会議の時から，WTO では早期的にウルグアイ・ラウンドに次ぐラウンドを開催することが望まれていた。しかしその一方で，環境や人権，労働，動物愛護など様々な NGO たちが，新ラウンドの立ち上げに関して批判的な見解を投げかけるようになっていた。つまりこれらの NGO たちは，ラウンド交渉によって推進される貿易の自由化が，世界のグローバル化を推し進めることによって，地球環境が破壊され，途上国の労働者たちは前よりも過酷な労働を強いられ，絶滅の危機に晒される動植物種が増えている等と考えたのである。そして彼等の批判の声が一気に集結したのが，第 3 回目の閣僚会議であった。つまり WTO を「グローバリゼーションの象徴」と位置づけた世界中の NGO 等がシアトルに集結し，しかも一部の人々が暴徒化したことによって，

図表 6-4　閣僚会議の変遷

第 1 回	シンガポール	1996 年 12 月 9 日～13 日
第 2 回	ジュネーブ	1998 年 5 月 18 日～20 日
第 3 回	シアトル	1999 年 11 月 30 日～12 月 3 日
第 4 回	ドーハ	2001 年 11 月 9 日～13 日
第 5 回	カンクーン	2003 年 9 月 10 日～14 日
第 6 回	香港	2005 年 12 月 13 日～18 日
第 7 回	ジュネーブ	2009 年 11 月 30 日～12 月 2 日
第 8 回	ジュネーブ	2011 年 12 月 15 日～17 日
第 9 回	バリ島（インドネシア）	2013 年 12 月 3 日～6 日
第 10 回	ナイロビ	2015 年 12 月 15 日～19 日
第 11 回	ブエノスアイレス	2017 年 12 月 10 日～13 日
第 12 回	（予定）アスタナ（カザフスタン）	2020 年 6 月 8 日～11 日

出所：WTO（2013）他より筆者作成。

この閣僚会合は中断されるという異例の事態に至った。

　こうした事態を再度招かないように，第4回閣僚会合は入国審査の厳重な中東のカタールの首都ドーハで開催された。そして2001年11月，WTO加盟諸国は新しいラウンド交渉の開始を決定した。2002年から開始されたこの交渉が「ドーハ開発アジェンダ」（Doha Development Agenda：DDA）であるが，一般的には「ドーハ・ラウンド」とも呼ばれる。DDAでは，その名が示す通り途上国の「開発」（development）問題が重要な交渉課題のひとつとなっている。

　DDAでは，図表6-5が示す8分野について一括受諾（包括合意）が目指され，2002年初頭より交渉が開始された。当初は2005年1月1日までの交渉妥結が目指されたものの，幾つかの分野において先進国対先進国，あるいは先進国対途上国等の形で対立が発生し交渉が難航したため，予定通りには交渉妥結には至ることができず延期された。2008年7月の非公式閣僚会合の際には，交渉妥結の一歩手前まで一旦は漕ぎ着けたものの，農業とNAMAのモダリティ（交渉を進める方法のこと）に合意できなかったため，交渉は決裂した。以後DDAは交渉の妥結が先送りされてきたが，2011年の第8回WTO閣僚会議では，DDAは継続する一方で「一括妥結」は当面実現不可能であることを認め，部分合意，先行合意等の可能な成果を積み上げる「新たなアプロー

図表6-5　DDAの主要な交渉分野

農業	関税・国内補助金の削減，輸出補助金の撤廃等に関する交渉
NAMA	Non-Agricultural Market Access（非農産品市場アクセス） 鉱工業品及び林・水産品の関税・非関税障壁の削減等に関する交渉
サービス	サービスの市場アクセス（外資規制の撤廃・緩和等），国内規制（資格・免許の要件・手続きの透明化・合理化等），サービス分野におけるルール（補助金，政府調達等）に関する交渉
ルール	ダンピング防止，補助金（漁業補助金を含む）等についてのルールに関する交渉
貿易円滑化	貿易手続の透明性・予見可能性・公平性の向上，簡素化・迅速化の促進等に関する交渉
開発	途上国に対する「特別かつ異なる待遇」（S&D）の検討 途上国に対する「貿易のための援助」の促進
TRIPS	Trade-Related Aspects of Intellectual Property Rights（貿易関連知的所有権） ぶどう酒及び蒸留酒の地理的表示（GI）の多国間通報登録制度の設立に関する交渉
環境	WTOのルールと多国間環境協定との関係，環境物品の関税撤廃・削減等に関する交渉

出所：財務省（2011），4頁。

チ」を試みることで一致した。2013 年 5 月の非公式閣僚会合では，ついに「一括受諾」は断念されて妥結可能な一部分野での合意を目指す方針が確認されたが，2017 年 11 回閣僚会議に至っても交渉は進展せず混迷を続けている。

6．おわりに

　第 2 次世界大戦終了後の世界経済の発展と拡大に貿易面から大きく貢献してきたことが GATT-WTO の最大の功績であるが，その一方で，1980 年代より「グローバリゼーションの象徴」として NGO 等から批判的な見解を投げかけられている。そしてこうした見解が投げかけられていることこそが，現時点での GATT-WTO の最大の問題であると考えることができる。なぜなら，GATT-WTO が推進する貿易の自由化に伴い，経済のグローバル化が進展することが事実である以上，万が一，環境破壊などの経済のグローバル化の「負の側面」が現れた場合には，それに貿易面で対処・調整する機能をも GATT-WTO は兼ね備えておかなければならないと言える。しかしこうした批判的な見解が挙がるということは，現在の WTO には，こうした機能が明らかに不足していることの現れであると言えよう。今後の WTO では，貿易の自由化を推進するだけでなく，こうした機能を一層整備・強化し充実させることが必要である。

　更に WTO では，2002 年から DDA を立ち上げたものの，そこでの交渉は現在，行き詰まり状態を呈している。ではなぜ DDA は，このような行き詰まり状態に陥ったのであろうか。その背後には，先進国と途上国間の根深い対立があると言われている。つまり工業品の輸出拡大を狙う先進国と，農産物の市場開放を求める途上国との対立である。しかしこの対立の要因は，先進国も途上国も，自分たちの主張ばかりを声高に叫び，頑として譲歩を示さないという姿勢で交渉していることではないだろうか。つまりこうした姿勢が「交渉障壁」となり，本来の課題である貿易の自由化や途上国の開発問題等への取り組みを阻んでいることが，DDA を行き詰まり状態に陥れた最大の原因と推察される。上述の通り，GATT の時代から WTO では，「互恵的な交渉」を行うことが一大前提であるが，現状ではとても「互恵的な交渉」を行っているとは言

えない状況である。今後DDAでは，一括受諾をあきらめて妥結可能な分野のみ合意を目指すという方針が公表されているが，たとえ交渉分野が絞られても，交渉参加国が「互恵的な交渉」を行わなければ，同様に交渉の妥結に至ることは困難であることは想像に難くない。WTOの存在意義までもが問われる現在，全てのWTO加盟国は，なぜ戦後にGATTが誕生したのかを今こそ再認識する必要がある。

■ WTO改革　批判てこに機能強化を

　世界貿易機関（WTO）の機能低下に懸念や批判が広がっている。紛争処理機能の強化などで速やかに具体策をとり求心力を取り戻さなければ，保護主義の広がりを抑えることはできない。

　今月末に大阪で開かれる二十カ国・地域首脳会議（G20サミット）を前に茨城県つくば市で開かれた貿易・デジタル経済相会合は，共同声明で「反保護主義」を打ち出せなかった。極めて残念だ。

　その一方でWTOの改革が焦点に浮上している。世界の自由貿易体制，通商秩序の基盤になってきたWTOの機能の低下が目立つためだ。

　百六十四カ国・地域が加盟するWTOには貿易のルール作りと，貿易を巡る紛争の処理という二つの役割がある。

　米トランプ大統領は，補助金や知的財産の侵害などで中国の違反行為を抑えるルール作りが進まない現状を厳しく批判している。

　紛争の処理でも疑問の多い判断が目立つと反発し，最終判断を下す二審の上級委員会で，新たな委員任命を阻止している。このため七人体制の委員会は三人で運営されている窮状で，機能をさらに弱めている。

　日本は自国第一主義の米国とは距離を置き，欧州連合（EU）などとともに冷静な改革論議を進めてきた。

　ただ福島県産などの水産物をめぐる韓国との貿易紛争で，一審の判断を上級委員会に覆され逆転敗訴。その判断に曖昧さがあったため，ここに来て機能低下への批判を強めている。

　日米欧そして中国などは，改革の必要性では一致している。利害が複雑にからみ同床異夢の側面もあるが，機能低下に手をこまぬいていては状況はさらに悪化する。「脱退」をほのめかすトランプ大統領をWTOの枠組みにとどめるためにも，批判をてこにG20サミットでは改革の具体化に着手する必要がある。

　まず，貿易紛争解決の役割を担ってきた紛争処理機能の改善，強化が求められる。二審の上級委員会の体制を強化して最終判断の信任を高める必要がある。異議申し立てができない仕組みの改善も検討課題となろう。停滞が続くルール作りでは，新たな交渉分野として重要性が増す一方で，対立の少ないデジタル分野で結果を出していくべきだ。

改革を急がないと WTO そのものが保護主義の波にのみ込まれかねない。

出所：『中日新聞』2019 年 6 月 11 日，朝刊 5 面，社説。

参考文献

経済産業省（2018）「2018 版不公正貿易報告書」（http://www.meti.go.jp/committee/summary/0004532/2018/houkoku01.html）。

小室程夫（2007）『国際経済法入門（新版）』東信堂。

財務省（2011）「WTO ドーハ・ラウンド交渉の現状について」（http://www.mof.go.jp/customs_tariff/trade/international/wto/n01.pdf）。

財務総合政策研究所（1980）『財政金融統計月報』341 号（http://www.mof.go.jp/pri/publication/zaikin_geppo/hyou/g341/341_c.pdf）。

高瀬保（2003）『WTO と FTA　日本の制度上の問題』東信堂。

津久井茂充（1993）『ガットの全貌〈コメンタールガット〉』日本関税協会。

松下満雄（1999）『国際経済法 国際通商・投資の規制（改訂版）』有斐閣。

山本和人（2012）『多国間通商協定 GATT の誕生プロセス　戦後世界貿易システム成立史研究』ミネルヴァ書房。

Jackson, J. H. (1998), *The World Trade Organization, Constitution and Jurisprudence*, London: The Royal Institute of International Affairs.

Jackson, J. H. (1992), *The World Trading System, Law and Policy of International Economic Relations*, Cambridge: The MIT Press.

Kaplan, E. S. (1996), *American Trade Policy, 1923-1995*, Westport: Greenwood Press.

WTO (2013), "Ministerial Conferences" (http://www.wto.org/english/thewto_e/minist_e/minist_e.htm).

WTO (2011), "Understanding the WTO," Fifth Edition (http://www.wto.org/english/thewto_e/whatis_e/tif_e/tif_e.htm).

WTO (1994), "Marrakesh Declaration of 15 April 1994" (https://www.wto.org/english/docs_e/legal_e/marrakesh_decl_e.pdf).

練習問題

1．次の記述で正しいものには○を，正しくないものには×を選択しなさい。
　　×を選択した場合には，間違っている箇所に下線を引き，カッコに適切な
　　語句を記入しなさい。

① GATT は戦後の世界経済を貿易面で支える柱として誕生したが，当初こ
　の役目は，GATT ではなくブレトン・ウッズ体制が担うはずであった。

　　　○　　　　×　（　　　　　　　　　　　　　）

② 初めて非関税障壁が交渉対象となったのは，東京ラウンドである。

　　　○　　　　×　（　　　　　　　　　　　　　）

③ WTO の参加国は，締約国と呼ばれる。

　　　○　　　　×　（　　　　　　　　　　　　　）

④ 「政府調達に関する協定」は一括受諾対象協定である。

　　　○　　　　×　（　　　　　　　　　　　　　）

2．カッコに適切な語句を入れなさい。

	関税引き下げ方式	その他
ディロン・ラウンドまで	（　　A　　）	
ケネディ・ラウンド	（　　B　　）	（　　E　　）コードが制定
東京ラウンド	（　　C　　）	・非関税障壁に関する（　　F　　）が制定 ・途上国に関する（　　G　　）が導入
ウルグアイ・ラウンド	（　　D　　）	（　　H　　）が発足決定

3．カッコに適切な語句を入れなさい。

① WTO は（　　A　　）年1月1日に発足した。WTO は（　　B　　）
　だけを扱っていた GATT とは異なり，サービス貿易，知的財産権等の広範
　なルールを扱っている。現在は，GATT 期から数えると（　　C　　）回目
　のラウンドである（　　D　　）が交渉中であるが，当初は（　　E　　）
　年1月1日までの交渉妥結が目指されたものの，それは断念され妥結は先送

りされてきた。

② 　GATT と WTO の違いは，まず GATT が「一般協定」であるのに対して WTO は（　　F　　）であること，紛争処理の際の意志決定方式として GATT 期には（　　G　　）方式が採用されていたのに対して，WTO 期には必要な部分に（　　H　　）方式が採用されていること等である。

③ 　ドーハ開発アジェンダは，（　　I　　）年初頭から開始され，農業や NAMA といった8分野で（　　J　　）が目指されたが，交渉妥結は先送りされ続け，ついに 2013 年には（J）は断念され，交渉可能な分野での合意を目指す方針が発表された。

第7章

通商政策Ⅱ：RTA（地域貿易協定）

RTA（Regional Trade Agreement：地域貿易協定）締結の動きは，1990 年代初頭から拡大したが，近年，さらにその動きは活発化している。

WTO では，GATT の時代から RTA の締結を最恵国待遇原則（前章参照のこと）の例外として認めている一方で，WTO による厳格な要件を満たすことを求めている。さらに WTO では，加盟国が RTA 締結交渉を行う場合には，WTO に通報・情報提供することを義務として，WTO が求める要件を満たしているかどうかを確認する。つまり RTA は，あくまで WTO ルールに基づいて発足されるものであり，その本来の役割は，多国間貿易体制（GATT-WTO）を補完して，少数の国や地域間で，より一層の貿易自由化を実現することである。

本章では，RTA の要件と種類，世界の主要な RTA，さらに日本が現在，参加済み又は交渉中の RTA について述べる。

1．RTA の要件と種類

(1) 要件

WTO では，①先進諸国間または先進国と開発途上国との間で締結される RTA と，②開発途上国同士で締結される RTA とでは，異なる要件を適用する。①の場合には，GATT 第 24 条と GATS（サービスの貿易に関する一般協定）第 5 条が定める要件を適用するが，②の場合には，「授権条項」（前章参照のこと）と GATS 第 5 条が定める要件を適用する。

① GATT 第 24 条

モノの地域・経済統合について規定している GATT 第 24 条に基づいて発

足される RTA は，関税同盟（Customs Union）と自由貿易地域（Free-Trade Area：FTA），そしてこれらの形成のための中間協定の3つに分けることができる。

　関税同盟と自由貿易地域は，「加盟国間の関税やその他の貿易を制限する規制等を撤廃することによって，加盟国間の貿易を自由化する」という共通点を持つが，次の点は異なっている。それは，関税同盟では加盟国が「共通の関税率表」を作成する必要があるが，自由貿易地域の加盟国はそれを作成する必要がなく，加盟国それぞれが「異なる関税率表」を持つことである。つまり関税同盟の加盟国は，関税を始めとする対外貿易政策を共通化しているので，経済統合の度合いは自由貿易地域よりも高い。

　なお，FTA は自由貿易地域ではなく，自由貿易協定（Free-Trade Agreement）を意味する場合もある。この場合の「FTA を締結する」とは，自由貿易地域に関する協定を締結することを意味する。

　関税同盟や自由貿易地域といった地域・経済統合では，加盟国以外の国々に対して異なる関税率などを適用するが，このことは本来，GATT 期以来の基本原則のひとつである「最恵国待遇」とは一致しない。このため WTO では，こうした地域・経済統合を「最恵国待遇の例外」として認めてはいるが，その代わりに GATT 第24条，GATS 第5条等で幾つかの要件を満たすことを義務付けている。そして GATT 第24条が規定する要件とは，(a)加盟国以外の国々に適用される関税その他の通商規則（関税同盟の場合，関税の全般的水準及び通商規則）が，統合以前よりも高度又は制限的にならないこと，(b)加盟国間の実質上全ての貿易（一般的には貿易全体の90％）について，関税その他の制限的な通商規則を撤廃すること，(c)原則的に10年以内に協定に基づく経済統合を完成させること，である。

② GATS 第5条

　GATS もその第2条で最恵国待遇を規定し，サービス貿易でも，ある加盟国が特定の加盟国の措置を優遇することを禁止している。ただし次の要件を満たすことを条件として，特定の RTA 加盟国間で優遇措置を適用することを認めている。それは，(a)相当な範囲のサービス分野を優遇措置の対象とすること，(b)実質的にすべての差別が合理的な期間内に撤廃されること，などであ

る。

ただしこれらの要件に関しては，GATS 第 5 条 3 項が開発途上国に対する例外を規定している。つまり開発途上国は，その国の発展の水準に応じてこれらの要件を弾力的に適用することができる。

③ 授権条項

開発途上国同士で締結 RTA には，授権条項が適用されるが，授権条項による RTA の要件は，GATT 第 24 条よりも満たすことが容易な内容となっている。こうしたより緩やかな要件を用意することによって，WTO では開発途上国同士の RTA の締結を促進している。

2．WTO への通報と審査

GATT 第 24 条 7 項(a)は，RTA が WTO によって満たすことを求められている要件を満たしているかを確認する手続きとして，RTA の締結を決定した加盟諸国に対して「通報」と「情報提供」を義務付けている。そして通報された RTA は，WTO の専門機関によって審査される。

ただし WTO では，上述のような要件を完全には満たさない RTA の全てを認めない，という訳ではない。そのような RTA であっても，WTO 加盟国の 3 分の 2 の承認があれば認めている。

WTO 公表資料を中心とした調査によれば，1990 年から 2005 年頃までは RTA の中の FTA 発効が 2 桁とピークであり，2005～09 年にかけて 78 件をピークに以降の発効件数は落ちている（ジェトロ 2018）。

その原因のひとつは FTA の大型化があげられる。2019 年 11 月で GATT/WTO に通報された発効済 RTA は 481 件である（WTO RTA Database）。

3．RTA の種類と具体例

先でも述べたように，GATT 第 24 条に基づく RTA は，関税同盟と自由貿易地域およびこれらの形成のための中間協定の 3 つに大別される。そして開発途上国同士で RTA を締結する場合には，GATT 第 24 条ではなく授権条項に

図表7-1　地域統合の形態

```
1．地域貿易協定
 (1) 根拠法：GATT 第 24 条，授権条項，GATS 第 5 条
 (2) 種類
   (a) 関税同盟
   (b) 自由貿易地域
     ① 自由貿易協定（FTA）
     ② 経済連携協定（EPA）
2．地域協力的形態
```

出所：高瀬（2003），88 頁および外務省（2011），3 頁。

基づいてこれらの RTA を発足させる。さらに自由貿易地域は，自由貿易協定と EPA（Economic Partnership Agreement：経済連携協定）の 2 つに区別される。

　その一方で，現在「地域統合」と称されるものには，これらの WTO 上の RTA に加えて，これらには含まれない「地域協力的形態」と呼ばれるものも含まれているのが現状である（図表7-1）。

　そこで以下では，関税同盟，自由貿易地域および地域協力的形態の具体例を取り上げ，それぞれについて述べてゆく。

(1) 関税同盟

　現存する関税同盟で，GATT 第 24 条に基づくものの代表例であるのが EU（ヨーロッパ連合）であり，授権条項に基づく関税同盟の代表例が，メルコスール（MERCOSUR：南米南部共同市場）である。以下では EU について述べる。

● EU

　EU の前身は，欧州石炭鉄鋼共同体（ECSC），欧州経済共同体（EEC）および欧州原子力共同体（EURATOM）という 3 つの共同体を統一する形で，1967 年に設立された欧州共同体（EC）である（図表7-2 参照のこと）。20 世紀の後半，海外植民地が次々と独立したことにより，宗主国であるヨーロッパ諸国の経済基盤に大きな影響が及んだことに加えて，東西ドイツが統一されるなど，ヨーロッパ諸国は経済的にも安全保障的にも大きな変化に直面した。

図表 7-2　EU 拡大の歩み

1952 年	欧州石炭鉄鋼共同体（ECSC）がフランス，ドイツ，イタリア，ベルギー，オランダ，ルクセンブルクの 6 カ国で発足
1958 年	欧州経済共同体（EEC）が発足
1967 年	EEC, ECSC などを統合し，欧州共同体（EC）が発足
1973 年	EC にイギリス，アイルランド，デンマークが加盟
1981 年	ギリシャが加盟
1986 年	スペイン，ポルトガルが加盟
1993 年	欧州連合（EU）が 12 カ国で発足
1995 年	オーストリア，スウェーデン，フィンランドが加盟
2004 年	ポーランド，チェコ，スロバキア，ハンガリー，スロベニア，エストニア，リトアニア，ラトビア，マルタ，キプロスが加盟
2007 年	ブルガリア，ルーマニアが加盟
2012 年	EU がノーベル平和賞を受賞
2013 年	7 月 1 日，クロアチアが加盟し 28 カ国に
2016 年	6 月 23 日，英国は国民投票の結果，EU 離脱を選択
2019 年	英国は離脱協定について EU と協議中

出所：『中日新聞』2013 年 7 月 1 日，第 4 面，その他より筆者作成。

こうした変化に対応すると同時により一層の結束を固めるために，EC は 1991 年に「欧州連合条約」（マーストリヒト条約：1993 年 11 月 1 日発効）に合意し，特定の分野で政府間協力を図りつつ，経済通貨同盟を目指す EU の創設を決定した。その後も EU の加盟国は旧共産主義圏の中東欧諸国を取り込み拡大し，28 カ国に達したが，英国の離脱により 27 カ国となる。

　2009 年 12 月 1 日，EU の既存の基本条約を改正するリスボン条約の発効によって，EU は地域統合として新たな局面を迎えた。この条約の発効によって，加盟国議会の EU 立法への関与強化，EU 意思決定手続きの効率化と簡素化，EU 基本権憲章への法的拘束力の付加，EU への法人格の付与，外交政策の EU 外務・安全保障政策上級代表への一本化，EU 理事会常任議長職の創設，などの改善が図られた。これらの改善は，民族も言語も多様な EU が，より一層民主的で力強い政策を展開できることを目指したものである。更には，気候変動，テロ対策，警察・司法分野の段階的な統合，移民・難民政策の共通化，EU 拡大など，新たな課題への対応能力も一層強化していくことが目指

されている。2017年3月に英国は離脱（Brexit：ブレグジット）を表明し，2020年1月末に確定した（章末記事）。

(2)　自由貿易地域

　上述の通り，自由貿易地域は，FTA（自由貿易協定）とEPA（経済連携協定）の2つに区別される。

　FTAとは，特定の国や地域の間で，モノの関税やサービス貿易の障壁等を削減・撤廃する協定のことであり，EPAとは，自由貿易協定を柱に，ヒト・モノ・カネの移動の自由化，円滑化によって幅広い経済関係の強化を図る協定のことである。なお，現在その交渉の行方が注目されているTPP（Trans-Pacific Strategic Economic Partnership Agreement：環太平洋戦略的経済連携協定）もEPAの一種であるが，TPPでは，GATT第24条が要求する「加盟国間の実質上すべての貿易について，関税その他の制限的な通商規則を廃止すること」の「実質上すべての貿易」を最も厳格に解釈しているため，基本的には全品目の関税撤廃が目指されている。

　そしてFTAの代表例としては，NAFTA（North American Free Trade Agreement：北米自由貿易協定）とAFTA（ASEAN Free Trade Area：ASEAN自由貿易地域）を挙げることができる。TPPについては次節で述べることとし，以下ではNAFTAについて概説する。

● NAFTA

　NAFTAは1994年1月1日にアメリカ，カナダ，メキシコの3カ国間で締結され発効したFTAである。NAFTAは「北米自由貿易協定」を英語で表記した場合の頭文字であるが，カナダの公用語のひとつであるフランス語ではALENA（Accord de libre-échange nord américain），またメキシコの公用語であるスペイン語ではTLCAN（Tratado de libre comercio de américa del norte）と呼ばれる。

　NAFTA構想の発端は，当時のアメリカ大統領であったレーガン大統領がヨーロッパのEC（後のEU）に対抗することを意図したことに遡る。このレーガン大統領の発想に賛同したカナダのマルルーニ首相（当時）は，レーガン大統領と米加自由貿易協定の締結に向けて交渉を開始した。この協定は1989年

に発効したが，この協定とは別途でメキシコのサリナス大統領（当時）とアメリカのブッシュ・シニア大統領（当時）が二国間での貿易交渉を開始したことを受けて，カナダがこれに参加することを申し入れたために 3 カ国での交渉が開始され，その成果として現在の NAFTA が形成された。

　NAFTA 締結後，三国間の貿易は大きく拡大したが，一方で未だ協定内容が交渉されてきた時期から，環境保護団体や労働組織等の多方面から NAFTA 締結反対の声が挙がっていた。というのは，当時のカナダやメキシコでは，アメリカ企業によって両国の環境や労働，そして人権などが犠牲になることが懸念された一方で，当時のアメリカではメキシコから低賃金の労働者が流入してくることによって失業率が高まること等が懸念されたためである。こうした懸念に対応するために，労働問題に関する補完協定と，環境問題に関する補完協定が規定されたが，1994 年 1 月 1 日の NAFTA 協定発効日には，メキシコで最も貧しい州とされるチアパス州を中心として，チアパスの貧しい先住民族の農民達を主体に組織されているゲリラ組織であるサパティスタ民族解放軍（Ejército Zapatista de Liberación Nacional）が，「NAFTA は貧しいチアパスの農民にとって死刑宣告に等しい」として，同州ラカンドンにおいて武装蜂起した。

　その一方でアメリカでは，現在でも大統領選挙ごとに各候補者が NAFTA の欠点を指摘するのが恒例となっている。2017 年 1 月にドナルド・トランプ大統領が就任し，「アメリカ第一主義」を掲げ，NAFTA も再交渉が開始された。2018 年 9 月 30 日に三国協定を維持する予備的合意がなされ，11 月 30 日に協定署名された。新たな協定は「アメリカ・メキシコ・カナダ協定（USMCA）」とされた。

(3)　地域協力的形態

　地域協力的形態の例としては，APEC（Asia-Pacific Economic Cooperation：アジア太平洋経済協力）を挙げることができるが，これは太平洋を取り囲む国と地域が形成する経済協力を促進する枠組みである。現在，APEC には 21 の国と地域が参加しており，これらの参加国・地域は「エコノミー」と呼ばれる。そして APEC が上述の関税同盟や FTA とは異なる点は，制度的な枠

組みとしての協定を締結していないことである。つまり APEC はそのエコノミーを法的には拘束しない緩やかな政府間協力の枠組みであり，それぞれのエコノミーの自主的な行動による取り組みを推進している。

　APEC が発足された背景には，1980 年代後半に外資導入政策や先進諸国からの援助の活用によってアジア域内の経済が急速に成長したことに加えて，ヨーロッパと北米において市場統合が進んだことによって，アジア太平洋地域にも経済の相互依存関係を基礎とする新しい連携・協力の必要性が高まったことが関わっている（図表7-3 参照のこと）。こうした状況の下で，1989 年には，日本からの働きかけもあり，当時のホーク・オーストラリア首相がアジア太平洋地域の持続的な経済発展及び地域協力のための会合の創設を提案した。これを受けてアジアの成長に注目していたアメリカや，ASEAN 等においてもアジア太平洋経済協力構想への認識が高まり，同年 11 月にオーストラリアの首都キャンベラにおいて第 1 回 APEC 閣僚会議が開催され，APEC が発足し

図表 7-3　APEC の歩み

1987 年	EC が 1993 年に市場統合して EU を発足させることを決定
1989 年	・米加自由貿易協定締結・オーストラリアのホーク首相（当時）がアジア太平洋地域の持続的な経済発展及び地域協力のための会合の創設を提案 ・第 1 回 APEC 閣僚会合にて APEC の発足が決定。発足当時のエコノミーはオーストラリア，ブルネイ，カナダ，インドネシア，日本，韓国，マレーシア，ニュージーランド，フィリピン，シンガポール，タイ，アメリカの 12 カ国
1990 年	中国，中国香港，チャイニーズタイペイが加盟
1993 年	メキシコ，パプア・ニューギニアが加盟
1994 年	ボゴール宣言採択　チリが加盟
1995 年	大阪行動指針を採択
1998 年	ペルー，ロシア，ベトナムが加盟
2006 年	FTAAP 構想を含む地域経済統合の促進方法について研究し，2007 年の首脳会談で報告することが決定
2010 年	横浜での首脳会議において「横浜ビジョン～ボゴール,そしてボゴールを越えて」が採択。付属書のひとつとして「FTAAP への道筋」が採択
2014 年	北京での首脳会議で 25 周年記念声明「アジア太平洋パートナーシップを通じた未来形成」を採択
2018 年	パプアニューギニアでは首脳宣言が採択されず議長声明に留まった。

　出所：APEC Japan（2013a），外務省（2019a, 2019b）より筆者作成。

た。発足当初のエコノミーは，日本を含む 12 カ国であった。

　APEC では毎年秋に閣僚会議と首脳会談が開催されるが，2006 年 11 月にベトナムのハノイで行われた首脳会談において，FTAAP（Free Trade Area of the Asia-Pacific：アジア太平洋自由貿易圏）構想を促進する方法および手段について研究を実施することに一致した。この FTAAP 構想とは，2004 年にチリで開催された APEC 首脳会談の際に提唱された後，2006 年にベトナムで開催された APEC 首脳会談において当時のブッシュ・ジュニア大統領が提案したことで注目を集めたものであり，アジア太平洋地域において，関税や貿易制限的な措置を取り除くことにより，モノやサービスの自由な貿易や幅広い分野での経済上の連携強化を目指すものである。APEC では，FTAAP 構想を長期的で野心的な目標と位置づけているが，あくまで包括的な自由貿易協定として追及されるべきこと，および APEC は，今後もリーダーシップと知的インプットを提供する形で FTAAP の追及に貢献してゆくことがこれまでに確認されている。

4. 日本とRTA

　上述の通り RTA 締結の動きは 1990 年代前半から活発化したが，実は日本が最初の RTA の締結をしたのは，21 世紀に入ってからのことである。戦後，GATT-WTO という多国間貿易体制の下で大きく経済発展し，最もその恩恵を受けてきたと言われる日本は，他の諸国が RTA 締結を進める中で，あくまで多国間貿易体制を支持し続けてきた。しかし DDA 交渉の停滞等を背景に産業界等からの強い要望もあり，ようやく初の RTA となる日本・インドネシア EPA が 2002 年 11 月に発効した。その後はむしろ積極的に RTA 交渉を開始してきたが，当初から日本は，自由貿易協定（FTA）よりもむしろより幅広い分野を含む EPA を推進してきた。2019 年時点の状況は図表 7-4 に表す。

　以下では，現在の日本で最も注目されている RTA である TPP について述べる。

　● TPP

　TPP は，アジア太平洋地域に位置する参加国の間で，貿易・投資の自由化，

図表 7-4　日本の EPA・FTA の現状（2019 年 2 月現在）

●発効済み，署名済み〔18〕
　シンガポール，メキシコ，マレーシア，チリ，タイ，インドネシア，ブルネイ，ASEAN 全体，フィ
　リピン，スイス，ベトナム，インド，ペルー，オーストラリア，モンゴル，TPP12，TPP11，
　日 EU・EPA
○交渉妥結・実質合意〔1〕
　日 ASEAN・EPA 投資サービス交渉
◎交渉中〔4〕
　コロンビア，日中韓，RCEP，トルコ

出所：外務省（2013, 2019a, 2019b）。

各種経済制度の調和等を行うことにより，参加国相互の経済連携を促進する
ことを目指す FTA である。TPP 協定のベースとなっているのが，2006 年に
ニュージーランド，シンガポール，チリ，ブルネイの 4 カ国で発効した，通称
Pacific 4（P4）と呼ばれる「環太平洋戦略的経済連携協定」である。

　2005 年に発効した P4 協定は，参加国を上記の 4 カ国に限ることなく，全て
の APEC エコノミー又はその他の国家に加盟の門戸を開放している（第 20 章
第 6 条第 1 項）。また P4 協定では，2005 年に P4 交渉が終了した際に，P4 で
はカバーしていない投資と金融サービスについて交渉を開始することが規定さ
れている（第 20 章第 1 条及び第 2 条）ことから，これらの交渉が 2008 年から
開始されると，アメリカが投資と金融サービスについての交渉に参加すること
を表明した。その後アメリカが，2008 年 9 月に P4 協定の交渉にも参加を表明
すると，オーストラリア，ペルーそしてベトナムも参加を表明した。こうして
8 カ国（ニュージーランド，シンガポール，チリ，ブルネイ，アメリカ，オー
ストラリア，ペルー，ベトナム）での交渉は 2010 年 3 月から始まったが，こ
れ以降の交渉過程において，それまでは P4 と呼ばれていた協定の通称名は
TPP へと変更された。従って TPP とは，P4 の条文を基本としつつも，交渉
参加国の提案に基づいて条文の修正や追加等を行っている 2010 年 3 月以降の
一連の交渉を示す。

　当初は 8 カ国であった TPP の参加国は，その後も増加して 2013 年 7 月末時
点では 12 カ国であった。日本は 2013 年 4 月 21 日に 12 番目の参加国として承
認された。なお TPP 交渉に参加するためには，既存の全参加国の合意を得る

図表 7-5　TPP の交渉分野

①分野横断的事項　②競争　③キャパシティ・ビルディング　④越境サービス　⑤貿易円滑化　⑥電子商取引　⑦環境　⑧金融サービス　⑨政府調達　⑩知的財産権　⑪投資　⑫労働　⑬紛争解決　⑭物品市場アクセス　⑮原産地規則　⑯衛生植物検疫（SPS）　⑰貿易の技術的障害（TBT）　⑱通信　⑲商用関係者の移動　⑳繊維　㉑貿易救済措置

出所：ジェトロ（2013），7 頁。

ことが必要とされている（第 20 章第 6 条第 1 項）。

　TPP の第 1 の特徴は，高い水準での貿易自由化が目標とされており，原則として全品目の関税を即時または 10 年以内に撤廃することを目指している点である。確かに工業製品の関税撤廃率は高いが，例外もある。

　第 2 の特徴は，TPP が非関税分野や新しい分野を含む包括的な協定として交渉されている点である。TPP では図表 7-5 が示す 21 分野について交渉が行われたが，知的財産分野などの凍結項目もある。

　第 3 の特徴は，TPP が上述の FTAAP へと発展する可能性があることである。アジア太平洋地域には，TPP に加えて先述の AFTA，そして日本，中国，韓国，インド，オーストラリア，ニュージーランドの 6 カ国が ASEAN と締結した 5 つの FTA を束ねる広域的な包括的経済連携構想である RCEP（東アジア地域包括的経済連携）等，様々な FTA 構想が存在する。しかし現在これらの中で，FTAAP 実現に向けて具体的な交渉が進んでいるのは，TPP である。

　TPP は，当初は 2011 年 11 月の APEC での交渉妥結を目指していたが，ここでは，カナダ，メキシコ，日本を除いた 9 カ国が TPP 協定の「大まかな輪郭」に合意するに留まった。2016 年 1 月に条文が公開され参加国 12 カ国が署名したが，翌年アメリカが離脱したために 2018 年 12 月に 11 カ国で協定を発効した。アメリカはトランプ政権下で二国間協定を志向するようになり，2018 年 8 月以降，日本との間でも日米貿易協定が進められ 2020 年 1 月に発効した。

5．おわりに

　DDA 交渉が長く停滞している状況の中で，WTO 加盟国は RTA 交渉を積

図表 7-6　TPP 交渉の変遷

2010 年 3 月	第 1 回会合（開催地：オーストラリア）
6 月	★P4 協定の加盟の 4 カ国（シンガポール，ニュージーランド，チリ，ブルネイ）に
10 月	加えて，アメリカ，オーストラリア，ペルー，ベトナムの 8 カ国で交渉開始
12 月	第 2 回会合（アメリカ）
	第 3 回会合（ブルネイ）　★マレーシアが新規参加
	第 4 回会合
2011 年 2 月	第 5 回会合（アメリカ）
3 月	第 6 回会合（シンガポール）
6 月	第 7 回会合（ベトナム）
9 月	第 8 回会合（アメリカ）
10 月	第 9 回会合（ペルー）
12 月	第 10 回会合〔ミニラウンド〕（マレーシア）
2012 年 3 月	第 11 回会合（オーストラリア）
5 月	第 12 回会合（アメリカ）
7 月	第 13 回会合（アメリカ）
9 月	第 14 回会合（アメリカ）
10 月	★メキシコとカナダが新規参加
11 月	★「大まかな輪郭」に合意
12 月	第 15 回会合（ニュージーランド）
2013 年 3 月	第 16 回会合（シンガポール）　★日本が新規参加
4 月	第 17 回会合（ペルー）
5 月	第 18 回会合（マレーシア）
7 月	★日本，交渉会合に初参加
2016 年 1 月	条文公開参加 12 カ国が署名
2017 年 1 月	アメリカ：トランプ大統領離脱を表明
2018 年 12 月	TPP11　7 カ国で国内手続を完了し発効

出所：外務省（2013, 2019b）に基づいて筆者作成。

極的に展開している。確かに RTA では，志を同じくする複数国間で貿易や投資等のルール作りを行うことができるため，160 近くの諸国で貿易等のルール作りをすることが必要な WTO よりも，より容易にルール作りができることが最大の利点である。しかし特に影響力の大きい一部の諸国が，RTA 締結交渉の際に，自国の利害のみに有利な規定を RTA に盛り込もうとし，更には実際にそれが盛り込まれた結果，その交渉参加国は自国民の安全，健康，福祉，環境等を自分達の基準で決められなくなり，その結果として国益を損ねる，といった事態までもがこれまでに発生していることを我々は認識しなければならない。

　そしてこうした事態の要因となる規定の代表的例となるのが「ISD条項」や「TRIPSプラス条項」である。「ISD条項」とは，外国企業の投資を保証するため，投資家が投資受入国の恣意的な規制で損害を被った場合，国を国際仲裁機関に訴えることができるという規定である。例えば，アメリカ・中米自由貿易協定（CAFTA）加盟国であるエルサルバドル政府が，環境汚染を理由に金採掘に規制をかけた結果，CAFTAに導入されたISD条項に基づきカナダの金採掘企業（パシフィック・リム）に訴えられ，7,700万ドルもの賠償請求を求められた。またメキシコでは，地方自治体がアメリカのMetalclad社による有害物質の埋め立て計画の危険性を考慮してその許可を取り消したところ，Metalclad社はNAFTAのISD条項を根拠にメキシコ政府を訴え，1,670万ドルの賠償金を獲得することに成功した。

　次に「TRIPSプラス条項」についてであるが，WTO協定のひとつであるTRIPS協定は，各種の知的財産権の保護の最低基準（ミニマム・スタンダード）を定めているが，「TRIPSプラス条項」とは，この最低基準以上の保護水準を加盟国が遵守することを規定する条項である。この条項の導入が議論されたFTAの中で，近年，途上国政府やNGOらが注目していたのが，EUとインドの間で締結交渉が進められていたFTAである。これが注目されたのは，「途上国の薬局」とも称されているインドが当事国となるFTAだったためである。すなわち，この条項が導入されると，従来まではインドが提供してきた安価なジェネリック医薬品を，途上国が入手できなくなる可能性に迫られたのである。そこでこの条項導入反対を訴えるキャンペーンが世界中で行われたこともあり，この条項は当該FTAの条項から除外されるに至った。

　RTA交渉では，投資国と受入国，それぞれの国民，多国籍企業といったステークホルダー間の利害調整が慎重になされなければならない。

■合意なき離脱　英政府が最悪シナリオ

　「イエローハマー（ホオジロ科の鳥）作戦」と名付けられた5ページの機密文書で，（ボリス・ジョンソン）政権発足間もない8月2日につくられた。EUとの合意がないまま10月末に離脱する事態を想定。「EUは非協力的になり，加盟国も英国と協定を結びたがらない」可能性を考慮して，英市民生活に及ぼす影響を20項目にわたってシミュレーションした。

　文書によると，物流の生命線である英仏海峡の輸送は離脱初日から混乱。50〜85％のトラックは税関審査慣れしておらず，大行列ができる。海峡を横断するのに2日半を要する恐れも。流通が現在の60〜40％に減少し，70〜50％への回復には最長3カ月かかる。

　その結果，4分の3を輸入に頼る医薬品や医療用品が不足。家畜や食品の安全性が脅かされ，人の健康にも直接影響する。食糧危機には至らないものの，いくつかの生鮮食料品も品薄に。食品の選択肢が減り，価格は上昇。消費期間のクリスマスが近づくにつれ，供給網は苦しくなる。

　抗議運動と，それに対抗する運動は，全土で発生。混乱が広がり，緊張が高まる。北アイルランドを想定していると思われるが，関税の復活によって流通が滞り，基幹産業の崩壊や失業といった事態が発生。抗議が道路封鎖などの実力行使につながるとも考えられる。物価上昇からブラックマーケットが伸長し，犯罪集団の動きも活発化する。

　20項目のうち1項目だけは黒塗りされており，関税設定によって英国産原油の競争力が低下する恐れを指摘している可能性がある。

　文書は「大衆やビジネス界は準備ができていない」とも警告。離脱期限がすでに2度延長されたことが緊張感を失わせている，とも分析した。

　出所：『朝日新聞』2019年9月13日付，8面。

参考文献

伊藤白・田中菜採兒（2013）「環太平洋経済連携協定（TPP）の概要」『国立国会図書館 調査と情報──ISSUE BRIEF──』No. 770（http://dl.ndl.go.jp/view/download/digidepo_7269147_po_0770.pdf?contentNo=1）。

外務省（2019a）「APEC の概要」（http://www.mofa.go.jp/mofaj/gaiko/apec/soshiki/gaiyo.html）。

外務省（2019b）「環太平洋パートナーシップに関する包括的及び先進的な協定」（https://www.mofa.go.jp/mofaj/files/00022863.pdf）

外務省（2013）「環太平洋パートナーシップ（TPP）協定の概要」（http://www.mofa.go.jp/mofaj/gaiko/tpp/pdfs/nego_gaiyo.pdf）。

外務省（2013）「経済連携協定（EPA）／自由貿易協定（FTA）」（http://www.mofa.go.jp/mofaj/gaiko/fta/）。

外務省（2011）「パンフレット EPA・FTA」（http://www.mofa.go.jp/mofaj/press/pr/pub/pamph/pdfs/EPA_FTA.pdf）。

外務省（2010）「EU（欧州連合）～多様性における統合」（http://www.mofa.go.jp/mofaj/press/pr/wakaru/topics/vol53/）。

外務省・経済産業省（2010）「国家と投資家の間の紛争解決（ISDS）手続の概要」（http://www.meti.go.jp/policy/external_economy/trade/20120321_ISDS.pdf）。

経済産業省（2013）「2013 年版不公正貿易報告書」（http://www.meti.go.jp/committee/summary/0004532/pdf/2013_02_15.pdf）。

経済産業省（2019）「通商白書 2019」（http://www.meti.go.jp/report/tsuhaku2019/pdf/）

小室程夫（2007）『国際経済法（新版）』東信堂。

ジェトロ（2013）「環太平洋パートナーシップ（TPP）協定の概要・データ集」（http://www.jetro.go.jp/theme/wto-fta/pdf/tpp_20130808.pdf）。

ジェトロ（2018）「ジェトロ世界貿易投資報告書 2018 年版」（https://www.jetro.go.jp/world/gtir/2018.html）。

高瀬保（2003）『WTO と FTA　日本の制度上の問題点』東信堂。

津久井茂（1993）『ガットの全貌〈コメンタール・ガット〉』日本関税協会。

『中日新聞』2013 年 7 月 26 日。

APEC Japan（2013a）「APEC の歩み」（http://www.mofa.go.jp/mofaj/gaiko/apec/2010/about_apec/past.html）。

APEC Japan（2013b）「APEC とは」（http://www.mofa.go.jp/mofaj/gaiko/apec/2010/about_apec/apec.html）。

Delegation to the European Union to Japan (2013), "Brief History of European Integration" (http://www.euinjapan.jp/en/union/development/history/).

External Affairs and International Trade Canada (1993), *NAFTA, What's It All About?*, Ottawa: Government of Canada.

Hart, M. (1998), *Fifty Years of Canadian Tradecraft, Canada at the GATT 1947-1997*, Ottawa: Center for Trade Policy and Law.

MacAuley, L. and S. Anderson (2012), "World Bank Tribunal Ruling in El Salvador Mining Case Undermines Democracy," *Institute for Policy Studies*, Press Note (http://www.ips-dc.org/pressroom/world_bank_tribunal_ruling_in_el_salvador_mining_case_undermines_democracy).

NAFTA Secretariat (2010), "Frequently Asked Questions," Retrieved on July 1, 2013 (http://www.nafta-sec-alena.org/en/view.aspx?x=283).

WTO Regional Trade Agreements Database (rtais.wto.org/UI/publicsummarytable.aspx (2019. Nov. 26 アクセス）。

WTO (2013a), "Regional Trade Agreements: facts and figures," Retrieved on June 1, 2013 (http://www.wto.org/english/tratop_e/region_e/regfac_e.htm).

WTO (2013b), " List of All RTAs in Force," Retrieved on July 10, 2013 (http://rtais.wto.org/UI/PublicAllRTAList.aspx).

WTO (2011), "Understanding the WTO," Fifth Edition (http://www.wto.org/english/thewto_e/whatis_e/tif_e/understanding_e.pdf).

練習問題

1．カッコに適切な語句を入れなさい。

① GATT 第 24 条に基づく RTA は，（　　A　　）と（　　B　　）と（　　C　　）に大別される。

② 上記（A）の具体例には，EU のほかに（　　D　　）がある。

③ 上記②は，更に自由貿易協定と（　　E　　）に区別される。

④ 自由貿易協定の具体例には NAFTA の他に（　　F　　）がある。

2．以下のカッコ部分に正しい答えを記入しなさい。

RTA 構成国	モノの貿易に適用される条項	サービス貿易に適用される条項
日本・カナダ	（　　A　　）	GATS 第 5 条
日本・ガーナ	（　　B　　）	（　　C　　）

3．カッコに適切な語句を入れなさい。

① GATT 第 24 条は，RTA が WTO による要件を満たしているかを確認するために，RTA 締結を決定した加盟諸国に対して（　　A　　）と（　　B　　）を課している。そして通報された RTA は，WTO の専門機関によって（　　C　　）される。

② GATT 第 24 条は RTA 締結の際の要件の1つとして「加盟国間の実質上全ての貿易について通商規則を撤廃すること」と規定しているが，ここでいう「実質上全ての貿易」とは，一般的には貿易全体の（　　D　　）％を意味する。

③ GATT 第 24 条に基づき，現在，日本も交渉に参加した TPP は，原則的に（　　E　　）年以内に協定に基づく経済統合を完成させなければならず，2016 年 2 月に 12 カ国が協定に署名した。

④ APEC の参加国・地域は（　　F　　）と呼ばれる。

⑤ FTAAP 構想は，もともとは（　　G　　）の首脳会談で提唱された。そしてこの構想実現に向けて交渉が進んだ FTA が（　　H　　）である。

⑥　NAFTA では，協定本体に加えて労働と環境問題に関する（　　Ⅰ　　）が締結された。

第8章

直接投資

　今日の企業の経営活動は，容易に国境を越えてグローバルに活動している。様々な国の多国籍企業が色々な国に進出している。私たちの周りを見渡せば，スマートフォンをはじめ日用雑貨，食品や服飾など，多くの外国企業の製品やサービスに囲まれていることに改めて気がつくだろう。反対に，国外に目を向ければ，多くの日本企業が外国でも製品やサービスを販売している。本章では，企業が海外でビジネスをするに至る過程について見てゆこう。

1．直接投資とは

　図表8-1は国内の主要な企業の「海外売上高比率」（売上高に占める国内と外国の割合）を示したものである。例えば，自動車やバイクのメーカーであるホンダは海外の売上高が75.6％にのぼり，国内の売上高は3割未満しかない。同様に，トヨタも海外売上高比率が約7割である。また，家電メーカーのソニーやキヤノンも海外売上高比率が約7割となっており，その他の企業もおおよそ売上高の半分が海外に依存しているのである。ここからわかることは，今日の企業の経営活動は，日本企業であっても，日本国内にとどまらず国際的に活動しているということである。

　海外に存在する日系企業の現地法人数は31,574（進出日系企業数では5,150社）あり，地域別にみると，アジア地域が最も多く19,704，次いでヨーロッパ地域の4,716，そして北米地域の4,396である。これら3地域ほど企業数は多くないが，中南米地域1,535，オセアニア地域780，中近東地域242，アフリカ地域202と，世界各地域で日本企業は経営活動を展開している（東洋経済新報社）。

図表 8-1 国内主要企業の海外売上高比率

	国内売上高比率	海外売上高比率
パナソニック	46.3%	53.8%
ソニー	30.7%	69.3%
キヤノン	22.0%	78.0%
東芝	57.0%	43.0%
日立	49.0%	51.0%
セイコーエプソン	20.3%	79.7%
ホンダ	24.4%	75.6%
トヨタ	31.5%	68.5%
花王	64.0%	36.0%
味の素	47.6%	52.4%
資生堂	41.5%	58.5%
キッコーマン	41.0%	60.0%

注：小数点第 2 位は四捨五入している。
出所：各社アニュアル・レポート 2018 年より筆者作成。

(1) 直接投資と多国籍企業

「直接投資」は，「海外直接投資」または「外国直接投資」とも呼ばれ，しばしば日本国内においても FDI（Foreign Direct Investment）とアルファベット 3 文字で表されることも多い。「直接投資」とは，企業が外国に投資を行うことを指す。OECD によれば，直接投資とは，「ある企業と永続的な経済関係を樹立する目的で行われる投資で，とくに当該企業の経営に実質的影響力をもつもの」とされ，さらに，「他国企業（既存，新設）への経営参加を目的としてその株式を取得することおよび事業経営目的で他国に工場，設備，動産等の事業資産を取得することを指す」と定義される。また，海外の「ホスト国（投資を受入れる国）」に直接投資を行い，ホスト国と本社のある「ホーム国（投資する企業の本国）」の 2 カ国以上で付加価値をつける活動をする企業を「多国籍企業」と呼ぶ。

　そもそも投資とは，基本的に資本の将来的な成長や増加を見込み，現在の資本を投じることである。さらに，資本とは，企業の経営活動における元手のことであり，主として，お金や土地，生産設備などである。したがって，直接投

資とは，企業が将来的な生産設備の強化やあるいは営業拠点の増加によって利益を拡大させることを見込んで，外国に資本を投じることである。

　ハイマーは，多国籍企業が行う直接投資は単なる資本の流れの現象ではなく，パッケージ化された経営資源の移転を含むと指摘している。多国籍企業は企業内部に蓄積された経営資源を海外市場でも有効に活用し，それを通じて，コスト削減，利潤最大化を海外市場で追及するために直接投資を行う。多国籍企業内部に蓄積された経営資源とは，企業固有の生産技術，経営ノウハウ，製品販売力，資金調達力，市場に関する情報収集能力などを指し，それらがパッケージとしてホスト国に移転されることにより，ホスト国はあらゆるメリットとデメリットを享受する。例えば，ホスト国側からみると，直接投資の受け入れを通じて経営資源の移転ならびにスピルオーバー効果（spillover effect：拡散効果）が予想され，それらがホスト国に貢献することが期待されるため，多くの途上国は多国籍企業の受入れをしている。

　図表8-2は日本企業が海外のホスト国に投資した海外直接投資額を表している。1990年台は横ばいであった直接投資であるが，2000年頃からわずかに増加し始め，2006年頃より急激に直接投資額が増えていることがわかる（2008年頃の急落はいわゆるリーマン・ショックの影響による）。このように日本企業は海外直接投資を通じて積極的に海外進出をしているのである。

図表8-2　日本の直接投資（国際収支ベース，ネット，フロー）

出所：ジェトロ（2019a）。

　なお，直接投資に対して「間接投資」と呼ばれる形態がある。これは，株式の購入や債権の購入による，配当や金利，売却益などの獲得を目的として行われる証券投資であり，外国の有価証券の取得などの投資方式のことである。経営参加や技術提携などを目的とする直接投資とは異なる。

　企業は，自社の製品やサービスを外国の消費者にも提供したいという経営理念を有している一方で，利益の増大を追求したいという誘因から外国に進出しようとする。そのため，企業が進出を狙う国は，参入して利益を得られると見込める魅力的な市場でなければならない。すなわち，既に現地に存在する競合他社に対して，製品や価格，物流などの面で競争優位性が得られるか，あるいは現地にはない製品やサービスを販売することで，新市場を開拓できるかどうかである。では，企業はどのようにしてそうした市場に挑戦してゆくのだろうか。

　一般的に，企業が国内でのビジネスを外国でも展開したいと考えたときに，いきなり直接投資を行うことはしない。なぜならば，外国でのビジネスには不確実性が高く，直接投資は金額が大きく，失敗のリスクが高いからである。現在，外国に法人を設立している企業は，最初から国際的な視野を持っていたとは限らない。もともと企業の最初の顧客やビジネス活動のターゲットは国内市場であり，経営戦略のひとつとして国際化を選んだ企業が外国に進出をしている。国際化を選択した各企業は直接投資を行い，現地法人を設立する。現地法人がホスト国で製造し提供する製品（サービス業の場合はサービス）はエアコンや洗濯機などの家電製品，自動車，食品等，様々であり，必ずしも海外市場の顧客に簡単に受け入れられるものばかりではない。

　日系企業の海外現地法人について業種別にみてみると，31,574 中，製造業が12,223（39％），卸売業 9,522（30％），小売業 391（1％），金融・保険業 1,259（4％），運輸業 1,464（5％）となっており，製造業や卸売業が特に多いことがわかる（東洋経済新報社）。

　さらに，図表 8-3 は，日本企業の製造業における現地法人ランキングである。これをみると，パナソニックが世界に 250 カ所の現地法人を持っており，中国やタイ，マレーシアに数多く設置している。次は，ダイキンであり，世界に 177 カ所の現地法人を持っており，中国，アメリカ，マレーシアに多く設置

図表8-3　日本企業の現地法人ランキング（製造業）

会社名	現地法人数	上位進出国（現地法人数）		
		1位	2位	3位
パナソニック	250	中国（68）	タイ（22）	マレーシア（19）
ダイキン	177	中国（32）	アメリカ（28）	マレーシア（10）
デンソー	125	中国（28）	アメリカ（19）	タイ（10）
ホンダ	121	アメリカ（23）	中国（13）	インドネシア（11）
住友電装	102	中国（27）	フィリピン（8）	ベトナム（6）
オムロン	101	中国（13）	アメリカ（9）	オランダ（6）メキシコ（6）
東レ	100	中国（21）	アメリカ（10）	インドネシア（9）
コニカミノルタ	100	中国（14）	アメリカ（14）	イギリス（7）ドイツ（7）
日立製作所	98	中国（26）	アメリカ（13）	シンガポール（9）
三菱電機	97	中国（21）	タイ（12）	アメリカ（9）

出所：東洋経済新報社（2019）。

している。このように，直接投資によって数多くの子会社を海外に置いていることがわかる。

(2)　企業の国際化のプロセス

　企業の国際化のプロセスは，最初から直接投資を行って現地法人を作るのではなく，輸出を通じて販売の国際化を進め，海外市場での販売を検証することから始められる（国際化の第1局面）。その後，現地企業にライセンスを与えて現地での生産を始め（第2局面），最終的に直接投資による製造拠点や販売拠点が設立される（第3局面）といったケースが一般的である。ただし，1990年代のグローバル化の進展により，近年では第1から第2へ，という順を踏まずに第3局面から始める企業も多く見られる。以下詳しく見てみたい。

　①　国際化の第1局面：「販売の国際化と輸出事業」

　企業の国際化の初期段階では，輸出を通じて販売の国際化，つまり「輸出」が始まる。輸出の中にも，企業が直接輸出する場合と，輸出の業務の全て，又は一部を商社などの外部に委託する間接輸出の場合がある。通信技術等が発達していない時代には，輸出の際の「販路」や「販売チャネル」などのノウハウ

を持つ商社などに委託することから，輸出する企業にとって，それらのノウハウの開発のコストがかからないことがメリットとなる。現在では，多くの企業が直接輸出を採用しているが，中小企業の多くは商社に委託し間接輸出をしている。ただし，輸出・輸入は貿易である。そのため，一般的に商品には関税がかかるため販売価格は高くならざるを得ず，さらには為替の変動によって利益が減少することも起こりうる。このようなロスを避けるために，企業は輸出に代替する外国進出の方法を考える。

　②　第2局面：生産の一部の国際化

　現地生産のコストが現地生産に伴う便益よりも高い場合（コスト＞便益）は輸出を中心に国際化を進める企業が多いが，その差が縮まってくると判断した場合には，生産の一部を国際化する「国際化の第2局面」へと移行する。生産の一部の国際化とは，これまで輸出していた国の企業と技術提携をして，現地企業に生産を委託する場合や，自ら開発した特許技術を現地企業に利用させロイヤリティ（使用料）を得る場合や，単純な技術供与や請負契約（コントラクティング），ライセンシングにより現地企業に生産させることを指す。

　③　第3局面：生産の全ての国際化

　国際化の次の段階では，企業は生産の全てを現地に移転し，それまで輸出していた製品や，ライセンスを与えて他社が生産していた製品を代替し，現地で全てを生産する。また，第3局面に入る企業は，必ず直接投資をすることになり，多国籍企業と呼ばれるようになる。第3局面では，生産の全てを行う工場等を現地に造るため，現地法人を設立する。現地法人（子会社）を設立することを選択するメリットは，ホスト国において第1局面や第2局面に比べて低コストで生産することができる点である。1980年代後半から現地生産を行う企業が急増した。また，1990年代後半になると，それまでは本国で行っていた現地生産に関連する研究開発（R&D）を，より生産拠点に近いところで行うことを目的として海外に研究開発所を設立する企業が増えた。

2．近年の直接投資の動向

　これまで見てきたように，直接投資とは，ある国の企業が魅力的な外国へ投

資を行うことである。この直接投資の動向をマクロ的に見ることによって，どの国の企業がどの国に注目しているのかがわかる。国連の UNCTAD（UN Conference on Trade and Development：国連貿易開発会議）は，毎年「World Investment Report（世界投資報告書）」を発行している。本節では，この報告書を元に，現在の国際的な投資状況を概観したい。

　図表 8-4 は，どの国の企業から外国に多くの直接投資がなされているかを示した上位 10 カ国である。1 位はアメリカで 3,420 億ドルである。2 位は日本であり 1,600 億ドルである。3 位は中国で 1,250 億ドルである。以下，4 位イギリス，5 位香港，6 位ドイツと続いている。あたかも国の GDP 規模に比例するかのような順位にみえる。日本は第 2 位の直接投資額であるが，中国と香港を合算すれば，日本のそれを上回ることにも注意しておきたい。世界的に見て，こうした先進国の国々の企業が，外国へ積極的に直接投資を行って国際的なビジネスを展開しているのである。注目されるのは，アメリカや日本，イギリス，ドイツなど先進国の中に，かつて世界の工場と呼ばれ，直接投資の引き受

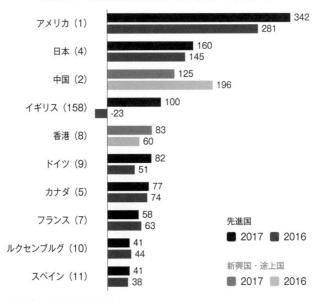

図表 8-4　直接投資国上位 10 カ国（単位：10 億ドル）

出所：UNCTAD（2018）.

け手であった中国が上位に位置していることである。言い換えれば，もはや中国企業は，国内での生産から，安価な労働力の活用などを理由に，生産拠点を国外に設立していると見ることができよう。

　一方，図表8-5は，直接投資受け入れ国（ホスト国）の上位10カ国である。どの国が直接投資の対象となり投資を多く受け入れているかを表している。1位はアメリカで2,750億ドルである。2位は中国で1,360億ドルである。3位は香港で1,040億ドルである。以下，4位はブラジル，5位はシンガポールと続いている。

　これらより，アメリカは外国への直接投資額でも最も金額が大きいが，直接投資の受け入れの額でも最も金額が大きいということがわかる。さらに，中国と香港もまた同様にどちらとも規模が大きいことがわかる。ところが，日本に関しては直接投資額では2位であったのにも関わらず，投資の受け入れ額では上位10位内に入っていない。フランスはどちらも10位内に入っているが，他方ドイツは直接投資額では6位であったのにもかかわらず，投資受け入れで

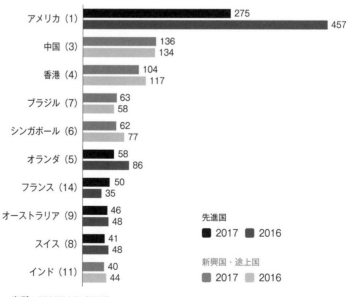

図表8-5　直接投資受け入れ国上位10カ国（単位：10億ドル）

出所：UNCTAD (2018).

は10位内に入っていない。その理由は，先進国企業が積極的に外国に投資してビジネスを拡大する一方で，投資対象国として見た場合には魅力的ではないと判断されているためであると考えられる。では，どのような要因が直接投資を阻害しているのだろうか。次では日本への直接投資の状況について見てみよう。

3．対日直接投資の状況

ここでは，まず経済産業省の『対日投資報告2018』を参照しよう。図表8-6は，外資系企業が日本に設置した現地法人の役割（機能）について調べたものである。外資系企業が日本に置いた現地法人の機能として最も多いものは，「営業・販売・マーケティング機能」である。そして，その他の機能についてはそれほど大きな項目間の差が見られない。すなわち，外国企業からの日本への直接投資の目的としては，ブランドなど営業・販売・マーケティング機能が重要とされるが，研究開発は生産などの機能については相対的に非常に評価が

図表8-6　日本国内に所有する拠点の機能別事業所数（1社平均）

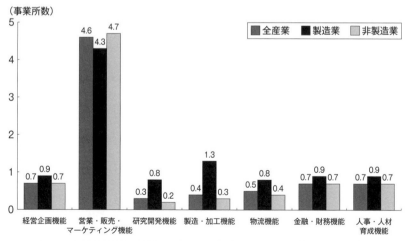

注：ひとつの事業所が複数の機能を有している場合は，それぞれの機能について計上している。

出所：経済産業省（2019）。

低いことがわかる。

　前節では日本への直接投資が非常に少ないことをみてきたが，次の図表8-7では外資系企業が日本へ直接投資を敬遠する阻害要因を示したものである。外資系企業による日本への直接投資の最大の阻害要因は，「人材確保の難しさ」である。次いで，「外国語によるコミュニケーションの難しさ」，「ビジネスコストの高さ」と続いている。これらの項目は，多くの企業が日本市場に投資する大きな阻害要因であると回答しており，先に見た日本への外資系企業による直接投資の少なさの要因として考えられる。

　さらに，「人材確保の難しさ」とは具体的に何を指しているのか同報告書を見てみると，「外国語能力のある人材の不足」（54.4％）が最も多く，次いで「専門人材の不足」（41.8％），「人材募集・採用・雇用手続にかかるコストの高さ」（34.2％）となっている。

　また，「人材確保が特に困難な職種」について同報告書を見てみると，「技術者」（58.7％）が最も多く，次いで，「営業・販売・顧客サービス」（47.1％），「経営・企画」（21.2％）となっている。このことから，近年，外資系企業が日

図表8-7　日本でビジネス展開する上での阻害要因（n=266）

順位	回答項目	票数			得点
		1位	2位	3位	
1	人材確保の難しさ	87	35	37	368
2	外国語によるコミュニケーションの難しさ	54	69	31	331
3	ビジネスコストの高さ	41	45	63	276
4	行政手続の複雑さ	36	40	39	227
5	許認可制度の厳しさ	24	32	31	167
6	ビジネスパートナー発掘の難しさ	11	25	15	98
7	入国管理制度	7	6	9	42
8	資金調達の難しさ	0	7	12	26
9	外国人にとっての生活環境	0	2	11	15
	その他	6	5	18	46

注：上位1〜3位までそれぞれ選択。各回答者が選択した1位，2位，3位の回答項目について，それぞれ1位＝3点，2位＝2点，3位＝1点として得点化し，合計得点の多い回答項目順に順位を記載。
出所：ジェトロ（2019b）。

本への投資を敬遠している大きな理由は，人材不足の問題であることがわかる。したがって，外資系企業から見た日本の市場は魅力的な投資先とは映らず，外資系企業は他の魅力的な国へと投資が向いてしまっているのである。

■例：壱番屋による直接投資

　壱番屋は，「カレーハウスCoCo壱番屋」を約1,400店運営し，そのうち1割強に当たる約180店舗を12カ国で事業展開している（2019年7月末時点）。2019年2月期の海外売上は11.4％だった。1994年にハワイで海外1号店を開業して以降，2004年上海（現在は100％出資），2005年台湾（80％出資），2009年香港（80％出資）と，アメリカや東南アジアを中心に事業展開していたが，2017年にイギリス・ロンドンに100％出資の海外子会社を設立した。資本金は450万ポンド（約6億4千万円）であった。2018年からはロンドンの中心地に第1号店をオープンしている。

　カレーはインドからイギリスに渡り，イギリスから日本に伝わったと言われている。壱番屋がロンドンの次に進出する国は，カレーの本場インドである。インドには，「10年前からインド進出の思いを固め，定点観測していたが，インフラ整備の問題などがあった」（壱番屋）ため，進出を決断できずにいた。インドでの事業展開の歴史が古く，インド展開における知見を持っている三井物産をパートナーとし，念願のインド進出をジョイントベンチャーで実現する。三井物産と壱番屋はインドで「カレーハウスCoCo壱番屋」をフランチャイズチェーン（FC）展開するJVを2019年6月に壱番屋が4割出資して新設した。2020年初頭にはデリー首都圏で1号店の開店を目指し，その後5年は直営店を10店展開し，次の5年ではインドでFC店を20店出店する計画である。

　壱番屋の出資率はホスト国によって異なる。ホスト国で数年稼働した後，出資率を上げる場合もある。さらにホスト国でのフランチャイズ展開が可能であれば，現地のフランチャイザーとフランチャイズ契約を結び，店舗数を増やしている。ホスト国に存在する不確実性の度合いによって，出資率を決め，事業展開しやすいようにパートナーを組んでいる。どのような出資率でも壱番屋の持つ所有の優位性があるから，海外展開が可能となっている。

　出所：『日本経済新聞』2019年9月12日付，『日経産業新聞』2019年9月28日付，企業のウェブサイト。

参考文献

浅川和宏（2003）『グローバル経営入門』日本経済新聞社。

江夏健一・桑名義晴編（2012）『理論とケースで学ぶ国際ビジネス　三訂版』同文舘出版。

竹田志郎編著（2011）『新・国際経営』文眞堂。

Beamish, P. W., A. J. Morrison, A. C. Inkpen and P. M. Rosenzweig (2003), *International Management, Text & Cases*, 5th edition, McGraw-Hill.

Hill, Charles W. L. (2007), *International Business, Competing in the Global Marketplace*, McGraw-Hill.

Hymer, S. H. (1976), *The International Operations of National Firms*, The MIT Press.（宮崎義一編訳『多国籍企業論』岩波書店，1979 年。）

参考資料

UNCTAD (2018), *World Investment Report 2018*.

ジェトロ (2019a)『日本の国・地域別対外直接投資（国際収支ベース，ネット，フロー)』。

ジェトロ (2019b)『ジェトロ対日投資報告 2018』。

みずほリサーチ (2008)「日本企業の M&A 動向―活発化する海外企業買収―」。

東洋経済新報社 (2019) 週刊東洋経済『海外進出企業総覧　国別編』。

経済産業省 (2019)『第 52 回外資系企業動向調査（2018 年調査)』。

Panasonic「アニュアル・レポート 2018 年」。

SONY「アニュアル・レポート 2018 年」。

CANON「アニュアル・レポート 2018 年」。

TOSHIBA「アニュアル・レポート 2018 年」。

HITACHI「アニュアル・レポート 2018 年」。

SEIKO EPSON「アニュアル・レポート 2018 年」。

HONDA「アニュアル・レポート 2018 年」。

TOYOTA「アニュアル・レポート 2018 年」。

花王「アニュアル・レポート 2018 年」。

味の素「アニュアル・レポート 2018 年」。

資生堂「アニュアル・レポート 2018 年」。

キッコーマン「アニュアル・レポート 2018 年」。

練習問題

1．カッコ内に適当な語句を入れなさい。

① 企業の国際化のプロセスは，最初から直接投資をして現地法人を作るのではなく，（　　A　　）を通じて販売の国際化を進め，海外市場での販売を検証することから始められる。その後，現地企業に（　　B　　）を与えて現地での生産を始め，第3局面として，（　　C　　）による製造拠点や販売拠点が設立されるといったケースが一般的である。

② 直接投資を受け入れる国を（　　D　　）と呼び，本社のある国を（　　E　　）と呼ぶ。2カ国以上で付加価値をつける活動をする企業を（　　F　　）と呼ぶ。

2．正しいものに○を付けなさい。

① （　　）海外直接投資とは，外国の不動産物件に投資することである。

② （　　）海外に設立する子会社のことを現地法人と呼ぶ。

③ （　　）M&Aがもっとも活発に起きている業界は，自動車業界である。

④ （　　）日本は直接投資先として魅力的であり，外国企業の直接投資が多い。

第9章
市　　場

　市場は，製品・サービスの供給者である「売り手」と購入者である「買い手」が取引をする「場」である。売り手は市場取引によって対価を得，買い手は価値・便益を得る。「場」は，ある場所つまり世界全体，国・地域などであり，売り手や買い手はそこで活動する企業・団体や個人などである。一般に市場は経済発展と人口増加により拡大し多岐にわたるようになる。市場は，売り手が供給する製品・サービスの種類，価格，品質，機能，技術によって，また買い手の属性（可処分所得，人口構成，家族構成，ライフスタイル，嗜好性，慣習，文化など）によって，分類・細分化することができる。細分化された各市場には固有の特徴があり，売り手が市場取引で成功するためには，綿密なマーケティング活動が必要である。

1．市場取引への対処

　市場は実際に取引することによってのみ現実化する。売り手にとっては買い手を見つけることができなければ市場は成立しない。したがって，売り手企業は製品・サービスを購入する可能性のある顧客の集合（市場）を見つけることから始めなければならない。しかし，市場は固定的でなく経時的に変化する。顧客からの要請，すなわち消費者ニーズは，ますます多様化し，時間の経過とともにニーズ自体も変化する。このような変化を，市場の複雑化という。

　また市場は多様な特徴・属性をもつ買い手，つまり顧客により構成されており，どのような製品を求めるかも特徴・属性によって異なると考えられる。消費者ニーズの多様化には，固有な基本的属性に起因する要素が時間経過に伴って変化することがあるために事情は複雑となる。

売れる製品を作るために，売り手企業は，まずどのような消費者がどの程度いるのかを調べることから始める。企業が標的とする消費者を特定化するには，ある基本的属性によって消費者をグループに分類することから始める。例えば，消費者の居住する国・地域，文化・慣習，所得，性別，年齢，家族構成，職業などの指標に基づくグループ化が考えられるが，どの指標をどのように組み合わせていくのかは売り手企業の選択である。こうして分類された消費者グループから，売り手企業は製品・サービスを最も好むと思われる対象グループを選別していく。これをマーケティングでは，市場細分化（マーケット・セグメンテーション）という。

グローバル市場では，これまで利益率の高い富裕な消費者を標的としてきた先進国企業は，さらに近年では巨大化しつつあるボリュームゾーン（中間所得層）や BOP（Bottom/Base of the Pyramid：世界の所得別人口構成で，貧困層・低所得者層）を標的とする市場細分化戦略へと拡張しはじめている。

2．消費者市場と産業市場

マーケティングでは，市場を産業別で分類する場合，一般消費者市場（消費財市場）と産業市場（産業財市場）とすることがある。前者は不特定多数の個人や家族を顧客としている市場であるのに対し，後者は顧客が企業や機関である市場をいう。産業市場は川上に位置する原材料や中間製品などの供給業者から，川中のメーカー企業，さらに流通業者から卸商，川下の小売商までを含めて概念化することができる。

産業市場の取引は，B to B（Business to Business）と呼ばれ，一般消費者市場の取引は，B to C（Business to Consumers）と呼ばれる。B to B では，マーケティング対象顧客は，消費財を自己の消費目的に購入する一般消費者でなく，産業財を使用して自己の商品・サービスを作り上げ，それを他の組織に提供する組織である。また，その購入目的は自己消費ではなく事業展開や加工・組立て製造をするためである（図表9-1）。Frederick は，産業マーケティングとは，生産財の流通であり消費財から区別される資本財の流通であるとしている。つまり産業市場マーケティングの取り扱う領域は，生産財のマーケ

図表 9-1 産業市場と消費者市場の特徴比較

産業市場	消費者市場
事業での消費や利用を目的にしている	個人や家族の消費を目的にしている
利用者とは別の職責者が購入を決定する	製品購入者は最終消費者である
組織に属する複数の職責者が購入決定をする	ブランドや個人的嗜好性によって購入決定する
他社類似品と比較検討がされて購入される	しばしば衝動買いがある
合理的，論理的な意思決定によって判断される	製品や販促について情緒的反応をする
購入の意思決定プロセスが長く，時間がかかる	購入の意思決定は概して速い
売り手と買い手の関係は互恵的で長期的な取引関係が多い	売り手と買い手の相手との関係は一時的かその都度替わる
顧客は限定された大口の購入者である	顧客は不特定の個人や家族で小口購入者である
価格決定は入札や価格交渉を経る。支払は契約条件で一律でない	価格は比較的一律的で，支払いはクレジットカードか現金
しばしば高リスクと高費用負担を強いられる	買い手のリスクと負担経費は低い
複雑な利用目的があり，特定の品質や仕様が要求される	製品は個人向けか家庭向け用途に限定されている
販促は担当者による人的関係に基づく	販促は媒体での宣伝広告を多用する

出所：Solomon and Stuart（1997），p. 176, Figure 7.1 を基に筆者作成。

ティングであり，その対象は企業や機関等の産業部門における組織である。したがって産業市場マーケティングは一般の消費財マーケティングとは異なった特徴をもつ。

　生産財には，例えば自動車産業では，ボディーの製造に必要な鉄鋼材，プラスティック等の原材料や，エンジン，トランス・ミッション，メーターなどの部品，組立に必要な工作機械や装置，運搬用のトラックやフォークリフトなどの設備，業務をこなすための事務用品，消耗品，情報サービス，コンサルティング・サービス，メンテナンス等の業務や管理に関わる製品・サービスなどがある。一般に，個人消費者が消費財を買う場合には「購入」と表現するが，企業が生産財を買う場合には「購買」や「調達」と表現される。

　産業市場マーケティングでは，生産財製品は，消費財に比べて要求される技術特性・基準が厳密であり，取引のロットや規模が大きい。また限定された企業間で長期間にわたる継続的取引が行われるという特徴がみられる。そのため，不特定多数の消費者を対象とする消費財マーケティングとは異なり，顧客

企業との信頼・相互依存を意識した関係性（リレーションシップ）を緊密にするマーケティングが強く意識される。

3．サービス市場

　サービス市場は，サービスという目に見えない財（無形財）をあつかう市場である。今日，製造業であってもサービスを組み入れてビジネスを行っている。またサービス産業が進展し，ビジネスとしての無形財の重要性が認められている。これに対応するために誕生したのがサービス・マーケティングである。

　サービス市場の事業分野は以下のとおりである。

(1)　サービス・マーケティング

　サービス・マーケティングがあつかう範囲は，例えば病院の「医療健康サービス」，銀行の「金融サービス」，弁護士や会計士の「プロフェッショナル・サービス」，学校の「教育，研究サービス」，ホテルやレストランの「ホスピタリティ，旅行，観光サービス」，野球やオペラの「スポーツ，芸術，エンターテイメント・サービス」，電話やインターネットの「通信サービス業」，小売り・宅配の「流通サービス，物流サービス，レンタル・リース・サービス」，美容院や自動車修理の「個人向けサービス，修理・メンテナンス・サービス」，政府や警察の「行政サービス，準行政サービス，非営利サービス」などの多岐にわたっている（図表9-2）。近年では医療マーケティング，観光マーケティング，教育マーケティング，非営利団体マーケティングなどの研究が盛んに行われるようになってきている。

(2)　サービスの特徴
①　不可視性

　サービスの特徴について述べよう。サービスとは，目に見えないものであり，特定の物質・物体ではない。このような特性はサービスの無形性といわれている。サービスには，無形性という特質があるため，サービスを受ける（購

図表9-2　サービス市場の事業分野

医療健康サービス業	病院，診療所，医療機関，医師，医薬品販売
金融サービス業	銀行，信用金庫，保険会社，代理店，証券会社
プロフェッショナル・サービス	会計士，法律事務所，不動産会社，広告会社，建築設計事務所，エンジニアリング会社，土木建設会社，コンサルタント会社
教育，研究サービス業	（教育）託児所，家庭教師，学習塾，職業訓練学校，単科大学，総合大学，社内訓練所 （研究）経営情報サービス会社，調査会社，情報サービス会社，図書館
ホスピタリティ，旅行，観光サービス業	ホテル，レストラン，航空会社，旅行代理店
スポーツ，芸術，エンターテイメント・サービス業	（スポーツ）自動車レース，サイクリング，野球，バスケットボール，フットボール，ホッケー，オリンピック競技 （芸術）バレエ，オペラ，演劇 （エンターテイメント）ロックコンサート，サーカス，モンスタートラック・ショウ
通信サービス業	ラジオ，テレビ，ケーブルテレビ，電話，携帯電話，衛星通信，コンピュータ・ネットワーク，インターネット・サービス
流通サービス，物流サービス，レンタル・リース・サービス業	（流通サービス）小売，卸売，フランチャイズ，代理店 （物流サービス）出荷，配送 （レンタル・リース・サービス）貸し衣装，レンタカー建設機械レンタル
個人向けサービス，修理・メンテナンス・サービス業	（個人向けサービス）人材派遣，美容院，エクササイズ，葬儀屋，家事代行 （修理・メンテナンス・サービス）自動車修理，水道・ガス・トイレ工事，芝刈り
行政サービス，準行政サービス，非営利サービス	（行政）政府，地方自治体，公共サービス，警察 （準行政サービス）社会的マーケティング，政治マーケティング （非営利サービス）宗教，慈善事業，博物館クラブ組織

出所：Fisk and Tansuhaj (1985), in Fisk, Grove and John (2004), pp. 18-19 を基に筆者作成。

買する）顧客は，目で見たり手で触れたりして提供サービスの内容を事前に確かめることができないというリスクがある。したがって，顧客は，サービスの購買に高いリスクを感じるかもしれない。このようなリスクを回避するために，サービス供給者は，認証，学位・資格，表彰・受賞経験を示して技術力や品質を証明しようとする。また美容業者や観光業者のようにサンプルや写真を見せて，サービスの内容やその結果を顧客に示そうとする。

②　同時性

ほとんどのサービスは，生産と消費が同時に起きる。サービスは，それが提供されると同時に消費され始め，サービスが終了するとともに消滅する。これ

をサービスの同時性という。そのため，サービスの提供には，顧客とサービス
を提供するサービス提供者が，サービスが発生する場においてサービスに双方
が反応するという相互作用が起こる。また，提供者と顧客が頻繁に接触すると
いうサービスのプロセスにおいて，両者の関係が深化していく。

　サービスのもつ同時性という特徴は，「提供されるサービス」と「サービス
の提供者」を分離することを困難にしている。例えば，タレント，スポーツ選
手，予備校の人気講師が提供するサービスの場合には，そのタレント，スポー
ツ選手，講師が提供するサービスを目当てに顧客は行動する。このようなケー
スでは，「サービス提供者自身」が，「サービスそのもの」であるともいえるの
である。私たちは，日常生活において，いつも決まった病院や美容院に行き，
すなわち，なじみのホームドクターや美容師のサービスを受けている。このよ
うに，顧客は特定の個人の技術・技能のサービスを繰り返して利用し購入して
いることが多い。

　③　消滅性

　サービスには同時性とともに消滅性がある。ほとんどのサービスは提供され
ると，すぐに消滅する。サービスは消費に備えて予め作っておくことや貯蔵し
ておくことは不可能である。サービスは，それが提供されると同時に消費され
始め，サービスが終わると消滅する。すなわち，サービスは生産されている時
にだけ存在している。

　④　異質性

　サービスには，異質性の問題がある。異質性とは提供されるサービスに差異
が生じるということである。サービスの同時性で述べたように，サービスは，
特定の顧客と特定のサービス提供者との両者の相互作用に依存する。しかし提
供者のもつ技術・技能レベルに依存するために，提供者が代われば顧客にとっ
ては提供されるサービスの受け止め方は変わるかもしれない。一般に，属人的
要素が強いサービス業では，サービス品質の標準化は難しいといわれている。
サービス業では，異質性の問題を緩和し顧客と良好な関係を築くために，サー
ビス提供方法についてロールプレイなどの実務訓練や教育が積極的に行われて
いる。

　⑤　相互作用

　サービスでは顧客とサービス提供者との相互作用が重要となる。顧客とサービス提供者との相互作用が起こる場を，サービス・エンカウンター（Service Encounter）という。サービス・エンカウンターとは，マーケッターの管理する環境下で，顧客とサービス提供組織の間になんらかの意味で直接的な相互作用が発生する一定期間のことである。またサービス・エンカウンターは，提供されたサービスが顧客によって評価される場でもある。サービス・エンカウンターで顧客との関係がどのような状態なのかを気付くこともサービス・マーケティングでは重要な課題である。

4．新興市場

(1)　経済発展段階説

　一般に，市場の発展には経済成長・発展が伴っている。つまり国の経済成長・発展に伴って市場は拡大し高度化する。ここでは米国の経済学者ウォルト・ロストウによる国家の経済発展段階説を参考にして市場の発展を検討することにする。

　ロストウは，国家の経済発展段階を5段階に分類している。それらは，①「伝統的社会」，②「離陸のための先行条件」，③「離陸」，④「成熟への前進」，⑤「高度大衆消費社会」，である。一般に，国家経済は，「伝統的社会」に始まり，「高度大衆消費社会」へと発展する（図表9-3）。

　ロストウは，国家経済の発展段階に関連し，市場も変化していくことを示唆している。「伝統的社会」は経済発展が未開の段階であるが，「離陸のための先行条件」が整い，「離陸」の段階に移行する時期になると，市場は外国資本，生産設備や技術を必要とする。その意味から，この時期には外国企業が事業機会を求めて市場へ参入を始める。「成熟への前進」の段階では，製造業企業は最先端技術の獲得努力をし，広範な製品の製造能力を獲得していく。本格的な製造業企業が国内に育まれる時期である。「高度大衆消費社会」の段階では，一般に国民の所得水準が向上し，生活水準も上昇し，消費者の購買行動が活発化する。

　ロストウの所説は，新興国市場が出現し拡大するメカニズムを経済発展段階

図表9-3　ロストウの経済発展段階説

5つの発展段階	各発展段階の典型的プロフィール
1. 伝統的社会	農耕中心社会，製造業は家内工業的，中産階層の未発達，社会的向上運動ほとんどなし
2. 離陸のための先行条件	企業家階層の台頭，政府による近代化促進，とくに教育，サービス・インフラ（運輸・通信・電力）への投資，国の一経済部門（通常，農業か鉱業）による余剰所得の創出
3. 離陸	製造業が主要な成長部門，成長維持のための政治的，社会的，商業的諸制度の改革
4. 成熟への前進	製造業による最先端技術の獲得努力，広範な製品の製造能力の獲得
5. 高度大衆消費社会	大衆の生活水準上昇による耐久消費財とサービス部門の発展

出所：Rostow（1960）を基に筆者作成。

から解明している。

(2)　ボリュームゾーン：新興国市場

　ボリュームゾーンとは，商品・サービスの普及価格帯という意味と，人口構成における中間所得層を意味する。近年，BRICs，東南アジア，アフリカといった新興国の経済発展は著しく，それに対して米国，欧州，日本など先進国の経済発展は停滞している。先進国とくに日本企業は，家電や自動車産業において高価格・高付加価値商品の供給を得意とし，先進国を中心とする高所得者層（富裕層）の市場を標的としてきた。しかし2000年以降，金融危機や経済不況から富裕層の購買意欲が停滞し，先進国企業は打撃を受けた。いっぽう新興国市場は経済成長が進み，中間所得層が増大し巨大消費市場になりつつある（図表9-4）。

　アジア新興国の中間所得層1世帯あたりの可処分所得は，年5,001ドル以上，3万5,000ドル以下の層は8億8,000万人（内，中国4.4億人，インド2.1億人）となり，約20年で6倍以上に拡大した（『通商白書2009』）。中間所得層は今後も増加する見通しである。この層を標的市場とする商品・サービスはボリュームゾーン商品と言われる。こうした商品・サービスは，富裕層を標的とするような高付加価値なものではない。商品・サービスをハイエンド，ミドルレンジ，ローエンドと3つの価格帯に分類した場合，ミドルレンジとローエ

図表 9-4　世界の GDP 成長率推移

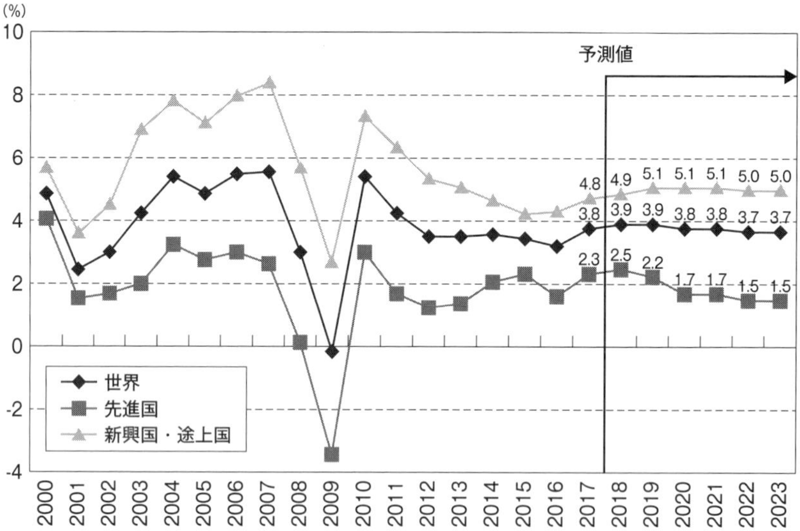

出所:『通商白書 2018』第 I-1-1-1 図を転載。

ンドの開発が求められる。高付加価値化して高利益化を志向してきた先進諸国企業は，こうしたボリュームゾーン商品・サービスは，低利益であると判断して，これまで取り組みが遅れてきた。しかし新興国市場が急成長する一方で先進国市場の停滞が回復しないなか，ボリュームゾーン市場への戦略的対応が脚光を浴びている。

(3)　BOP：貧困層市場

　BOP は，世界人口を所得別構成別に分類した場合，最低所得層人口を言う。BOP を定義する基準収入は出典によって異なるが，2007 年発表のハモンドらの基準によれば年間世帯収入として富裕層（2 万ドル超），中間所得層（3,000〜2 万ドル），BOP 層（3,000 ドル以下）とされている。なお中間所得層は，前項のボリュームゾーンに重複するが，基準と範囲が異なっている。2007年発表のハモンドらによれば BOP 層は世界人口のうち約 40 億人，市場規模は約 5 兆ドルとされている。

　近年まで BOP 層は売り手である企業にとっては，買い手すなわち市場とし

ては注目されていなかった。BOP 層は，これまで開発援助の対象としかとらえられておらず，経済システムの枠外の存在であった。しかし現在の BOP 層は消費市場として将来大きく発展を遂げる可能性を秘めた潜在市場として認識され始めている。また国連や世界銀行など国際機関が提唱する発展途上国の貧困問題解消計画に呼応して，ソーシャル・ビジネスが注目され始めた。

　ソーシャル・ビジネスとは，企業は利益の追求を至上とする経済的合理性のみならず，同時に社会的利益をも追及する企業姿勢に基づいたビジネスである。ソーシャル・ビジネスでは，企業は BOP 市場でビジネス展開しつつ，社会問題の解決を図るのである。企業は開発援助機関や NPO，NGO と協同し，現地向け商品・サービスを，現地住民を販売員として巻き込んでビジネスとして成功させていく。これまでに，ネスレ，ユニリーバ，クアルコム，ボーダフォンなどの欧米多国籍企業は BOP 市場に参入して実績を上げている。

　マーケティングの観点から BOP 市場で成功する秘訣のひとつに現地適応化戦略がある。消費者の購買能力・方法に適応した価格帯，包装単位，機能，流通・販売，アフターサービスなどを BOP 市場にマッチさせ，フィットさせることが重要である。また発展途上国では，先進国では常識となっている公衆衛生，医療・保健，栄養などの知識は不足しており，こうした領域の教育や現地人材の活用などにも工夫が求められる。

(4)　世界人口変化と経済成長

　国連調査によれば，世界人口は 2015 年に 73 億人を超え，2100 年には約 110 億人になると予測されている。約 40 億人の人口増加のうち増加するのは労働人口年代すなわち 15 歳から 74 歳が増加するとされ，子供や後期高齢者の増加はそれほどではない。2015 年の労働人口年代は凡そ 50 億人，2030 年に 60 億人，2060 年に 80 億人，2075 年には 90 億人に達すると予測されている。

　国連調査を基にするハンス・ロスリングらによれば，一般に貧さをイメージする途上国と豊かさをイメージする先進国という 2 つに分断された世界が変化している。1965 年においては，乳幼児生存率と女性一人当たりの子供数を比較すると，世界は 125 の途上国と 44 の先進国に分断しており，両者の間には 15 の小国しかなかった。しかし 2017 年では，世界人口の 85％は先進国へと移

図表 9-5　世界人口所得分布概要

年代	所得レベル 1 2 米ドル未満／日	所得レベル 2 2-8 米ドル未満／日	所得レベル 3 8-32 米ドル未満／日	所得レベル 4 32 米ドル以上
2017	8 億人（11%）	37 億人（51%）	20 億人（27%）	8 億人（11%） ★北米・欧州など西洋国の比率は 60%
2040	5 億人（6%）	26 億人（29%）	42 億人（46%）	17 億人（19%） ★北米・欧州など西洋国の比率 40%へ低下

出所：Rosling *et al.* (2018)，邦訳，後ろ見返しの図を改変して転載（原典：Gapminder, Povcal Net, UN-Pop, IMF, van）。

行し，6%の途上国との間に分断はなくなり，連続した状態になっている。こうした傾向は所得，教育，医療，社会インフラにおいて出現し，世界の人々の多くが中間にいることを示している（ロスリング他）。

　とくにアジアとアフリカの人口と所得は大きく増加すると予測される。2017年現在，人類の約 4 分の 3 は中所得国で生活し，高所得国を合わせると約 9 割になる。所得レベルごとの人口分布は図表 9-5 のようである。今世紀末には，北米や欧州の人口は現在と比べてあまり変化しない。しかしアフリカで 30 億人，アジアで 10 億人の増加が予測され，所得レベル 4 の比率は北米・欧州以外の地域が増加する。このことは，中間所得層（ボリュームゾーン）以上が増加し，西洋国以外へ市場地域分布が拡散するというグローバル市場の将来予測を示している。

■GAFA　国家をも揺さぶる力

　今年に入って届いた 1 通の英文メールが，東京都内のアプリ開発会社の運命を一変させた。

　「あなたの会社のアプリがガイドラインに準拠しないことを確認しました」

　送り主は，GAFA の一角である米アップル。ガイドラインとは，iPhone にアプリを提供する企業などに対してアップルが独自に定める規約のことだ。

　問題視されたのは決済手段だった。従来はアップルを通さず利用者に課金してきたが，メールでは突然，アップルが提供する決済手段を使うよう迫られた。

　アプリでの売り上げの「30%」を手数料として同社が取るという内容も含まれた。通常のクレジット決済では 5〜10%程度が相場とされる。

「30％は高すぎる。それでも受け入れざるを得ない」と40代の創業者は話す。

その結果，利益の大半が消え，赤字になる月が出るなど経営は綱渡りが続く。「仮想と現実を融合させたアプリを開発したのに，市場規模が大きくなったのを見計らってアップルが利益を奪いにきた」。創業者は憤りを隠せない。

スマートフォンが世界中で普及した今，アプリをダウンロードするサービスを提供する「プラットフォーマー」の力は絶大。アップルは，グーグルとともに「アプリストア」の市場を寡占する存在だ。

「圧倒的な力の差からアプリ提供者は泣き寝入りするしかなく，プラットフォーマーとの取引の実態は表沙汰になりにくい」。携帯電話のコンテンツ事業者などでつくる「モバイル・コンテンツ・フォーラム」の岸原孝昌専務理事は指摘する。

強大な影響力をもつ GAFA とは

問題点
- 個別交渉が困難
- 規約などが一方的に変更されることも
- 利用料や手数料が高い
- 表示される検索結果が不透明
- ほかの企業に切り替えるのが困難　など

グーグル	アマゾン	フェイスブック	アップル
日本の検索シェア **75.02**%	日本事業の売上高 約**1兆5千億円**	日本の利用者数 約**2800万人**	日本のスマホ出荷台数シェア **46.7**%
世界では **92.37**%	世界では **2328億**ドル （約25兆円）	世界では 約**24億人**	世界では **14.9**%
2019年8月時点,米調査会社調べ	18年	日本は17年6月現在	18年 IDC Japan調べ
規制策に対する立場			
EUと同等の規制は妥当。ただし柔軟な規制であるべきだ。グーグルプレイの審査で過度な制限はしていない	あらゆる規制に慎重。競争政策を検討する中でも消費者の利益はきちんと考えてもらいたい	日本政府の検討に協力していく。データ独占と言われるが，データの量のみに着目した規制には懸念	EUを超える規制には強く懸念。自分たちはメーカーであって，個人情報でビジネスはしていない

出所：『朝日新聞』2019年9月22日付，4面。

参考文献

石井淳蔵・嶋口充輝・栗木契・余田拓郎（2004）『ゼミナール　マーケティング入門』日本経済新聞社。

経済産業省『通商白書2009』『通商白書2012』『通商白書2018』（http://www.meti.go.jp/report/whitepaper/index_tuhaku.html）。

土井康男（1999）『米国インダストリアル・マーケティング・チャネル』同文舘出版。

藤井昌樹（2002）『産業財マーケティング（増補改訂版）』東洋経済新報社。

藤澤武史編（2012）『グローバル・マーケティング・イノベーション』同文舘出版。

古川一郎・守口剛・阿部誠 (2003)『マーケティング・サイエンス入門』有斐閣。

Fisk, R., S. Grove and J. John (2004), *Interactive Services Marketing* (2nd edition), Houghton Mifflin Company.（小川孔輔・戸谷圭子監訳『サービス・マーケティング入門』法政大学出版局, 2005 年。）

Frederick, E. W. Jr. (1979), *Industrial Marketing Strategy*, 3rd edition, Wiley.

Hammond, A. L., W. J. Kramer, R. S. Katz, J. T. Tran and C. Walker (2007), *The Next 4 Billion: Market Size and Business Strategy at the Base of the Pyramid*, World Resources Institute & International Finance Corporation.

Kotler, P. (1980), *Marketing Management*, Prentice-Hall.（村田昭治監訳『マーケティング・マネジメント—競争的戦略時代の発想と展開』プレジデント社, 1983 年。）

Rosling, H. *et al.* (2018), *Factfulness*, Sceptre Hodder & Sroughton.（上杉周作・関美和訳『FACTFULNESS』日経 BP 社, 2019 年。）

Rostow, W. W. (1960), "The Five Stages of Growth-A Summary," *The Stages of Economic Growth: A Non-Communist Manifesto*, Cambridge University Press.（木村健康・久保まち子・村上泰亮訳『経済成長の諸段階』ダイヤモンド社, 1961 年。）

Solomon, M. R. and E. W. Stuart (1997), *Marketing*, 2nd edition, Prentice-Hall.

注記：本章執筆には，鶴田佳史氏（大東文化大学 准教授）の協力を得たことに深謝したい。

練習問題

1．正しい文を選び○を付けなさい。

① （　　） 産業市場の取引は，B to C と呼ばれ，一般消費者市場の取引は，B to B と呼ばれる。

② （　　） 市場は，製品・サービスの供給者である「売り手」と購入者である「買い手」が取引をする「場」であるが，世界はグローバル化して各国市場の違いはなくなり，売り手が市場取引で成功するためには，全く同一のマーケティング活動のみが行われている。

③ （　　） 世界市場でのボリュームゾーンとは，商品・サービスの普及価格帯という意味と，人口構成における中間所得層を意味する。

④ （　　） BOP とは，世界人口を所得別構成別に分類した場合，平均所得層人口を言う。ハモンドらによれば BOP 層は世界人口のうち約40億人，市場規模は約5兆ドルとされている。

2．ボリュームゾーンや BOP を対象としてビジネス活動を行っている多国籍企業について調べなさい。

第10章
製造業とサービス業

多国籍企業の商品やサービスは一朝一夕に生み出されたものではない。特定の産業の相対的な重要性は時間の経過とともに変化している。本章では時間の経過とともに多国籍企業が国際ビジネスにおいてどんな役割を担ってきたのかについて製造業とサービス業という切り口で概観してみたい。

1．財の特質からみる製造業とサービス業の違い

英国の経済学者コーリン・クラークは全産業を3つに大別し，農業，林業，漁業などの第一次産業，製造業，建設業などのモノの加工に関わる第二次産業と定義し，それ以外の全ての産業をサービス産業と定義した（本章では，サービス産業ではなく，サービス業と呼称する）。サービス業には，貿易，海運，銀行，保険，電気ガス水道などの公益事業，建設，ファストフード，レストラン，ホテル，IT サービスなどが含まれ，その範囲は多岐にわたる。日本では，サービス業の割合は1980年頃に50%程度だったが，2010年頃には70%近くに達し，その割合は緩やかにではあるが，年々上昇している。こうした傾向は先進国では同様の傾向となっている。

さて，ここで製品という切り口で製造業とサービス業について考えてみたい。ISO9000の定義によれば，製品とは「プロセス，すなわち，インプットをアウトプットに変換する，相互に関連する又は相互に作用する一連の活動，の結果」と定義され，①輸送や金融などのサービス，②コンピュータプログラムや辞書などのソフトウェア，③エンジン機械部品などのハードウェア，④潤滑剤などの素材部品などの4つに分類される。ほとんどの製品は，それぞれ単独で成立するのではなく，これら4つの製品分類のいくつかが組み合わされて構

図表 10-1　ハードウェアとサービスとソフトウェアの財の比較

		サービス財	情報財(ソフトウェア)	物財
交換対象		諸資源の機能	諸資源そのもの	諸資源そのもの
交換形態		機能のみの授受	使用権の移転	所有権の移転
諸特質	不可視性	○	○	×
	(生産と消費の) 同時性	○	×	×
	(商品の) 消滅性・一過性	○	×	×
	相互作用性	○	×	×
	(商品の) 非貯蔵性	○	×	×
	(商品利用の) 不可逆性	○	×	×
	(商品の) 事前確認の困難性	○	○	×

出所：安田（2001）。

成されており，その製品が何を中心に構成されているかで業界が変わるといえる。その意味で，製造業とサービス業の違いは相対的な違いでしかない。

　しかしながら，4つに分類される商品を財の特徴からみてみると，また違った見え方をする。そこで，第9章で記したサービスの特徴を基軸に，ハードウェア，ソフトウェアの3つを比較してみたい。前述の通り，サービスには不可視性，同時性，消滅性，相互作用性という特徴がある。これに加え，「非貯蔵性（在庫することができない）」，「不可逆性（一度サービス財が提供されると，元に戻す方法がない）」。「事前認識の困難性（事前にサービスの質を認識することが難しい）」といった特徴も有する。これらはいずれもモノであるハードウェアにはない特徴といえる。一方，ソフトウェアは不可視性という特徴はサービスと同様であるものの，商品として売買が行われるような情報は，メディアに記録されて売買できるため，多くの場合，サービスのような同時性，消滅性，相互作用という特徴は有しない。

　そして，近年，このソフトウェアを含む情報を取扱う情報通信産業の成長性が高い。こうした財の特質の違いから，国際ビジネスの進展において若干の相違がみられる。

2．19世紀から21世紀にかけての製造業系多国籍企業

(1)　19世紀から20世紀前半にかけての製造業系多国籍企業

　1820年頃に英国から始まった産業革命によって工業化が進展する過程で，鉄道や蒸気船などの高速で信頼性が高い大型輸送手段が誕生し，輸送費用が劇的に低下した。これにより欧州各国，米国などの新興工業国では製品の販売市場，原材料の調達，急増する人口のための食糧調達先を求め，国境を超える取引が活発化した。これをさらに促進するべく，当時，各国でばらばらだった通貨制度が各国の通貨価値を金価格に固定する「金本位制による固定為替相場制」に収斂した。これにより異なる通貨間での取引がさらに行いやすくなった。産業革命の進展とグローバルな資金移動に関する制度が整備される中，国境を超える取引はますます活発化した。

　こうした中，革新的な新発明がなされ，1850年代から海外に輸出ないし現地生産される商品も生まれ始めた。

　ドイツ軍の砲兵士官であったウェルナー・シーメンスは，退役後，友人とともに電信機（文字を電気信号に変換して送受信する機械）の開発に取り組み，その成果を事業化するために1847年に創業した。事業は48年のベルリンとフランクフルト間の電信線敷設を契機に順調な発展を遂げ，1855年にロシアのペテルブルグに支店を，64年には英国に子会社を設立するなど海外事業を積極的に展開した。1914年には海外工場数10カ所，従業員数は世界で約8万人に達し，このうち，20％がドイツ以外で雇用されていた。

　20世紀に入り，自動車，航空機などの産業分野の企業が頭角を現し始め，巨大な多国籍企業となった。1896年に自動車の製作に成功したフォードは1903年に40歳でフォード社を創立し，1908年，「安くて，頑丈で，操作が簡単」をコンセプトとした世界初の量産車Ｔ型を発売した。彼は互換性部品および流れ作業による規模の経済を生かした生産システムを確立し，自動車の工業化を一気に促進した。

　フォードは創業の翌年にはカナダ・フォードを設立すると同時に輸出代理商と契約し，1909年，英ロンドン支店を開設し，直接輸出による販売を展開し

図表 10-2　1914 年頃の製造業系多国籍企業の事例

会社名	国籍	製品	1914 年の海外工場数	海外工場の立地場所
シンガー	米	ミシン	5	英, カナダ, 独, 露
J&P コーツ	英	カタン糸	20	米, カナダ, 露, オーストリア・ハンガリー, スペイン, ベルギー, イタリア, スイス, ポルトガル, ブラジル, 日本
ネスレ	スイス	練乳, ベビーフード	14	米, 英, 独, オランダ, ノルウェー, スペイン, オーストラリア
リーバ・ブラザーズ	英	石鹸	33	米, カナダ, 独, スイス, ベルギー, 仏, 日本, オーストラリア, 南アフリカ
サン・ゴバン	仏	ガラス	8	独, ベルギー, オランダ, イタリア, スペイン, オーストリア・ハンガリー
バイエル	独	化学品	7	米, 英, 仏, 露, ベルギー
アメリカン・ラジエーター	米	ラジエーター	6	カナダ, 英, 仏, 独, イタリア, オーストリア・ハンガリー
シーメンス	独	電気機器	10	英, 仏, スペイン, オーストリア・ハンガリー, 露
L. M. エリクソン	スウェーデン	電話設備	8	米, 英, 仏, オーストリア・ハンガリー, 露
アクムラトーレン・ファブリーク	独	電池	8	英, オーストリア・ハンガリー, スペイン, 露, ポーランド, ルーマニア, スウェーデン

出所：Jones（1995），邦訳 121 頁。

た。さらに 1911 年に北米以外に初めてマンチェスターに組立工場を設立し，その後，仏，デンマーク，アイルランド，スペインなど 18 カ国に 19 カ所の海外組立工場を次々と設立した。その後，第一次世界大戦の勃発に伴う海外輸送の危険やマッケナ関税を課せられるようになったことなどから，1914 年，英マンチェスター工場は本格的な生産拠点となり，重要生産拠点となった。マッケナ関税とは，1915 年に制定された贅沢品に対する輸入関税で，対象として自動車，楽器，映画フィルムなどに英帝国外 33.33%，英帝国内 22.22% の関税がかけられた。

　その後，世界的に保護主義が台頭する中，英国での現地生産の強化を図り，1928 年，英ダゲナムに一大生産拠点を設立し，生産の現地化だけでなく経営の現地化も進められた。フォードは子会社に高い自律性を与える海外戦略を展開し，第 2 次世界大戦勃発までに英，独，仏，カナダに生産拠点を置き，組立工場も 23 カ国 26 カ所に拡大した。戦後，自律性を与えられた英，独，仏などの海外子会社は現地ニーズに合わせた仕様の製品モデルを生産・販売していたが，1967 年，欧州フォードが設立され，欧州各国の販売会社を統合し，製品モデルの一元化が図られ，米国本社のコントロールが及ぶような体制が整えら

れた。

⑵　20世紀後半から21世紀にかけての製造業系多国籍企業

　第二次大戦後，電子工学やソフトウェア工学がさまざまな民生用機器に応用されるようになり，テレビやオーディオ機器，ゲーム機器，複写機，ファクシミリ，コンピューターなど，生活や仕事の質を一変するさまざまな民生用機器が開発・販売された。とりわけ，半導体の性能は経験的に18カ月で2倍，10年ではおよそ100倍になるため（ムーアの法則），その技術が応用されたさまざまな民生用機器の機能性は急速に向上した。また，90年前後よりソフトウェア工学が著しく進展し，その技術が応用されると，製品の付加価値の大部分をソフトウェアが担うようになった。その結果，製品のライフサイクルが短命化し，様々な製品のコモディティ化が促進された。これに伴い，「製品による差別化」よりも「ビジネスモデルの差別化」を図ることで競争優位を獲得することを志向する企業が現れた。

　一般に，多くの民生用機器では製品アーキテクチャー（基本設計思想）の決定権を完成品メーカーが握っており，完成品メーカーが部品間の相互調整を綿密に行っている。そのため，多くの場合，完成品メーカーと部品メーカーの間には上下関係が存在し，モノづくりは垂直的な関係の下，完成品メーカーが主導する形で行われていた。1980年代後半，PC業界ではIBMが設計したPCの製品アーキテクチャーをベースに各完成品メーカーがオリジナリティを加えた製品を販売し，競争していたが，クスマノによれば，PCの基幹部品であるCPUを開発・生産するインテルは，90年代に入り，全ての完成品メーカーと取引ができる国際標準に準拠したインターフェイスを備えたCPUを販売すると同時に，自社部品と接続することで機能するさまざまな部品メーカーに無償でノウハウを積極的に提供した。これにより多くの隣接・周辺部品メーカーが関連部品を開発するようになった。同時にPCの製品アーキテクチャーの進化を推し進める標準化活動を展開した。USB規格はその一つである。インテルは，それまでの完成品メーカーが主導していた製品アーキテクチャーの決定権を奪い，業界の垂直的な関係をインテルにとって有利な水平的な関係に変質させ，自社に有利なビジネスモデルの構築に成功し，グローバルな競争優位を獲

図表 10-3　コンピューター産業における構造変化

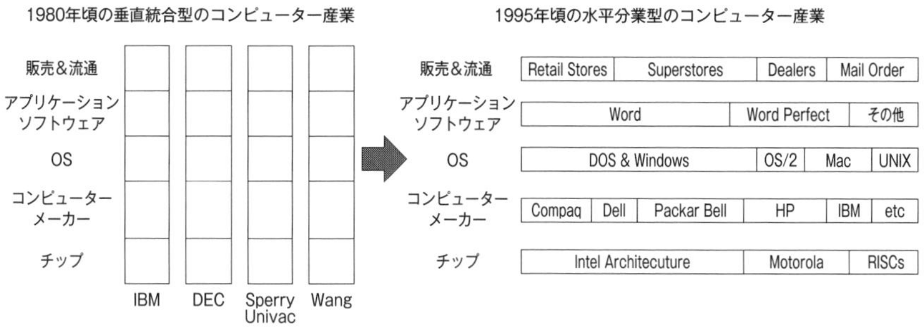

1980年頃の垂直統合型のコンピューター産業

販売＆流通				
アプリケーション ソフトウェア				
OS				
コンピューター メーカー				
チップ				
	IBM	DEC	Sperry Univac	Wang

1995年頃の水平分業型のコンピューター産業

販売＆流通	Retail Stores	Superstores	Dealers	Mail Order	
アプリケーション ソフトウェア	Word		Word Perfect	その他	
OS	DOS & Windows		OS/2	Mac	UNIX
コンピューター メーカー	Compaq	Dell	Packar Bell	HP	IBM	etc
チップ	Intel Architecuture		Motorola	RISCs	

出所：Grove (1996), p. 44.

得した。

　同じ PC 業界で完成品メーカーのアップルは，従来通り，製品アーキテクチャーの主導権は自社で堅持する一方で，2001 年に音楽携帯プレーヤー事業を立ち上げ，iPod を発売した。iPod は，iTunes という PC に音楽を取り込んで管理するソフトと同期して利用するという新しい音楽視聴スタイルを提案した製品で多くの若者に受け入れられた。さらにアップルは音楽会社を説得し，2003 年にコンテンツ配信サイト音楽配信サイト iTunes Music Store を立ち上げ，一曲単位で楽曲を流通・販売できるプラットフォームを整えた。アップルはハードウェア事業とコンテンツ配信事業をミックスしたこのビジネスモデルを携帯電話事業にも応用した。2008 年に iPhone 3G の発売と共に携帯電話用アプリの配信サイト App Store を立ち上げ，サービスを開始した。これに先立ち，アップルは携帯電話用アプリの開発キットを無償で提供したため，多くのアプリ開発ベンダーがアップル用アプリを開発した。これが iPhone の製品の魅力を大いに高め，今では業界内で通信会社よりも強い競争地位を確立している。

　21 世紀に入り，あらゆる製品にセンサーやコンピューター，ソフトウェアが実装され，自ら判断し，機能する知能化製品が増加している。例えば，人を避けて冷気を送るエアコン，洗濯物の量に応じて水量を判断する洗濯機，汚れに応じて床面を掃除するお掃除ロボ，人を感知して急停止する自動車などさまざまな機能を持つ製品が登場している。この他，ネットワークに接続され，単体では実現できなかった多様な機能を提供する製品も増加している。例えば，

PCがネットワークに接続されることでメールの受信ができることはもちろん，音楽データをダウンロードできる携帯音楽プレーヤー，カメラやスマホで撮った写真をネットワークを介して自動で印刷できるプリンタ，鍵がなくてもスマホで施錠・開錠ができるドア，心拍数や睡眠時間などのログを勝手にとって視覚化してくれる時計，蹴るだけでそのキックのあたった場所やスピード，角度などあらゆる情報がデータ化されるサッカーボール，などインターネットを介してさまざまな機能を実現したり，製品同士が連動して機能を提供するような製品が数多く生み出されている。これらはIoT製品と総称される。IoTとはInternet of Thingsの略称で，さまざまなモノがインターネットに接続され，情報交換することにより相互に制御する仕組みのことをいう。

　一般に，製造業では，優れた製品を提供することが企業の競争力に直結していたが，さまざまな製品分野において，単体による差別化が難しくなっている昨今，優れたビジネスモデルを構築し，なんらかの不便や不満を解消するIoT製品は今後も増加し続けると思われる。

3．19世紀から21世紀にかけてのサービス業系多国籍企業

⑴　19世紀から20世紀後半にかけてのサービス業系多国籍企業

　19世紀後半，前述のとおり，工業製品が世界的に取引される中，それを支援するために，商社などの貿易サービス，海運や空運などの運輸サービス，銀行や保険などの金融サービスなどといった各種サービスを提供する企業が製造業のグローバル化と共に登場し，多国籍企業化した。

　貿易商社は先進世界から発展途上国に向かう工業製品の流れと共に一次産品についてそれとは逆の流れを取り扱った。例えば，自動車用などのタイヤの原料として天然ゴムの需要が急増するのに合わせて，英エージェンシーハウスは天然ゴムの供給をメーカーに対して行う一方で，調達先の英領マラヤでゴム・プランテーションの開発に携わっている。日本では，1868年の明治維新以後，数十の貿易商社が設立された。日本で最初の総合商社である三井物産は1876年に設立され，多くの商品と多くの地域で取引を行った。1877年に中国での日本産の石炭を販売するために上海に最初の海外支店を開設以後，第一次大戦

図表 10-4　1914 年以前のサービス業系多国籍企業の事例

企業名	国籍	業種	最初の FDI	1914 年の営業状況
三井物産	日本	商社	1877 年	アジア，欧州，豪，米に 30 支店以上。中国に工場
オーストラレイシア銀行	英国	銀行	1835 年	豪，ニュージーランドに 200 支店以上
ニューヨーク・ライフ	米国	保険業	1858 年	欧州，アジア，豪，ラ米に支店
インペリアル・コンチネンタル・ガス・アソシエーション	英国	公益事業	1825 年	豪，ベルギー，仏，独，ハンガリーに電力，ガス施設
ブラジリアン・トラクション・ライト・アンド・パワー	カナダ	公益事業	1898 年	ブラジルに電力，ガス，鉄道，電話施設

出所：Jones（1995），邦訳 168 頁。

前夜までにアジア，欧州，米国に 30 カ所以上の海外支店や事務所を有し，120 種類以上の商品を扱った。同社は日本の総輸出入の約 20％を取り扱った。

　この他，海運業，銀行業および保険業，輸送業，通信業などにおいても，多くの企業が製造業多国籍企業の発展に合わせて企業成長を実現している。

　1900 年代以降，しばらくはサービス業系多国籍企業は，製造業を営む多国籍企業と同様の事業展開を進出国にて実施していた。しかしながら，1930 年以降，各国政府は電気・ガス・水道・通信などの公益事業，銀行や保険事業，航空事業などのサービス分野への多国籍企業の参入を規制する傾向を強めた。その目的は国内のサービス関連企業の保護であり，外国資本によるサービス分野への投資を厳しく規制された結果，前述のサービス分野への参入はほとんど許可されなかった。1950 年以降，従来，地域によって異なる食習慣や文化，消費習慣や文化の違いを越えて，ファストフード，レストラン，ホテルなどの新しいサービス事業の波が起こった。

　マクドナルドは，ホットドッグとミルクシェイクを販売する会社として 1940 年に創業したハンバーガーショップとして注文を取るウェートレスを廃止，メニュー数を削減，セルフサービスの導入，生産の機械化，見込生産化を徹底することでファストフードという新しい業態を開発し，55 年にフランチャイズ 1 号店を出店した。

　同社は，最初の海外店を 1967 年にカナダとプエルトリコに出店し，1979 年に大規模な海外進出を開始した。マクドナルドは海外進出する際，現地パートナー企業と出資比率 50 対 50 の合弁事業を設立する場合が多い。現地パートナーと合弁によって設立された現地子会社は直営店の他，フランチャイズ店を展開する。彼らはグローバルな標準化を徹底しており，調達ガイドライン，店舗オペレーション，基幹商品メニューなどをグローバルに細かく規定し，統一する一方で，マーケティング戦略は現地の状況に適応するように微調整することが許されている。こうした事業運営はこれまで大きな変更なく営まれており，2018 年現在，120 カ国，地域に 3 万 7,855 店舗を展開している。

　組立家具のスウェーデンのイケヤは 1943 年に文具販売の会社として創業し，その後，48 年に家具販売を開始，56 年に家具の低価格販売と物流の簡素化を目指してフラット・パック化を考案し，58 年には当時北欧で最大の家具店を出店するなど順調に拡大した。た。1963 年にノルウェーに海外初のイケアストアを出店，1973 年に北欧以外の初のイケアストアをスイスに出店して以後，欧州およびカナダへと急速に事業を展開した。1973 年から 1983 年の 10 年間でイケアは 7 店舗から 41 店舗に拡大し，売り上げは 5,740 万ドルから 8.6 億ドルに拡大した。1973 年にはスウェーデンが 80％の比率を占めていたが，1983 年にはこの数字は 22％に低下した。2019 年 8 月現在，52 カ国に 433 店舗を出店している。従業員数は約 21.1 万人を雇用している。2019 年現在，売上高のシェアは欧州が 68％，その他が 32％となっている。

　イケアは 99 年くらいまでは国ごとに独立したユニットを築くことに的を絞り，グループ全体でリソースの開発と連携を行われず，各国組織は事業を起こして展開するのに必要なリソースを自力で確保していたという。各部門間の連携や共通の作業方法の検討といったことが行われておらず，マルチドメスティックな運営体制がとられていた。しかしながら，仕入れ，流通，商品開発といった各職能の連携不足や海外子会社の自立性が強まり，サプライチェーンが適切に機能しなくなっていたという。そのため，IT システムを導入し，イケアは共通の店舗コンセプトと共通の商品レンジと共通の流通部門と仕入れ部門を保有し，全社的に標準的なフォーマットを採用している。

　1980 年代以降，各国が規制緩和と民営化を行うようになり，一足早く進展

したファストフードやホテルなどの他，通信や公益事業，保険，銀行などといった業界のグローバル化も進展し，国際ビジネスにおけるサービス業の重要性が一気に高まった。

(2)　21世紀のサービス業系多国籍企業

　90年以降，ICT技術が急速に進展する中，グーグルやフェイスブック，アマゾンなどのグローバルなITサービス関連の多国籍企業が数多く生み出されるに至っている。グーグルは，スタンフォード大学で検索エンジンに関する研究をしていた大学院生，ラリー・ページとセルゲイ・ブリンが98年に検索連動型広告サービスを提供し始めたことに端を発する。主なサービスは顧客である広告主に対して特定のキーワードに関連するページに広告を表示する検索連動型広告「AdWords」，ウェブページのコンテンツに関連する広告を表示するコンテンツ連動型広告「AdSense」などがある。キーワードないしコンテンツに関心がある利用者に関連した広告を1秒にも満たない時間で重要度の高い順に表示するため，従来のマス広告と比較して広告主のサイトに誘導できる可能性は非常に高い。これら広告は誰でも1円単位の予算で広告を出すことができ，クリックに応じて課金される。また，どのキーワードやコンテンツで表示された広告から訪れたのか，クリック数，表示回数，クリック率などのデータを詳細に分析でき，効果が具体的に測定できる。そのため顧客にとってコストと効果の関係が見えやすいといった特徴がある。

　このビジネスモデルでは，利用者が増えるほど広告がクリックされる機会が増え，グーグルの売上が伸びる可能性が高まる。そのため，彼らはより多くの人に広告を見せる機会を増やすために，優れた検索エンジン機能を無償で提供する他，地図検索機能（Google Map），フリーメール機能（Gmail），動画投稿機能（YouTube）など数多くのWebサービスを無償で提供する。これら無償で提供される利便性の高いさまざまなサービスは世界中で利用され，逐次，グーグルは各国で広告サービスを展開した。さらにグーグルは広告機会を増やすために2008年，スマホ用OSアンドロイドならびにその開発環境などの無償提供を開始し，2018年現在，そのシェアは70％を超えている。

　グーグルは創業後，わずか6年でNASDAQに上場し，8年足らずで売上高

は100億ドルを超えた。そして，2015年に持株会社Alphabetを設立し，その下で，グーグルは事業活動を行う一方，自動運転車や長寿に関する研究などに挑戦している。

　この事例で留意すべき点は，外部環境に対して受動的ではなく，企業自らが取り巻く環境に絶えず働きかけ，その相互作用の中で環境をコントロールしよう，ライバルとの関係を自社に有利な方にもっていこうとの戦略的意図をもつことの重要性である。その意味で，製造業系多国籍企業と同様，サービス業系多国籍企業においても優れたビジネスモデルの構築を目指すことが重要と言えよう。

4.　おわりに

　気候や商慣習，文化や言語などが異なる海外で，製造施設を立ち上げ，それらを管理することは想像以上の困難が伴う。そのため，第二次世界大戦以前，ほとんどの米国の製造業系多国籍企業の海外直接投資（FDI）は，言語による障壁のない近隣のカナダ，英国に行われた。欧系多国籍企業も同様で，母国語が利用できる地域を好んで進出している。

　これらの現地拠点（海外工場）は主に現地市場向けに設立された。それは輸出や委託生産などの手段よりも現地に直接工場を建設し，現地市場向けに販売した方がメリットが大きかったためである。典型的な投資パターンは販売会社として始まり，本社から部品を輸入して組み立てる工場へ発展し，そして現地生産に至るというものであった。こういったプロセスは今後も大きな変化はないと思われる。しかしながら，ほとんどの製品のライフサイクルが短くなり，差別化が難しくなった昨今，いかに優れた製品を開発・販売するか，よりもいかに優れたビジネスモデルを構築するか，といったことに注力することが求められるようになっている。

　一方，サービスにはある程度の共通する特徴があるものの，含まれる業界は多岐にわたっており，サービス業系多国籍企業のFDIに関して共通する特徴を見出すのは容易ではない。しかしながら，生産と消費の同時性や非貯蔵性といった特徴から，グローバルに事業を展開するにあたり，サービス内容を標準化し

ても，ある程度，地域に適応したサービス内容にしなくてはならないという共通項は見出しうる。但し，貿易・運輸・金融サービスなどを提供する企業は，現地で活動する母国企業を顧客として現地拠点を設立する場合が多いのに対し，ファストフードや各種小売業などは，最初から現地顧客を対象に設立される傾向にある。そのため，典型的な投資パターンというものを描くのが難しい。

　しかしながら，21 世紀に入る頃には，世界の対外直接投資総額の少なくとも半分がサービス産業となっている。その意味で，サービス業系多国籍企業の動向により注目することが肝要といえよう。

■ GAFA らプラットフォーム企業の強さと懸念

　GAFA，すなわち米グーグル，米アップル，米フェイスブック，米アマゾン・ドット・コムはプラットフォーム企業と呼ばれる。それぞれの主たる収益源は，アップルが製品販売，グーグルやフェイスブックが広告収入，アマゾン・ドット・コムは売買の仲介手数料など，それぞれ異なるが，彼らは，利用者や企業に共通の基盤（プラットフォーム）を提供し，常に，使い勝手を改善し，利用できるサービスを追加することでプラットフォーム自体の魅力を高め，使えば使うほど他のサービスに移りにくくなる「ロックイン」状況を作っている。また，その利便性の高さが利用者やサービス提供者を増やし，プラットフォームの経済価値が高まる，という好循環を生み出している。合わせて，このプラットフォームを通じて利用者や企業から膨大なデータを収集し，集まった情報やノウハウを活用して収益化しており，プラットフォーム企業の時価総額を高めている。

　但し，近年，フェイスブックの相次ぐ個人情報流出問題，データ寡占により公正な競争を歪めているとの指摘，さらには現行の税体系がデジタル経済に対応しておらず，税負担が軽いなど，さまざまな観点から GAFA を標的にした法規制の動きが活発になっている。国内では総務省や経済産業省，公正取引委員会が合同で GAFA に対する新たな規制の枠組みを検討している。海外では欧州連合（EU）の行政執行機関に当たる欧州委員会や欧州議会，欧州理事会が 2019 年 2 月 13 日，「オンライン・プラットフォーマーの透明性・公正性促進法」の制定に合意した。

　GAFA が勢力を強める中，既存の企業もプラットフォーム型ビジネスに乗り出している。トヨタは，2019 年 2 月，「カーカンパニーからモビリティーカンパニーとしての新たな成長を目指す」と表明し，トヨタは 2020 年までに全ての自動車に車載通信モジュールを標準搭載し，インターネットに接続するコネクテッド戦略を打ち出している。具体的に，カーシェアなどの移動サービス事業者に提供していた車両管理システムやリースプログラムといった機能を統合し，コネクテッド戦略に基づき収集したデータを活用する「モビリティーサービス・プラットフォーム」を構築するという。また，18 年 10 月にはソフトバンクとモビリティーサービスの共同出資会社「モネ・テクノロジーズ」を設立し，プラットフォームを活用して移動や物流のほか，医療や飲食といっ

た多岐にわたるサービスの展開を計画している。

　コマツもプラットフォーム型事業を進めている。NTT ドコモや SAP ジャパン，オプティムと共同で新会社ランドログを 17 年 10 月に設立。建設業向け IoT プラットフォーム「LANDLOG」を活用した事業展開を狙う。LANDLOG の API（アプリケーション・プログラミング・インターフェース）を公開し，コマツの建機だけでなく他社の建機や建機以外のトラックを含めた運行管理を可能にする。建機の製造・販売から工事現場におけるマネジメントの最適化に事業領域を広げていくという。LINE は動画や音楽，漫画などの流通・配信する「コンテンツ・プラットフォーム」に加え，「LINE Pay」「LINE ほけん」「LINE スマート投資」などの金融サービスを提供し，それを充実させるために 2019 年 11 月を目指してみずほファイナンシャルグループと共同して新銀行「LINE Bank」の設立を準備する。

　利用者が集うプラットフォームを構築するには，利用者にとって利便性の高いサービスを提供することはもちろん，そのプラットフォームの利便性を共に高めてくれる補完業者をいかに獲得できるかが重要となる。21 世紀において競争優位を獲得するには，プラットフォームを意識したビジネスモデルを構築することが有力な手段といえる。

　出所：『日本経済新聞』2018 年 12 月 21 日付，『日経産業新聞』2019 年 5 月 20 日付を参考。

参考文献

大石芳裕編（2009）『日本企業のグローバル・マーケティング』白桃書房。

笠原伸一郎（1995）『グローバル企業の史的展開』中央経済社。

羽田昇史（1998）『サービス経済と産業組織』同文舘。

安田賢憲（2001）「ソフトウェアの財としての特質：仮想市場におけるソフトウェアの無償提供をめぐって」『創価大学大学院紀要』第 22 号。

Gawer, Annabelle and Michael A. Cusumano (2002), *Platform Leadership*, HBS Press.（小林敏男監訳『プラットフォームリーダーシップ』有斐閣，2005 年。）

Clark, Colin Grant (1940), *The Conditions of Economic Progress*, Macmillan.（大川一司訳『経済的進歩の諸條件』勁草書房，1953 年。）

Ghemawat, P. (2007), *Redefining Global Strategy*, HBS Press.（望月衛訳『コークの味は国ごとに違うべきか』文藝春秋，2009 年。）

Grichnik, K., *et al.* (2008), *Make or Break*, McGraw-Hill.（ブース・アンド・カンパニー訳『グローバル製造業の未来』日本経済新聞社，2009 年。）

Grove, A. S. (1996), *Only the Paranoid Survive*, Doubleday Business.

Jones, Geffrey (1995), *The Evllution of International Business*, Cengage Learning EMEA.（桑原哲也他訳『国際ビジネスの進化』有斐閣，1998 年。）

Jones, Geffrey (2005), *Multinationals and Global Capitalism*, Oxford University Press.（安室憲一・梅野巨利訳『国際経営講義』有斐閣，2007 年。）

Wilkins, M. (1974), *The maturing of multinational enterprise: American business abroad from 1914 to 1970*, HBS Press.（江夏健一他訳『多国籍企業の成熟（上）（下）：1914-1940』ミネルヴァ書房，1978 年。）

練習問題

1．カッコ内に適切な語句や文を入れなさい。

① 日本では，サービス業の割合は 1980 年頃に（　　A　　）程度だった
が，2010 年頃には（　　B　　）近くに達し，その割合は緩やかにではあ
るが，年々上昇している。こうした傾向は先進国では同様の傾向となってい
る。

製品とは，「（　　C　　），すなわち，インプットをアウトプットに変換
する，相互に関連する又は相互に作用する一連の活動，の結果」と定義さ
れ，（　　D　　），（　　E　　），ハードウェア，素材部品の 4 つに分類さ
れる。ほとんどの製品は，それぞれ単独で成立するのではなく，これら 4 つ
の製品分類のいくつかが組み合わされて構成されており，その製品が何を中
心に構成されているかで業界が変わるといえる。その意味で，製造業とサー
ビス業は（　　F　　）な違いでしかない。

② 1820 年頃に英国から始まった産業革命によって鉄道や蒸気船などの高
速で信頼性が高い大型輸送手段が誕生し，（　　G　　）が劇的に低下し
た。これにより欧州各国，米国などの新興工業国では製品の販売市場，
（　　H　　），急増する人口のための食糧調達先を求め，国境を超える取引
が活発化することになった。また，当時，各国でばらばらだった通貨制度が
各国の通貨価値を金価格に固定する「（　　I　　）」に収斂したことで国際
取引がさらに活発化した。

③ 19 世紀後半，前述のとおり，工業製品が世界的に取引される中，それを
（　　J　　）するために，商社などの貿易サービス，海運や空運などの運
輸サービス，銀行や保険などの（　　K　　）などといった各種サービスを
提供する企業が製造業のグローバル化と共に登場し，多国籍企業化した。

気候や商慣習，文化や言語などが異なる海外で，製造施設を立ち上げ，そ
れらを管理することは想像以上の困難が伴う。そのため，第二次世界大戦以

前，ほとんどの米系多国籍企業の海外直接投資（FDI）は，（　　L　　）のない近隣のカナダ，英国に行われた。一方，工業製品の取引を側面からサポートする貿易や運輸，金融などのサービスを提供する企業は，顧客企業の都合を最優先する必要があるため，近隣諸国に投資することによって経営上の問題を減少させるという戦略は採用できない。そのため，（　　M　　）国や地域を選択して投資戦略を採用した。

グローバル・ビジネスの
ミクロ現象

名古屋白川公園の景
梶浦雅己 画

第11章
外国市場参入戦略

　外国市場への参入方法は，一般に製造業企業の場合は輸出から始めて直接投資へと移行することが指摘されている。近年ではこうしたプロセスを経なかったり，急進的に行う企業も見られる。本章は，これら参入方式について詳しく述べている。

1．市場参入方法の選択

　一般に，外国市場に参入しようとする企業は，標的となる外国のビジネス環境を評価するために市場調査を行う（第9章，第19章，第20章参照）。その結果，外国市場へ参入を決定した後にどのような方法で参入するかを選択しなければならない。参入方式には輸出，提携，直接投資がある。各方式にはそれぞれメリットとデメリットがあるため，どの方式を選択するかは自社の外国市場での経験，保有する経営資源，外国市場の様々な環境要因および自社の戦略によって異なる。企業は外国市場への進出に際し，これらの要因を総合的に検討し，自社の短期的，中長期的な戦略に基づき適切な参入方式を選択しなければならない。

2．参入方式

⑴　輸出

　輸出とは，外国へ財を販売する事であり，一般に製造業の場合には製品を輸出することを言う。製造企業は低コストで製造された製品あるいは差別化された製品を外国に供給することができれば輸出は成功する。これは国単位でみれ

ば，得意分野に特化するという比較優位の構造に結びつく。

①　間接輸出：外国市場への間接的接近方法

間接輸出は国内の商社などの輸出中間業者を通して輸出する方法である。これは外国進出の初期段階に経験の浅い企業がリスクを回避するためによく選択する方式である。間接輸出の場合，生産者企業は輸出後，外国の現地市場での販売・流通経路形成や販売行為には直接関与しない。このために生産者企業にとって，現地市場でのマーケティングは管理統制できない場合がある。生産企業にとって，間接輸出は投資額と失敗のリスクを低減できるが，マーケティング管理上の制約が伴うのである。

企業が間接輸出を選択する理由は，①輸出経験が少ない，②専門家や専門組織がない，③資金的制約がある，④輸出量が少ない，⑤本格的な外国市場参入段階ではない，などである。それでも間接輸出が利用されるのは，自国商社などを利用して容易に外国市場に参入することができるからである。

●間接輸出の経路

詳しくみると，間接輸出の経路は商社を通じて行う方法，国内の販売組織を利用する方法，協力機構を使う方法，という3つがある。

1）輸出関連会社・輸出商社

輸出ビジネスに重要な役割を果たしているのが，例えば，日本の場合は，三菱，三井，住友，伊藤忠などの旧財閥系商社である。これらの商社は生産者企業が未経験の外国市場を商圏とし，現地に販売組織を持ち，またそのネットワークから取扱い商を見つけ出す能力をもつ。

2）国内の販売組織

国内販売組職による間接輸出とは，国内の卸売商や小売商を通じて輸出することである。この場合，生産者企業はまず自社製品を業者に販売する。輸出に関連する手続き業務，販売，製品引渡しなど一切は中間輸出商自身が執り行う。

3）協力機構

協力機構とは，生産者企業を代理して輸出活動を遂行する機構組織（業者組合など）である。この機構組織の目的は組織メンバー員の製品を共同で輸出することで輸出販売振興，品質や梱包の標準化，製品価格の安定を

図ることである。こうした輸出を協同輸出と言うが，外国市場での流通
ルートを確保することを目的とすることもある。

② 直接輸出：外国市場への直接的接近

直接輸出は自社の国内輸出部門や現地支店や外国子会社を通して輸出する方
式である。輸出量が増加し，外国市場での経験，知識が蓄積され，その後に企
業が自社製品の販売に自信を得ると，自社で輸出を手がけるようになる。生産
者企業自らが外国ユーザーと関係するために，流通・販売経路を選択したり，
単純化したりするという管理統制が可能となる。また仲介コミッションを要し
ない分，生産者には利益がもたらされる。

この方式では輸出国の生産者企業が外国の需要先と直接に取引交渉を行い，
みずから輸出責任を負担し，自国内における中間機関を経由しない。したがっ
て主に間接輸出を中心とする企業が，直接輸出に転換する場合，企業にとって
は業務負担が増し管理能力も必要となる。例えば，外国市場調査，物流手配，
輸出手続，書類作成などの業務作業とその管理である。図表11-1に示される
業務とその管理を通じて，生産者企業は外国現地市場のニーズを把握し，輸出
ビジネスを企業戦略に盛り込んでいく。こうして本格的な輸出が始まる。一般
に，輸出方式の選択については，取引高が多い外国市場には直接輸出を，まだ
取引高が少ない外国市場には間接輸出を選択するなど，使い分けることが望ま

図表11-1 輸出戦略の発展プロセス

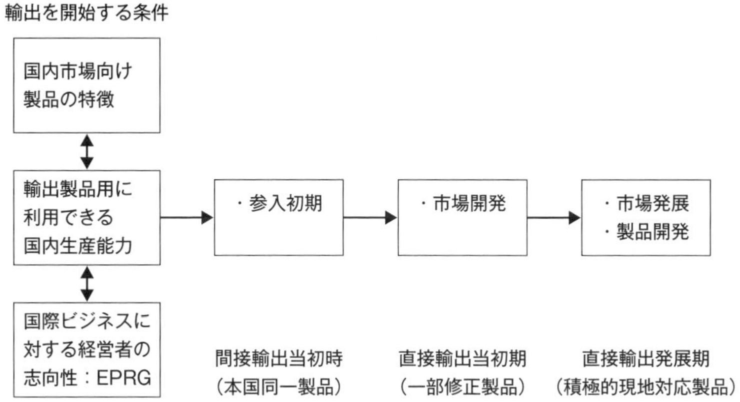

出所：Kotabe and Helsen（2008），Hill（2011）等を参考に筆者作成。

しい。

●直接輸出のメリット

　直接輸出の場合，自社で直接に現地市場調査ができ，最終消費者の状況把握ができ，間接輸出の場合より現地に密着したマーケティング戦略が可能となる。生産企業は市場調査を踏まえ，市場細分化や標的市場の決定などを実行できるようになる。企業にとっては，直接輸出は間接輸出よりも積極的な外国市場開発が遂行できる。

●現地販売商の影響

　間接輸出中心の企業は，外国市場に製品を販売する初期段階には他社の輸出販売商を利用する。自社の販売組織力が弱い企業では，貿易商が代替して現地販売を行う機能を担うからである。しかし，この段階では生産者企業は販売商に依存しており，現地市場でのマーケティングは未経験状態にある。

　こうしたマーケティング戦略における制約を克服するためには，密着した市場情報の入手が可能な直接輸出方式を導入する必要がある。そうすれば現地市場向けのマーケティング戦略が展開でき，現地市場に直接働きかけて事業活動は，より活性化する。また，生産体制においても，直接輸出を始めれば，企業は，現地市場のニーズ対応に目覚めて，間接輸出段階では考えなかった多品種少量生産注文にも適応するようになるであろう。

　一般に，外国市場参入を本格化させる企業では，間接輸出よりも積極的なアプローチである直接輸出形態が選択される。

(2)　**提携：経営資源の機動的補完方法**

　提携には多種多様な形態があるが，大きく技術，調達，生産，販売に関わる内容がある。ここでは外国市場参入に用いられる代表的な提携方式について述べる（調達・生産・ロジスティクスについては第15章，提携については第12章参照）。提携方式のオプションは広範であり，統計上直接投資に分類される投資先国企業と株式取得や交換を行う場合があるが，ここでは明快に説明するために提携として一括している。

①　ライセンス契約

　ライセンス契約とはライセンサー（提供側）がライセンシー（受け手側）で

ある外国企業から使用料（ロイヤリティー）を得て，引換えにライセンサーが様々な条件付きで独自な経営資源・知識・ノウハウ（製造技術・方法，知的所有権，経営運営方式，マーケティング）の使用に関する権利を提供する方式である。外国での販売が順調に拡大する場合，それまでの輸出を現地生産に切り替える可能性が現れる。しかし，現地に生産拠点を設立するためには多額な資金が必要であるが，失敗のリスクや現地法規制への対応などが存在する。ライセンス契約は，企業が新規の多額投資を回避し，こうしたリスクを低減して外国市場に参入する方式であり，直接投資による現地生産の前段階として採用されることがある。また特許権に関してクロスライセンスという方式が取られることがある。これは複数の企業が，交換条件として所有する特許権の実施・使用を互いに許諾する契約であり，使用料を払わずに必要な特許権を利用できるメリットがある。ハイテク技術産業においてよく取られる方式であるが，基本的に企業が多くの魅力ある特許権を所有していないと実現できない。

② フランチャイズ契約

ライセンス契約と似通った方式にフランチャイズ契約がある。両者の違いは前者が技術・生産・販売に関するライセンス（知的財産権）使用権を基本契約としているのに対し，後者は事業経営全体を一定の地域で展開することを基本契約としている。商標，ビジネスモデル，ノウハウなどのフランチャイズ・パッケージを持つ企業（フランチャイザー）が，提供を受ける企業（フライチャイジー）にこれらを提供し，対価を得る契約方式である。この方式はサービス産業において多く導入されている。マスター・フランチャイズ契約は，フランチャイザーが外国市場で急成長するために有効な方式である。フランチャイザーは特定の外国企業または企業家に一定期間に一定数の店舗展開を行うことを義務付けたマスター・フランチャイズ権を与え，この企業はテリトリー内（国や地域）でローカル・フランチャイズ契約を行い事業展開する。マスター・フランチャイズ企業はフランチャイザー企業と他企業との合弁企業として設立されることもある。

フランチャイズ契約の特長は，フランチャイザー企業にとっては，外国市場のフランチャイジーの事業努力により，最小投資で外国市場に参入できることがある。フランチャイジーは現地市場の慣行・法律・文化に詳しくこうしたリ

図表 11-2　グローバル・フランチャイズ TOP10 の特徴

順位	フランチャイズ名	発祥国	業態
1	マクドナルド	米国	ファストフード
2	バーガーキング	米国	ファストフード
3	ピザハット	米国	ファストフード
4	マリオット・インターナショナル	米国	ホテル
5	KFC	米国	ファストフード
6	ダンキン	米国	ファストフード
7	セブン - イレブン	米国	コンビニエンス・ストア
8	サブウェイ	米国	ファストフード
9	ドミノ・ピザ	米国	ファストフード
10	バスキン・ロビンズ	米国	アイスクリーム・パーラー

平均店舗数	最大店舗数	平均フランチャイズ年数
5,423	セブン - イレブン 62,000	約 44 年

出所：Franchise Direct，"2019 Top Franchises Report"（https://www.franchisedirect.com/information/2019-top-100-franchises-report-introduction-and-overview）；"Top 100 GLOBAL FRNCHISES-RANKING"（https://www.franchisedirect.com/top100globalfranchises/rankings）2019 月 4 月 17 日アクセス，一部改変して転載。

スクを回避できる。しかし欠点としてはフランチャイジーの経営姿勢と意欲に多く依存する点が挙げられる。また一定レベル以上の品質のフランチャイズ・パッケージが維持されなければ事業は成功しない。フランチャイザーは外国のフランチャイジーを監視，管理，支援するシステムを構築しなければならない。

③　アウトソーシング：委託生産（OEM, EMS）

アウトソーシング（Out Sourcing）とは，製造企業が製品などを外部企業に生産委託することであり，エレクトロニクス，自動車などのグローバル産業で一般的に用いられている生産方式である。設計は発注企業元が行い，生産のみを受託するのが OEM（Original Equipment Manufacturer：相手先ブランド名製造）であるが，設計も含めて受託する ODM（Original Design Manufacturer：相手先ブランド名設計製造）という方式もある。さらにターンキイシステム（Turnkey system）と呼ばれるプラント・システムを一式で

製造しそれを顧客に供給する方式もある。発注元企業は，完成したプラント・システムに電源を入れる鍵（キイ）を差し込み廻すだけで稼働を開始できるのでターンキイシステムと言われる。またEMS（Electronics Manufacturing Service）は，特にコンピュータ，携帯電話などのエレクトロニクス産業で顕著な発展を遂げているアウトソーシング方式である。エレクトロニクス産業は経営資源を得意分野の研究開発やマーケティング，販売に集中投下するという戦略に移行しており，生産についてはアウトソーシングすることが増えている。受託を担うEMS企業は1990年代から発達した業態となった。例えば，台湾に本拠を持つ鴻海精密工業（FOXCONNグループ：ホンハイジンミゴンイェ）やシンガポールに本拠を持つフレックス（Flex：旧名フレクストロニクス）がEMS企業として成功している。

　アウトソーシングが発展したのは，製造業企業は限られた経営資源をどのように有効に企業の諸活動に投入するべきかという集中と選択の結果である（第15章2．調達のグローバル化参照）。企業の諸活動において，研究開発，マーケティング，販売活動は投下する経営資源に対するリターンが大きく，すなわち付加価値が高く，製造活動は付加価値が低いとされている。企業は諸活動の選択と集中を行うために，製造にかかわる投資を低減化する必要性と研究開発，マーケティング，販売活動への投資を高める必要性に迫られている。つまり製造企業は，製品の多様化，技術の複雑化，大量の構成部品の調達に関わる製造コストをアウトソーシングすることによって低減化しようとする。

　OEM，EMSを採用する動機は外国市場のライフサイクルの時期によって異なっている。企業は各時期にアウトソーシングを採用することができる。

・外国市場が発展初期で小さい時は，直接投資して自社生産施設を設ける前段階として活用できる。
・外国市場が急成長し，自社のグローバル生産ネットワーク構築によっても製品供給が追い付かないとき活用できる。
・外国市場が成熟期から衰退期に移行し始める時期は，合理化のために現地での自社生産を打ち切って撤退し，製品供給の代替策として活用する。

⑶　直接投資：外国市場ビジネスの本格化

　直接投資は，民間部門における長期の国際間資本移動であり，投資先企業の経営を支配または経営へ参加する目的で行う行為である（第8章参照）。直接投資には，国内企業が外国に対して行う対外直接投資，外国企業が国内に対して行う対内直接投資がある。IMFでは「居住者による非居住者企業（子会社，関連企業等）に対する永続的権益の取得を目的とする国際投資」と定義されている。ただし株式等の取得を通じた出資については，外国投資家が，対象国内企業の発効済み株式総数の10％以上を取得した場合を直接投資としている。

　外国市場で本格的に事業を展開する条件が揃うと，企業は直接投資を本格化し外国現地で製造施設を保有し，そこで生産された製品を現地市場に供給するようになる。企業によっては，現地経営のリスクを低減させるために他企業と「合弁企業（ジョイント・ベンチャー）」を設立する場合もあれば，現地事業の利益を独占しようとし，現地経営に自信が持てるように，100％自社出資の「完全所有の外国子会社（グリーン・フィールド）」を設立する場合もある。さらに外国企業の経営資源の獲得やスピーディーな参入及び多角化戦略，拡大戦略の展開を目的とする場合，外国企業の資産を取得し，その経営権を掌握する「M&A（合併・買収）」方式をとる企業もある。

　企業は貿易摩擦の回避，安価な原材料や労働力，新規市場を求めて，生産拠点を母国から外国に拠点を移し，販売までの全活動を外国市場で行うようになる。つまり直接投資とは，外国に生産，販売，研究などにかかわる拠点を設立し維持するための投資行為全般をいう。外国へ直接投資する際には，企業は被投資国で経営を直接に行うことを目的として資本，経営能力，技術，商標などの商業的財産を移転することになる。

　①　合弁事業（ジョイント・ベンチャー）

　合弁事業は2カ国以上の企業が自らの企業の運営に共同参加，共同所有を目指す国際経営方式である。ここでの共同とは，参加企業が所有と経営を分担することを指し，資本や技術などの自社企業の経営資源を補完すべく相互利用することである。合弁事業は単独直接投資によって完全子会社をコントロールする場合と異なり，むしろ現地パートナーから得られる経営資源を求める場合が多い。

　この点は外国市場へのアクセス方式として有効に機能する。さらに参加企業の限定された経営資源を相互補完することによってシナジー効果が期待できる。参加企業が共同所有する対象は技術開発，調達，生産，流通，販売に関わる経営資源である。合弁事業設立にあたり，参加企業は資本の持ち分を過半数の 50％以上にするのか，対等の 50％とするのか，それより少数にとどめるのかによって事業経営へのコミットメント，リスクテイキングが異なってくる。

　問題点としては，参加企業間の信頼の欠如などから対立が発生する可能性がある。また合弁企業解消後に，パートナー企業が手ごわい競合へと変貌する可能性を秘めている。

●不安定な中核的戦略

　合弁事業は他社とのパートナーシップ関係であり，出資をともなう戦略提携であるという見方ができる。戦略提携自体は参加企業にとって中核的戦略ではあるが，戦略提携は不安定で脆弱な企業間関係でもある。不安定な関係であるから，当然に継続期間すなわち寿命も短いのではないかという設問が立てられている。竹田志郎によれば，1991 年から 1997 年の実態から，提携の継続期間は 10 年未満が大勢であり，かつて主流であった長期に安定した提携は減少しているとされる。その報告によれば，提携解消の理由はつぎにあげる 3 点である。

1）どちらかが提携にメリットを感じなくなった
2）提携企業のいずれかが，思いがけず経営状況変化（低迷，倒産など）を
　　来たして中断・中止した
3）市場や政治環境の変化など外的制限条件によりやむを得ず解消した

　このうち 7 割強は 1）によるものであり，契約より強い出資という結合力をもった合弁事業であっても解消が法的拘束力や継続期間に固執されずに自由に選択されることを示唆している。この中には信頼の欠如から生じる参加企業の紛争の解決策として合弁企業が解消される事例も含まれている。銭佑錫は1990 年代の韓国における日系企業国際合弁事業の継続期間は 5 年以上 10 年以内が大勢であり，一部は 5 年以内に解消されたと報告している。銭佑錫の報告

図表 11-3　合弁事業の寿命：進出形態維持率の推移（%）

進出後経過年数	5 年	10 年	15 年	20 年	25 年
国際合弁企業群（日韓）	84.2	59.1	46.6	30.5	14.8
日本側単独経営群	87.6	67.6	53.4	30.5	26.9
差	-3.4	-8.5	-6.7	0.0	-12.1

注：合弁とは出資比率が 1/3 以上 2/3 未満，2/3 以上は単独経営としている。
出所：銭（2000），152 頁，表 3。

では，提携は当初親会社が想定した合弁企業の存続期間 10 年よりも短期で解消されている。

　しかし国際合弁事業自体は短命であるにもかかわらず，合弁事業という企業形態が単に「不確実な外国市場進出のためのオプション」や「通過的な組織形態」というだけではなく，むしろ「外国事業展開の確立した形態」になっていることが示唆されている。このことは多国籍企業にとって，提携という戦略が不安定で短命であるにもかかわらず，不可避で中核的な戦略になっていることを示すものである。

図表 11-4　市場参入におけるリスクとコントロール

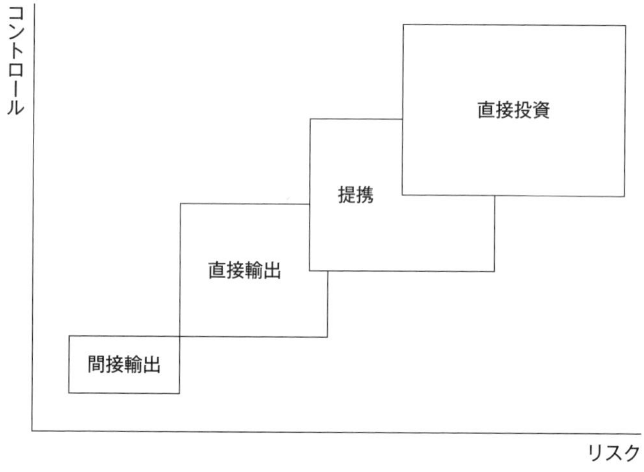

注：四角の大きさは事業から得られる可能性のリターン（収益）の大きさを示す。四角が重なる部分は，概念として両者が重複する場合があることを意味する。
出所：Hill（2011）他より筆者作成。

② 単独投資企業（グリーン・フィールド）

単独投資による外国市場参入は，企業が外国に新会社を設立することである。単独投資による参入方法は，自社固有の経営方式が維持できるメリットがある反面，投資後に不振となった場合に撤退時期を決める判断が難しくなるデメリットもある。単独投資の参入方法は，図表 11-4 にあるように，他の方法よりリスクが高く，自社のコントロール度合いも高い。単独投資は，主に長期戦略の視点から用いられる場合が多く，その意思決定のために準備として行われる予備調査結果が重要な判断材料となる。一般に，単独投資による外国市場参入は，企業が外国市場の経営活動を本格化させる場合に選択される。親企業と子会社間で原材料・部品の供給，製品の組み立て，現地市場向けの研究開発などの拠点を設立する場合に選択される。

③ M&A による市場参入

M&A（Merger and Acquisition）とは，合併・買収であり，対象とする企業株式を取得して経営権を得ることである。企業は M&A によって，相手企業が保持するスキルや労働力，顧客，ブランド，知財，研究・生産・販売設備と組織などを得る。M&A を行う動機には，企業の経営戦略要因，市場環境要因，投機要因などが考えられる。異なった国家間で行われる大型の M&A は欧米での実績が多い。かつては先進国企業間，先進国企業が新興国企業を M&A を行う事例が多かったが，近年では中国やインドといった新興国企業が先進国企業を M&A を行う事例が目立っている。また世界全体の直接投資額の大半が M&A に関わるものであるという報告がある（M&A 全般については第 13 章に詳しい）。

④ ボーン・グローバル・カンパニー

ボーン・グローバル・カンパニー（Born Global Companies：以下 BGC）とは創業と同時にあるいは遅くとも創業後 2，3 年で海外事業を展開するベンチャー・ビジネスまたは中小企業であり，1990 年代初期から北欧諸国で急増している。BGC はこれまで述べたような，市場参入パタン，すなわち国内市場から始めて国際貿易（輸出）や技術供与の段階を経て，最後に海外直接投資へと展開する漸進的国際化パタンとは異なっている。BGC は世界市場をひとつのグローバル市場と捉え，常にグローバル市場でシェアをとるという事業

図表 11-5　漸進的国際化企業と BGC の国際化の比較

決定因	漸進的国際化企業	BGC
事業部グローバル化のニーズ	低い	高い
事業国際化による損益	リスク大	利益大
事業国際化の速度	遅い	早い
事業国際化の範囲と規模	狭く小さい	広く大きい
保有技術の革新度	低い	高い
戦略提携への依存度	低い	高い
グローバル・ニッチ戦略	弱い	特殊的かつ重要
大企業への取引依存度	低い	高い
企業家の国際マインド	低い（ローカル志向）	高い（グローバル志向）
産業クラスターの重要度	低い	高い

出所：藤澤武史（2012），122 頁，5 章，図表 5-8，を改変し転載。

図表 11-6　外国市場参入戦略の一般的な特徴

参入方式	長所	短所
輸出：間接輸出	低リスク・低コストで国際ビジネスが開始できる	輸送費・関税などのコスト負担，非関税障壁による制限，現地マーケティングが他社依存
直接輸出	現地マーケティングが可能である	国内ビジネスとの相克，現地国規制・法律の直接的影響，間接輸出より高コスト・高リスク
提携	中リスク・中コスト負担かつ限定的な自社経営資源で国際ビジネスが開始できる，比較的短期に経営成果が得られる	パートナー企業との協調が出来ないと対立が起こる，経営コントロールが独自にできない，提携解消は比較的容易であり，その後にパートナーが競合企業化する可能性がある
直接投資：合弁事業	現地パートナーから経営資源や現地市場への対処策が得られる，新たなコスト負担が分割負担できる	同上，出資を伴うので撤退する場合に意思決定が遅れる傾向がある
M&A	事業全体(生産,販売,流通,製品ブランド)が一括して手に入る	高リスク・高コスト，多額の資金調達，公正取引委員会などの審査がある，不要な事業まで引き受ける場合がある，M&A後の合理化コストが掛かる
グリーン・フィールド	自社経営資源を独自に維持し,コントロールできる	現地市場開発に関わる高コスト・高リスクを伴う，成功するまでに時間が掛かる

出所：参考文献より筆者作成。

展開を図る。例えば"フィンランド市場において起業した"というのではな
く"グローバルに起業した"という志向性を持っている。パールミュッターの
EPRG プロファイルで言えば，G 型（世界志向型）に相当する。

　こうした BGC の出現をもたらす要因として，①市場のグローバル化，②輸
送や ICT 技術の進歩，③高価値で希少な経営資源による持続的競争優位性を
維持，④国際的起業家精神を有する人の増加など，が挙げられる。

■スガキヤ　海外展開加速
──スガキコシステムズ常務　菅木 寿一さんへのインタビュー

　ラーメン店「スガキヤ」が昨年，インドネシアに出店し海外展開を加速させている。
その狙いとは。

──昨年 5 月，ラーメン店スガキヤがインドネシアへ出店しました。海外進出は 1995
年の台湾以来 2 カ所目，東南アジアでは初めてです。

　「成長著しい東南アジア市場に魅力を感じ出店を決めました。現在はジャカルタ市内
のショッピングセンターなどに 4 店を出しています。日本と同様，ラーメンに加えてソ
フトクリームやクリームぜんざいも人気です。揚げギョーザや揚げたこ焼きなど日本に
はないメニューも用意しました。女性客が多いのが特徴です」

豚肉使わず開発

──豚肉を口にしないイスラム教徒のために，鶏肉を使ったチャーシューやスープを開
発しました。

　「日本では和風豚骨ラーメンを作ってきました。ただインドネシアでは，豚を扱う店
に行きたくないという人が多く，断腸の思いであきらめました。スガキヤのラーメンの
特徴であるマイルドさ，口当たりの良さを再現するため，2 年かけて開発しました。ハ
ラル認証も取得しています」

──現地ではラーメン 1 杯約 210 円，ソフトクリームも約 50 円で提供しています。

　「日本では，ラーメンは 1 杯 320 円ですが，海外でも価格を最重視しました。海外に
ある日本のラーメン店では 1 杯 2 千円程度する場合もあり，一部の富裕層しか食べられ
ません。そうではなく，誰もが気軽に食べられるラーメン店を目指したいと考えまし
た。価格を抑えるため，店で提供するスープや麺などは，ジャカルタ市内の工場で一括
で作り，各店へ配送しています。食材も現地調達しています」

SC 頼みを転換

──国内では今年に入り 30 店以上を閉店させました。なぜ今海外出店に力を入れるの
ですか。

　「新たな収益柱として，海外事業を育てたいからです。国内ではこれまで，主にショッ
ピングセンターの中に出店を続け，店舗数を増やしてきました。ただ，インターネット
通販の台頭などで，ショッピングセンターの集客力が落ち，採算の取れない店も出てき

ました。現在，より収益の望める店舗へ人材を集約しています。スガキヤ頼みだった経営を変えようと，他業態の開発にも取り組んでいます。今までと同じようにやれば成長できる時代は終わったと感じています」

──今後の戦略を教えてください。

「海外では，インドネシアで10店の展開を目指します。すでに12店ある台湾もしっかりやり，それ以外の国でも出店できないか調査をしています。一方，国内では，10月に消費増税を控えます。軽減税率が適用される中食やテイクアウトと違って，税率が10％になる外食産業にとって非常に難しい局面です。今後も，店に来て良かったと思ってもらえるよう，安いのにおいしい『お値打ち感』を追求し続けます」

出所：『朝日新聞』2019年9月29日付，28面。

参考文献

稲垣公夫（2001）『EMS戦略』ダイヤモンド社。

銭佑錫（2000）「国際合弁企業の寿命」『中京経営研究』第10巻，第1号。

竹田志郎（1998）『多国籍企業と戦略提携』文眞堂。

中村久人（2008）「ボーン・グローバル・カンパニーの研究」『経営論集』第72号，東洋大学経営学部。

藤澤武史編（2012）「グローバル市場参入戦略」『グローバル・マーケティング・イノベーション』同文舘出版。

米澤聡士（2011）『ワークブック国際ビジネス』文眞堂。

Hill, C. W. L. (2011), *Internaional Business: Competing in the Global Marketplace*, 8th ed., McGraw-Hill.（鈴木泰雄・藤野るり子・山崎恵理子訳『国際ビジネス1, 2, 3』楽工社，(1, 2) 2013年，(3) 2014年。）

Kotabe, M. and K. Helsen (2008), *Global Marketing Management*, 4th Edition, John Wiley & Sons, Inc.（栗木契監訳『国際マーケティング』碩学社・中央経済社，2010年。）

参考資料

Franchise Direct, "2019 Top Franchises Report" (https://www.franchisedirect.com/information/2019-top-100-franchises-report-introduction-and-overview).

Franchise Direct, "Top 100 GLOBAL FRANCHISES-RANKING" (https://www.franchisedirect.com/top100globalfranchises/rankings).

練習問題

1．カッコに適切な語句を入れなさい（語句は 1 つとは限らない）。

参入方式	長所	短所
輸出：（　A　）	（　B　），低コストで国際ビジネスが開始できる	輸送費・関税などのコスト負担，（　C　）による制限，現地マーケティングが他社依存
直接輸出	現地（　D　）が可能である	（　E　）との相克，現地国（　F　）の直接的影響，間接輸出より（　G　），高リスク
（　H　）	中リスク，中コスト負担かつ限定的な自社経営資源で国際ビジネスが開始できる，比較的短期に経営成果が得られる	（　I　）との協調が出来ないと対立が起こる，経営コントロールが独自にできない，解消は比較的容易であり，その後にパートナーが（　J　）する可能性がある
直接投資：（　K　）	（　L　）から経営資源や現地市場への対処策が得られる，新たなコスト負担が分割負担できる	同上，出資を伴うので撤退する場合に（　M　）が遅れる傾向がある
M&A	（　N　）が一括して手に入る	高リスク，高コスト，多額の資金調達，公正取引委員会などの審査がある，不要な事業まで引き受ける場合がある，M&A 後の合理化コストが掛かる
グリーン・フィールド	（　O　）を独自に維持し，コントロールできる	現地市場開発に関わる（　P　）を伴う，成功するまでに時間が掛かる

第12章

戦略提携

　企業の外国市場参入方法のひとつに戦略提携がある。国際戦略提携は，多国籍企業同士，あるいは，多国籍企業と現地国内企業の間で実施される。代表的な提携は，共同研究開発や共同マーケティングや販売などである。

　また，複数の企業が出資して設立する合弁企業も戦略提携に含まれる。

　戦略提携は，1980年代に実務的にも学術的にも大きな注目を集めた。40年を経た現在も，重要な事業戦略として用いられている。

1. 戦略提携の定義

(1) 外国市場参入の方法

　企業が海外市場を目指すとき，外国市場参入の手法は，グリーンフィールド投資（進出先に法人を新しく設立する），M&A（進出先企業と合併，またはその企業を買収する），戦略提携や合弁などから選択される。

(2) 戦略提携の定義

　戦略提携の定義は，いくつもあるが，Kim and Parke によれば，「各参加企業の企業理念に結びついた目標を共同で達成するための，比較的長期にわたる企業間の協力関係である」とする。この協力関係には，契約によらない緩やかな協力もあれば，目標達成のために新たな法人を設立する合弁事業もある。

(3) 最新の戦略提携：Monet（モネ）の事例

　最近の複合的な戦略提携には次のようなものがある。

　2018年，ソフトバンクとトヨタ自動車は，共同出資会社である MONET テ

クノロジーズを設立した。同社は，モビリティ（移動）で困る人々をゼロにすること，そして，人々の生活をもっと豊かにすることをモットーとしている。

　この MONET テクノロジーズは，2019 年 3 月，日野自動車およびホンダと資本・業務提携を行った。続いて同年 6 月，いすゞ自動車，スズキ，スバル，ダイハツ工業，マツダという自動車メーカーともそれぞれ資本・業務提携した。

　また，この共同出資会社は，2019 年 3 月「MONET コンソーシアム」を組織し，同年 11 月末には，参加企業が 430 社を超えた。

　これは，合弁・マイノリティ出資・コンソーシアム標準の組み合わせである（図表 12-1）。Monet プラットフォームを用いることで，情報が各社の基盤となることを目指している。例えば，ホンダは早くから自社車両同士が情報を提供して，渋滞の場合の迂回ルートを提案する仕組みを擁していた。このホンダインターナビシステムと，他社のナビが繋がることで更に多くの情報を集約して各社の自動車に配信していくことになる。交通の高度化，新たなライフスタイルの創出を目指している。

　この Monet は，2020 年以降に東南アジアへのプラットフォームの市場進出を検討している。

　このような状況について，新規市場への参入に際して，戦略提携は，リスク軽減，テクノロジーやイノベーションなどの資源，知識の獲得と，市場へのアクセスの共有を得ることで，その重要性が増したとするナンシー・ハバードの

図表 12-1　複合的な戦略提携事例

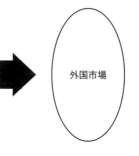

合弁	ソフトバンク　35.2% トヨタ　34.8%
マイノリティ出資	ホンダ　10% 日野自動車　10%
マイノリティ出資	いすゞ　2%　スズキ　2% SUBARU　2%　ダイハツ　2% マツダ　2%
コンソーシアム	430 社

外国市場

出所：MONET テクノロジーズホームページ（最終アクセス 2019 年 12 月 8 日）を元に筆者作成。

指摘と一致する。

⑷　1980 年代の戦略提携の特徴

戦略提携は，1980 年代に注目された。その特徴は，2 点ある。

①　潜在的競合を含め競合との提携であること。

②　企業の存亡をかけた戦略性があること。

この特徴の背景には，急速な環境変化がある。新たな環境に適応するため多国籍企業も含め多くの企業は，戦略提携を用いた。

⑸　2000 年代の戦略提携の特徴

戦略提携が注目されてから 40 年近くが経過し，2010 年代後半は，ICT 基盤を用いた製造業の変化や，RPA（Robotic Process Automation，主にホワイトカラー業務の効率化・自動化の取組みである）など，産業構造や働き方の変化が続いている。

その中で，今もなお，戦略提携は，M&A とともに注目すべき事業戦略である。2000 年代の戦略提携の特徴は，競合の範囲も広がり，グローバル化が進み，また異なった産業に属する企業間での提携もある。

ハバードは，多国籍企業の事業多角化（企業が，従来の主力分野ではない新たな事業分野へ乗り出すこと）から，グローバル・フォーカスを指摘する。グローバル・フォーカスは，より限定的な事業分野に集中し，提供する製品分野を限定することで，より多くの地域への浸透を図るものである。

⑹　1980 年代と 2000 年代の共通点

戦略提携の 1980 年代と 2000 年代の共通点については，その目的が，企業の競争優位を目指し，①他社資源の活用，②戦略目標の共有，③それぞれの企業の自立性を保とうとするところにある。

2．戦略提携の範囲

図表 12-2 は，戦略提携を複数の視点から分類・整理するものである。

図表 12-2　戦略的提携のさまざまな形

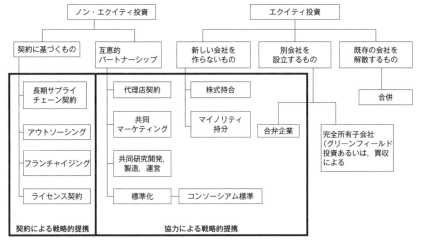

出所：Hubbard（2013），Diagram5.1 Differences in strategic alliances, source: adapted Sigh（2009），Yoshino and Rangan（1995），p. 66.（邦訳図 5.2）をもとに筆者加筆。

⑴　契約による戦略提携と協力による戦略提携

　従来は，フランチャイジング（商標・製品・営業ノウハウなどを他企業へ展開する），ライセンス契約（知的財産権を使用させることでビジネスを展開する），長期サプライチェーン契約（原材料の調達など）は，戦略提携に含まなかったが，ハバードは，それらを「契約による戦略提携」として戦略提携の概念の枠を広げた。

　他方，「協力による戦略提携」は，資産の移動を伴わないものとしては，共同研究開発，共同マーケティング，代理店契約がある。資産の投資によるものとして合弁（複数企業が，有形・無形のリソースを投入して，新しい法人を設立する），マイノリティ持分（事業に一部出資して市場に参入する）がある。協力による戦略提携は，提携企業同士の相互の協力と相互依存がなければ，長続きしないと考えられる。

⑵　エクイティ投資とノンエクイティ投資

　エクイティは，株式等によって調達された返済義務のない資金のことである。したがって，買収，グリーンフィールドでの企業設立，合弁事業，株式持

合やマイノリティ持ち分は，エクイティ投資といえる。

　他方，ノンエクイティ投資は，株式等の投資はなく，長期サプライチェーンや，アウトソーシング（人やサービスを，契約によって外部から調達する）などが含まれる。また，共同マーケティングや共同開発など，新会社を設立せず，提携企業同士で共同して調査や開発にあたる場合が含まれる。

　世界の異なる地域の企業により，戦略提携を実施する理由はさまざまである。企業が協力による戦略提携を行う主な共通点を図表 12-3 に示した。

　外国企業による完全所有が禁止されている国への参入については，政府の要請により，戦略提携を用いることがある。

① 先進国から新興国への参入 [象限：右下]

　　低コストの製造機会と政治的なコネクションを求める。

② 先進国企業同士の場合 [象限：右上]

　　コスト負担分担，リスクやコストを軽減する。

③ 新興国企業の目的 [象限：左上]

　　自国にない先進国企業の高度な技術や，ブランドを求める。

　　併せて自国にないビジネス手法など国際ビジネスの学習などが，その理

図表 12-3　企業が協力による戦略提携を行う理由

国の経済的位置づけ		
先進国	・確立されたブランドへのアクセス ・テクノロジーへのアクセス ・自社にないビジネス手法の習得 ・現地市場へのアクセスと情報取得	・コストの負担を分担（研究開発コストなど） ・規制市場への参入 ・リスク／コストを軽減するとともに市場アクセスを得る
新興国	・低コスト製造拠点 ・市場へのアクセス ・自社に不足するリソースの補充	・政府による要請 ・国内市場へのアクセス ・低コスト製造へのアクセス ・不確実性／リスクの軽減 ・自社に不足するリソースの補充（市場知識など）
	低　　　　　　　　　　　　　　　　　　高	

グローバライザー（グローバル化をめざす多国籍企業）の発展段階

出所：Hubbard（2013），p. 60, Table5.1 Why companies enter collaborative strategic alliances.
（邦訳 95 頁，図 5.1）

由である。

④　新興国の多国籍企業が，新興国市場を目指す場合 [象限：左下]

さらに低コストの製造拠点，自社にないリソースの補充などを目的とする。

3. 国際戦略提携の変遷

国際戦略提携が注目されてから約40年の変遷をたどることで，その特徴の変化を確認することができる。

(1)　提携と合弁，M&A の量的な変化

日本経済新聞に掲載された提携・合併，M&A に関する記事を対象とした調査（図表12-4）によれば，2000年代に M&A 件数が再び増加に転じた。提携・合弁は，1995年ごろがピークである。その後，合弁は減少傾向だが，提携は，毎年同様のペースで実施されている。

(2)　外部環境の変化と国際戦略提携

40年間の国際戦略提携は，政治・経済・社会・技術など外部環境の影響を

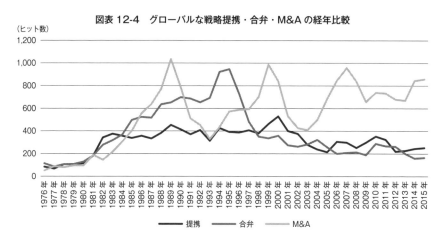

図表 12-4　グローバルな戦略提携・合弁・M&A の経年比較

出所：中村（2019），58頁。日経テレコン21の検索結果を基に，筆者作成。

受けた。

　例えば1979年の中国の合弁事業法の制定後の中国国内では，1990年代まで国際合弁が多かった。

　外資系企業の進出には，中国のみならず進出先政府の規制・法律により国内企業との合弁が求められることが多かったからである。

　また，1995年頃のインターネット技術の一般化は，ICTを用いる事業に影響した。

　続く1997年のIMFアジア経済危機は，国際合弁の減少につながった。

　このように外部環境の変化が，戦略提携に影響を与えている。

(3)　地域の変遷

　日本企業の行う国際戦略提携は，時代を追って，アメリカからアジアへ，アジアの中でも東アジアから東南アジアへとシフトしている（図表12-5）。

　2000年代，世界のグローバル化は，世界の国々がほぼ同時に，ICTの影響を受け，技術的なグローバル化の条件を持つこととなった。しかし，すべての国や地域の社会やビジネスが一様に同等になるわけではない。そこには，地域ごと，国ごと，あるいは産業ごとに差異があるということができる。これをセミ・グローバリゼーションという。

図表12-5　日本企業の国際戦略提携先の変遷

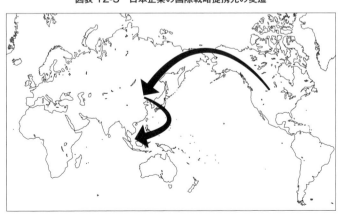

出所：筆者作成。

⑷　セミ・グローバリゼーション

　このセミ・グローバリゼーションについて，パンカジ・ゲマワットは，市場は文化的・制度的／政治的・地理的・経済的に分断されており国ごとに差異を持つとする。

　言語に加え，法制度や商習慣など制度的な背景が，企業の海外市場への参入時に影響する。市場参入戦略については，外的要因としての世界的あるいは地域的な傾向に加え，各国ごとの国内要因を加味しなければならない。例えば，コカ・コーラの飲料事業などがある（第14章末記事）。

⑸　戦略提携と価値連鎖（バリューチェーン）

　マイケル・ポーターは，「集中配置か分散された活動の調整か，あるいはその両方によって，国際的な競争優位を確保しようとする戦略」が，グローバル戦略であるとする（ポーターの価値連鎖については，第15章を参照）。

　そして，提携に関しては，企業活動を①製造及び物流，②マーケティング・販売及びサービス，③技術開発というカテゴリーに単純化した価値連鎖を用い，「価値活動の3つのカテゴリーのおのおのは国際競争のパターンにとっても，企業提携の性格や利点にとっても，重要な意味を持つ異なった経済性をもつ」とした。すなわち，戦略的にその価値連鎖を組み合わせて用いるわけである。

⑹　ICT 時代の価値連鎖

　近年のポーターとヘプルマンは，データ資源が，従来型データ（例えば，顧客情報や製品利用後の利用統計など）に加え，製品自体をデータ源とするデータ（例えば，自動車のエンジンコントロール・ユニットからの監視データなど）が登場し「データの価値を十分に活かすかが競争優位の源泉になりつつある」と指摘した。このデータは，価値連鎖の図でいえば，製造や技術開発をはじめ，各項目と連携している価値の事例である。

⑺　戦略提携の価値連鎖の変化

　この戦略提携の価値連鎖について，時代ごとに差が発見された。

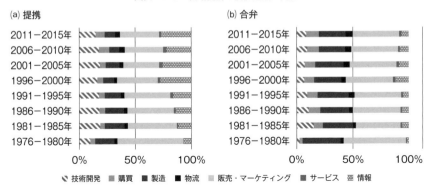

図表 12-6　戦略提携の価値連鎖の変化

出所：中村（2019），75頁。

　まず1976年からは，提携も合弁も価値連鎖のうち販売・マーケティングで
の提携が多い。1981年から1995年までは，技術開発，製造での提携，合弁が
増えた。続く1996年からの20年間は，情報に関する提携が多い。
　2008年のリーマン・ショック後，価値連鎖における合弁の中心活動は，製
造から販売へ移った。提携では，クラウドなどのインターネットの事業，コン
テンツ産業のグローバル化，インターネットと製造業との提携などに特徴を見
出すことができる。
　ここでは，情報が，価値連鎖の主活動を支え，新しいビジネスモデルにつな
がる。例えば，サブスクリプション（購読型あるいは継続課金型）ビジネスが
増え，その継続顧客への積極的な貢献による維持・拡大のために，従来の顧客
満足やカスタマー・サポート部門ではなく，カスタマー・サクセス部門（常に
顧客の成功に貢献することで，継続利用や追加購入を促す）を採用する企業が
増えている。重要なのは，価値を生みだすデータや情報であり，新しい競争軸
での強化のために戦略提携が用いられるのである。

⑻　IoT（モノのインターネット）時代の国際戦略提携事例

　モノのインターネット化，モノと情報の結合においても戦略提携が用いられ
ることがある。
　最近の事例では，2018年にIT企業と自動車メーカーの戦略提携が相次い

だ。グーグルは自動運転開発部門 Waymo（ウェイモ）で，ジャガー・ランドローバー，フィアット・クライスラーとそれぞれ提携した。前述のソフトバンクとトヨタの合弁「MONET Technologies（モネ・テクノロジーズ）」の設立が発表され，また，マイクロソフトとフォルクスワーゲン（VW）が，コネクテッドカー向けクラウドシステムを共同開発で提携した。

　従来の代表的産業である自動車も，自動運転などで，IT 企業との連携をして競争を勝ち抜こうとしている。

4．戦略提携の終了・解消

　国際戦略提携には，それぞれの企業に自立性があるという特徴がある。しかし，それは，お互いに自立的な企業の提携ということでもあり，言葉を換えれば，危うい不安定な関係でもあり，永続的なものとは言い切れない。したがって戦略提携のライフサイクルにおいて，提携や合弁の解消がありうる。現実に，提携の続く期間が，1980 年代に比較すると 2000 年代は短くなっている。

　提携は，経営方針の違いや戦略のずれなどから解消に至る場合があり，合弁の場合は，一方の会社が買収することが多い。

　戦略提携には当事者として複数社の意思決定が関わる。その意思決定者も時間と共に経営トップの交代などで変化する場合がある。そして，経営の外部環境も変化し続ける。

　そこで，提携解消後の混乱を防ぐため，戦略提携を締結する時点（開始時点）で，あらかじめ，その戦略提携継続に関わる対立が生じた場合の対応方法などを具体的に決めておく必要がある。最初の契約書に含んでおくことで，提携企業同士，あるいは，それらが生み出した合弁企業の戦略提携解消の際やその後の活動への負の影響を最低限にとどめ，各企業のその後の発展を妨げないようにする枠組み作りが必要である。

5．産業構造の変化と外国市場進出

　1990 年頃に始まったインターネットの商用利用や，1995 年の Windows95

の提供開始により，eビジネスが勃興し，情報産業の変化も始まった。情報産業・メディア産業のデジタル化は，それぞれのビジネス・エコシステム（ビジネスの「生態系」である）にも影響を与えている。その影響では，外国市場への進出という新たな機会を見いだしたものもある。

　もちろん，情報産業・メディア産業に影響を与えたICTは，非製造業のみではなく製造業にも変化を与えている。

　さらにこの先，いわゆる製造業のサービス化や，人工知能，機械学習，仮想現実など急速に進むテクノロジーの変化が，産業構造にさらなる変化を与える可能性がある。例えば，言語の壁を乗り越える技術が実用化されれば，企業が最初に国境を越えて展開しようとする時に，言語などの文化的特徴が類似している地域を好む傾向があるという位置づけは変化するかもしれない。今後もこれらの産業構造の変化が，外国市場への進出にも影響を与えるであろう。

■米セールスフォース，外部と連携，経済圏拡大，アップルやIBM…，IoTに注力。

　顧客情報管理（CRM）最大手の米セールスフォース・ドットコムが米アップルと提携するなど事業を急拡大している。2022年には売上高を現在の2倍にあたる230億ドル（約2兆6000億円）にする計画を掲げる。

　「ティム・クックよ，ありがとう」──。9月末，ドリームフォースが開かれた米サンフランシスコの会場で，創業者のマーク・ベニオフ共同最高経営責任者（CEO）がアップルとの提携を表明すると，会場から大きな歓声が巻き起こった。

　前日に米マイクロソフトがセールスフォースの対抗軸となる独SAPと米アドビシステムズとの3社提携を発表したばかり。セールスフォースを支持する来場者には大きな朗報だった。

　アップルの「iOS」向けにソフト開発キットを提供し，「iPhone（アイフォーン）」などからセールスフォースのクラウドサービスを直接利用できるようにするという。

　デモも披露した。アイフォーンに「シリ」と呼びかけ仕事の予定を伝えると，セールスフォースの人工知能（AI）「アインシュタイン」が必要な情報をすぐ提供してくれる。「OSレベルで連携したからできた」とベニオフ氏は強調する。

　セールスフォースが3月に65億ドル（約7400億円）で買収した米アプリ連携ソフト，ミュールソフトによるデータ連係戦略も関心を呼んだ。同社のクラウドサービスはもちろん，外部の情報サービスとも瞬時に情報を連携し，「セールスフォース経済圏」を一気に拡大する戦略だ。

　特に力を注いでいるのがあらゆるものがネットにつながるIoTの分野だ。米IBMとも提携し，同社のAI「ワトソン」とアインシュタインをつなぐことで，エレベーターなどの保守管理や部品供給などを効率よく進められるようにした。

　8月に共同CEOに就任したキース・ブロック氏は「第4次産業革命によるデジタル

トランスフォーメーションが今後の企業の大きな課題」だと指摘。CRM に加え，IoT
分野のデータ管理に注力し，売上高目標を達成しようとしている。

(編集委員　関口和一)

『日経産業新聞』2018 年 10 月 3 日付，4 頁より抜粋。

参考文献

梶浦雅己（2005）『IT 業界標準』文眞堂。

竹田志郎（1992）『国際戦略提携』同文館。

竹田志郎（1998）『多国籍企業と戦略提携』文眞堂。

中村裕哲（2019）『外国市場参入時における国際戦略提携に関する研究―戦略提携の変遷の導出―』
愛知学院大学大学院商学研究科　平成 30 年度　博士論文。

長谷川信次（1998）『多国籍企業の内部化理論と戦略提携』同文館出版。

藤沢武史（2001）『多国籍企業の市場参入行動』文眞堂。

松行彬子（2000）『国際戦略的提携：組織間関係と企業変革を中心として』中央経済社。

安田洋史（2016）『新版　アライアンス戦略論』NTT 出版。

Doz, Y. L. and G. Hamel (1998), *Alliance advantage: The art of creating value through partnering*, Harvard Business Press.（志太勤一・柳孝一監訳，和田正春訳『競争優位のアライアンス戦略』ダイヤモンド社，2001 年。）

Ghemawat, P. (2007), *Redefining global strategy: Crossing borders in a world where distance still matters.*（望月衛訳『コークの味は国ごとに違うべきか』文藝春秋，2009 年。）

Ghemawat, P. (2011), "The cosmopolitan corporation," *Harvard Business Review*, 89 (5), 92.（邦訳「コスモポリタン企業への道　ワールド 3.0 の時代」『Diamond ハーバードビジネスレビュー』37 (5)，2012 年，78-90 頁。）

Hubbard, N. A. (2013), *Conquering global markets: Secrets from the World's most successful multinationals*, Palgrave Macmillian.（KPMG FAS 監訳，高橋由紀子訳『欧米・新興国・日本 16 ヵ国 50 社の市場参入戦略』東洋経済新報社，2013 年。）

Kim J. and A. Parkhe (2009), "Competing and cooperating similarity in global strategic alliances: an exploratory examination," *British Journal of Management*, 20 (3), 363-376.

Porter, M. E. (1985), *Competitive advantage*, Free Press, U.S.A.（土岐坤・中辻萬治・小野寺武夫訳『競争優位の戦略―いかに好業績を持続させるか―』ダイヤモンド社，1985 年。）

Porter, M. E. and J. E. Heppelmann (2014), "How smart, connected products are transforming Competion," *Harvard Business Review*, November 2014.（邦訳「IoT 時代の競争戦略」『DIAMOND ハーバード・ビジネス・レビュー』40 (4)，29-37 頁。）

Porter, M. E. and J. E. Heppelmann (2015), "How smart, connected products are transforming companies," *Harvard Business Review*, 93 (10), pp. 96-114.（邦訳「組織とバリューチェーンはこう変わる IoT 時代の製造業」『Diamond ハーバード・ビジネス・レビュー』41 (1)，2016 年，84-109 頁。）

練習問題

1．次のカッコに適切な語句を入れなさい。

①　外国市場参入の手法は，グリーンフィールド投資，（　　A　　），
　（　　B　　）や合弁などからが選択される。

②　戦略提携の目的は，企業の（　　C　　）を目指し，（　　D　　），戦略
　目標の共有，企業の戦略的な（　　E　　）に重きを置くことである。

③　日本企業の行う国際戦略提携は，時代を追って，アメリカから
　（　　F　　）へ，その中でも（　　G　　）へとシフトしている。

④　最近の戦略提携は，（　　H　　）・通信・ネットの業界で多く，合弁は，
　（　　I　　）やその部品製造の業界で多く実施された。提携の種類では，
　販売提携も生産提携も多い。

第13章

M&A

　これからの多国籍企業にとって，事業の選択と集中の手段として M&A を機動的に活用する能力を構築することは必須といえる。本章では，まず M&A の定義や概要について論じた上で，国境を超えるクロスボーダー M&A の現状，ならび課題について論じる。

1. M&A の必要性

　90 年代以降，製品のライフサイクルの短縮化，技術革新の巨額化，グローバル化の進展に伴う新興国企業の台頭などさまざまな理由から，どの産業においても事業環境が変化しやすく，見通しが難しくなっている。また一般に先進国の国内市場は少子高齢化に伴い，徐々に縮小することが明らかになる一方で，中国，インド，東南アジアを含む新興国市場は順調に拡大しており，拡大するグローバル市場に活動の舞台の軸足を移すことが必須となっている。

　こうした不確実な環境の中で競争に勝つにはグローバルな視点からスピード感のある経営が求められている。そのため，かつて日本企業で美徳とされてきた時間をかけて独自技術を開発し，それを活用して製品や事業を育てるといった自前主義によるクローズド・イノベーション方式にこだわるのではなく，自社の強みを理解し，その強みを強化することと同時に自社の弱みを速やかに補完するために，外部の経営資源や能力を戦略的に，かつ迅速に取り込み，効率よく製品や事業を育て，成長を図る，オープン・イノベーション方式を活用することが必須といえよう。

　例えば，1997 年にインターネットモール事業を立ち上げた楽天は，2003 年に「旅の窓口」というサイトを運営したマイトリップ・ネットを 323 億円で買

収，自社サイト「楽天トラベル」を強化し，同年に DLJ ディレクト SFG 証券を 300 億円で買収，「楽天証券」とした。2004 年にあおぞらカードを 74 億円，国内信販を 120 億円でそれぞれ買収して「楽天カード」に，さらに 2008 年にイーバンク銀行と資本・業務提携をした後に連結子会社化し，2010 年に「楽天銀行」と商号変更している。楽天は M&A によって短期間で数多くの中核事業を育て，楽天経済圏を築くことに成功している。

　また，武田薬品工業は 2015 年に海外で展開していた呼吸器薬事業を英製薬大手アストラゼネカに約 700 億円で売却，2016 年にはイスラエルの後発薬世界最大手テバ・ファーマシューティカル・インダストリーズに約 30 品目の特許切れ薬を売却する一方で，2018 年にアイルランドの製薬企業シャイアーを約 7 兆円で買収した。これは，同社が「がん」「消化器」「中枢神経」の 3 つに定め，ここに資金を集中的に投下する一方で，それ以外の事業についてはその領域で大手の企業に売却するという方針をとっているからである。この他，ソフトバンクは 2018 年だけで 51 件，総額で約 9 兆円の M&A を実施し，M&A を戦略的に活用している。

　このように外部資源を自社に取り組み，短期間に成長を図る手段として，M&A（Merger & Acquisition）や戦略提携などを積極的に活用する企業が，近年，増加している。

2．M&A の概念と目的，分類

(1)　M&A の定義とその類型

　M&A とは合併（Merger）と買収（Acquisition）のことを意味し，対象企業の全部あるいは一部の事業部門などの支配権を取得することを意味する（図表 13-1）。広義には，支配権の移転を伴わない提携やジョイントベンチャーなども含む。

　合併とは複数の企業が統合し，法人格を統合してひとつの企業になることをいう。合併は複数の企業の経営資源や能力を統合することで経営資源の重複を減らす一方で，希少性のある経営資源や能力を有機的に活用することでより競争力のある企業にすることを主な目的とする。新たに企業を作り，その下に両

図表 13-1　M&A の類型

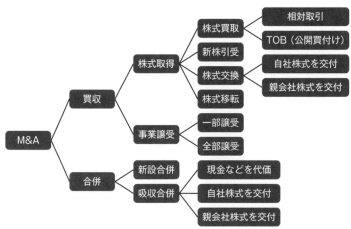

出所：筆者作成。

社が所属する新設合併と，合併する企業のうち，どちらか一方を存続企業とし
て，もう一社を吸収する吸収合併とがある。買収とは，ある企業が他社の資産
や株式などを買い入れ，子会社として別個に支配下に置く場合，合併と区別し
て買収という。買収には，株式取得と事業譲受がある。株式取得とは，買い手
が売り手の株式取得を通じて売り手そのものを取得し，支配下に置くことをい
う。事業譲受とは，後述する売り手による会社分割ないし事業譲渡された事業
を自社株式の発行ないし金銭による売買によって支配下に置くことをいう。

　株式取得には株式買取，新株引受，株式交換，株式移転などの方法がある。
このうち，主流となるのは株式買取である。株式買取とは，株主と個別に直接
交渉し，購入する相対取引と TOB（公開買い付け：takeover bid）がある。
TOB とは，売り手の株式を証券市場で買い集めるのではなく，証券市場外で
株主に直接その株式を売却するように勧誘して買い集める方法をいう。これは
売り手が上場しており，株主が広範に分散している場合，買い手は証券市場を
通じて株式を少しずつ買い集めなければならない。但し，買い集めが進むと需
給関係が悪化し，流動性が低下することにより株価は高騰し，買収費用が高く
なってしまう。これを避けるために活用される。一般に，買い取り価格は証券
市場で購入できる価格よりも高い価格が設定されるが，TOB では市場で株式

を買い集める必要がないので，時間とコストを節約できる。株式の買い取りを希望する者は「買い付け期間・買い取り株数・価格」を公表し，不特定多数の株主から株式を買い集めることを目指す。

　新株引受とは，主に第三者割当増資であり，特定の第三者，つまり買い手に新株を発行することをいう。株式交換とは，売り手の株主が保有する全ての株式を買い手の親会社の株式と交換することをいう。株式移転とは，売り手の株主が保有する全ての株式を，新たに親会社，主に持株会社を設立し，持株会社の株式と交換することをいう。

　一方，事業譲受は，買い手が必要とする事業のみを売買し，移転させるというものである。株式取得と事業譲受の違いは税務経理上の違いにあるがここでは割愛する。

　近年，事業の見直しを行い，コア事業と非コア事業に区分し，非コア事業と判断した事業を売却し，そこで得たキャッシュをコアビジネスの創出・強化のために有効に利用する企業が増加している。このように会社を複数の法人格に分割し，その一部を他組織に引き継がせることを会社分割ないし事業譲渡といい，M&A の手法のひとつとなっている。

　会社分割ないし事業譲渡はどちらも事業部門の売却を意味しているが，会社分割は事業部門の対価は買い手の株式によって支払われるのに対して，事業譲渡は事業部門の対価は金銭によって支払われるところに違いがある。日本では，会社分割は組織再編手法として会社法に規定されているが，事業譲渡は会社法に規定された組織再編手法ではなく，単に「事業を売買する」という売買契約であるところにも違いがある。また，手続きにあたり，会社分割の方が節税効果が高い。

(2)　M&A の目的

　M&A の主な目的は，企業成長を目指して外部資源を自社に取り込むことで短期間に自らのコアビジネスを創出・強化していくことにある（図表 13-2）。

　そのための具体的な目的として，①主に規模の経済性を追求することで事業強化を目指して同業種の企業を取り込む水平統合型，②より魅力的な製品やサービスを供給するためにサプライチェーンに沿って川上ないし川下産業を取

図表 13-2　M&A の主な目的

目的の種類	内容
水平統合型	主に規模の経済性を追求することで事業強化を目指して同業種の企業を取り込む
垂直統合型	より魅力的な製品やサービスを供給するためにサプライチェーンに沿って川上ないし川下産業を取り込む
機能獲得型	より魅力的な製品やサービスを供給するために必要な人材，技術やノウハウ，ブランドなどを取り込む
新市場参入型	新事業や未進出の海外市場に参入するために既存企業を取り込む

出所：松江・篠原（2012），42 頁を基に筆者作成。

り込む垂直統合型，③より魅力的な製品やサービスを供給するために必要な人材，技術やノウハウ，ブランドなどを取り込む機能獲得型，④新事業や未進出の海外市場に参入するために既存企業を取り込む新市場参入型，の 4 つに大別することができる。これらの目的はどれかひとつという場合よりも，複数含まれ，目指される場合の方が多い[1]。

　M&A は必ずしも成功するわけではない。マッキンゼー社の調査によれば，72〜83 年までの買収プログラムの調査では，61％は失敗（収益が資本コストよりも低い）とされ，M&A は高い買い物になる場合が多かったという（北地・北爪）。中でも，国境を超えた M&A は情報の非対称性が高く，ターゲットとしている事業や企業の状況や見通しなどについての情報を取得しづらい。また法制度や文化慣習などが異なっており，自国と同じやり方が通用するとは限らない。この他，新興国では外資規制が厳しく，法制度が未整備である場合もあるため，失敗のリスクはより高いといえる。

　しかし，この調査内容が広く知られた後も，M&A が減少したということはなく，むしろ失敗に至った要因に対する研究が進み，方法論が改善されたことによって，近年は成功の確率が上昇しているとの指摘もある。米ベイン・アンド・カンパニーによれば，2000〜2010 年の 10 年間に売上高，利益がともに年率 5.5％以上の成長を実現し，さらに資本コストよりも高い利益を獲得しているグローバル企業を調べると，その 9 割は買収を積極的に行っており，買収が成長戦略の主軸になっているという。

3．最近の世界ならびに日本の動向

⑴　世界の M&A の動向

　海外直接投資（FDI）はグリーンフィールド投資と，クロスボーダー M&A に大別されるが，先進国の多国籍企業が実施する多くの M&A はクロスボーダー M&A であるといわれており，グローバル・ビジネスを展開する企業にとって重要な手段となっている。クロスボーダー M&A とは，国境（ボーダー）をまたいだ M&A のことであり，自国の企業が他国の企業を M&A を行う場合，In-Out ないしアウトバウンド，他国の企業が自国の企業を M&A を行う場合，Out-In ないしインバウンドと呼ばれる。出資企業の最終的な親会社の国籍と，被投資企業の国籍が異なる M&A のことをいう。

　90 年代後半，欧州では 99 年の単一通貨ユーロの導入の前後で欧州域内の市場統合が進展する中，競争が激化し，巨大化による生き残りを目指す企業が増加した。米国ではマイクロソフトやヤフーなどのような数多くのニューエコノミー企業と呼ばれるソフトウェアやインターネットサービスを提供する企業が誕生し情報産業の再編を促し，M&A 市場は活況を呈した。

　その後，2000 年代半ばに BRICs や東南アジアなどの高い経済成長を維持する新興国市場を取り込んだ欧米企業の好業績，資源高によって潤った産油国の資金の欧米証券市場への流入などによって欧米企業の手元資金は厚みを増し，再び M&A 市場は活況を呈し，2007 年には 2000 年のピークを超えるほどの伸びを見せた。しかしながら，その後，サブプライムローン問題に端を発した，08 年 9 月の米リーマンブラザーズの倒産を契機に生じた世界的な金融危機によってブームは終息し，M&A は急減した。

　クラウド技術や IoT 技術，AI 技術を活用した様々な IT サービスが模索されるようになった 2010 年代半ばに再び M&A は増加し始め，2018 年は 2007 年に次いで過去 2 番目に多い水準となった。但し，件数ベースでは 2017 年を下回っている。これは 1 回当たりの取引額が 100 億ドルを超える大規模な M&A が 21 件あったためで，近年の M&A は大型化傾向にある。

　95 年以降の世界のクロスボーダー M&A を見てみると，先進国企業による

M&A が取引の大部分であることがわかる（図表 13-3）。また，先進国企業間
の M&A が最も多い。ただし，2005 年以降，東アジアの中国や台湾企業によ
る M&A が徐々に増加している。従来，中国企業は原材料となる資源権益や
技術獲得を目的とした M&A が多かったが，2010 年，中国の浙江吉利控股集
団がフォードからボルボを 18 億ドルで買収，2016 年に中国の美的集団が東芝
の白物家電事業を 537 億円で買収，同年，台湾の鴻海グループがシャープを
3,888 億円で買収するなど，欧米や日本で経営不振に陥っている企業を中国企
業が相次いで傘下におさめている。

　米国の著名な経営者であり，投資家のウォーレン・バフェット氏は，M&A
の仲介業務を担う投資銀行に相談することを「投資銀行に買収すべきかどうか
の相談をするのは，理髪店で髪を切るかどうか相談するようなものだ。」と評
しており，欧米のグローバル企業では，M&A は頻繁になされる業務として定
着している。そのため，欧米のグローバル企業では，企業成長のために M&A
を積極的に利用できるかどうかが経営者のマネジメント能力を図る指標となっ
ている。

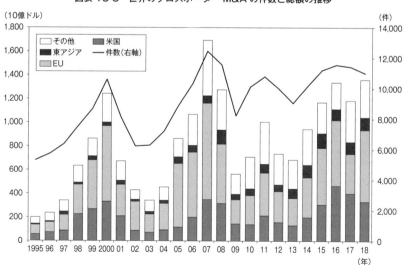

図表 13-3　世界のクロスボーダー M&A の件数と総額の推移

注：①東アジアは，中国，韓国，台湾，香港，ASEAN の合計。②被買収国・地域ベース。
出所：ジェトロ世界貿易投資報告 2019 年版（2019），44 頁。

⑵　日本のクロスボーダー M&A の動向

　レコフの調査によれば，日本においても空前の好景気に沸いた 1990 年前後にクロスボーダー M&A ブームが到来し，In-Out 案件は，90 年に 463 件を記録した。典型的な事例としては，89 年の三菱地所によるロックフェラービルの買収，ソニーによるコロンビア・ピクチャーズの買収（6,440 億円），91 年の松下による MCA（7,800 億円）の買収などがあげられよう。しかし，この頃の日本企業には海外企業の資産価値を適切に評価するノウハウを社内に蓄積している企業は殆どなく，高値で買収し，事業運営に失敗する企業が相次いだ。その後，バブル崩壊による不況の深刻化が日本企業の海外投資余力を奪い，93 年には 120 件まで減少した。

　その後，99 年に In-In 案件，In-Out 案件，Out-In 案件のいずれもが増加し，M&A 総件数は 1,000 件，04 年には 2,000 件を超え，以後，景気動向に左

図表 13-4　日本のクロスボーダー M&A のランキング

順位	金額（億円）	買収企業	業種	被買収企業	業種	国籍	形態	日付
1	69,694	武田薬品工業	医薬品	シャイアー	医薬品	アイルランド	買収	18.5
2	33,234	ソフトバンクグループ	電機	アーム・ホールディングス	通信	英	買収	16.7
3	22,530	JT	食品	ガラハー	食品	英	買収	06.2
4	19,172	ソフトバンクグループ	通信	ボーダフォン	通信	英	買収	06.3
5	18,121	ソフトバンクグループ	通信	スプリント・ネクステル	通信	米	買収	12.10
6	16,794	サントリーホールディングス	飲料	ビーム	飲料	米	買収	14.1
7	12,040	伊藤忠商事＆ CP グループ	商社	中国中信集団	金融	中	資本参加	15.1
8	11,086	武田薬品工業	医薬品	ナイコメッド	医薬品	スイス	買収	11.5
9	11,000	NTT ドコモ	通信	AT&T ワイヤレス	通信	米	資本参加	00.11
10	9,481	MUFG	銀行	モルガン・スタンレー	証券	米	資本参加	08.9
11	9,424	JT	食品	RJ レイノルズ・インターナショナル	食品	米	買収	99.3
12	9,413	東京海上ホールディングス	保険	HCC インシュアランス・ホールディング	保険	米	買収	15.6
13	8,999	武田薬品工業	医薬品	ミレニアム・ファーマシュティカルズ	医薬品	米	買収	08.4
14	8,912	アサヒグループホールディングス	飲料	SAB ミラー中東ビール事業	飲料	ベルギー	買収	16.12
15	8,673	ソフトバンクグループ	ソフト	ウーバーテクノロジーズ	通信	米	資本参加	18.1
16	7,870	ルネサスエレクトロニクス	電機	インテグレーテッド・デバイス・テクノロジー	電機	米	買収	18.9
17	7,800	松下電器産業	電機	MCA	映画	米	買収	90.11
18	7,618	日本郵政	運輸	トール・ホールディングス	通信	豪	買収	15.2
19	7,140	日立製作所	電機	ABB パワーグリッド事業承継会社	電機	スイス	買収	18.10
20	7,000	三菱 UFJ 銀行	銀行	DVB Bank	銀行	ドイツ	事業譲渡	19.3

出所：新聞記事などから筆者作成。

右されながらも 2000 年代は増加基調で推移した[2]。この背景には，グローバル化，産業の融業化が進んだことで国内再編，海外事業の強化を目指す企業が増加したこと，長期不況下で日本企業が割安で買収できる条件が整っていたこと，などが挙げられる。

2000 年代半ばにはこれまでにない大型 M&A 案件がいくつも行われた。06 年は JT による英ガラハーの買収（2 兆 2,530 億円），東芝による英ウエスチングハウスの買収（6,210 億円），ソフトバンクグループによるボーダフォンの買収（1 兆 9,000 億円）などがそれである。この他，日本板硝子による英ピルキントンの買収（6,160 億円）などが相次ぎ発表された。08 年にも三菱 UFJ フィナンシャルグループによる米モルガン・スタンレーへの資本参加（9,480 億円），武田薬品工業による米ミレニアム・ファーマシューティカルズの買収（8,998 億円）などがなされている。この頃から国内再編よりも海外事業強化に向けた動きがより本格化した。

リーマンショック後に起こった金融危機とそれに伴う世界同時不況の影響から 09 年には件数ならびに金額は共に減少したものの，In-Out 案件は In-In 案件，Out-In 案件より早く増加基調に転じ，12 年に In-Out 案件が 515 件に達し，90 年の最高記録件数を超えた。このことは世界的な経済環境や国内市場の先行きが不透明感を増す状況にあっても，海外事業強化が企業成長に不可避

図表 13-5　日本の M&A の件数の推移

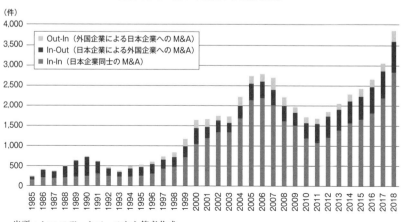

出所：レコフデータベースから筆者作成。

であると考える企業が増加していることの表れといえよう。

　2010年代後半にも再びM&A案件が増加している。16年のソフトバンクグループによる英アームの買収（3兆3,000億円），武田薬品工業によるアイルランドのシャイアーの買収（6兆9,000億円）などの大型M&Aが行われただけでなく，2018年は日本のM&A件数は3,850件，約30兆円に達し，件数・金額ともに過去最高を更新している。企業の将来像を明確に描き，そのシナリオを実現するためにリスクを取った戦略的な買収が目立ち，今後もこの傾向は継続するとみられている。2010年代はM&Aを活用し，株式時価総額を上昇させるM&A巧者も現れる一方で，相変わらず高値づかみをしている企業も少なくない。

　日本のクロスボーダーM&Aの地域別シェアを見てみると，90年代後半から2002年までは総じて北米のシェアが高いが，2003年以降は総じてアジアのシェアが高まっている。金額ベースでみると大型M&Aが欧米を中心に行われるため，先進国の割合が多くなるが，件数ベースでみるとアジアの比率が高

図表13-6　日本のクロスボーダーM&AのIn-Out案件の地域別シェア

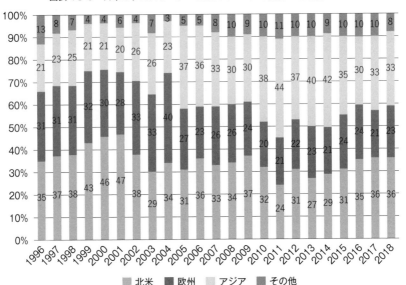

出所：レコフデータベースから筆者作成。

まっている。2010 年代の M&A では「新興市場の開拓」はキーワードであり，この傾向は今後も続くことが予想される。

　クロスボーダー M&A を実行するにあたっては，様々な不確実性に直面する。各国の市場，競争環境，規制，ローカルな組織の運営方法など様々な点で調整が必要となる上，期待した成果がなかなか上がらず，重荷となってしまうことも十分に予想される。逆に，売上高が非連続に増大することで組織の複雑性も非連続で増大し，組織がそれに対応できないということもあるかもしれない。とりわけ，社内にノウハウの蓄積がない場合は，困難を伴う。

　だからこそ重要なことは，自社の SWOT 分析を慎重に行った上で，それに基づくグローバルな成長戦略を明確にしておくことと，投資対象である企業の投資の適格性を把握するために十分な調査活動を行うことである。このことをデューディリジェンス（Due diligence：買取前の事前調査）と呼ぶ。そして，買収企業のどの資産をどのように活用し，どんな目標を達成するのかについて明確な目標を定めることである。具体的にはコストのシナジーを目指すのか，売り上げのシナジーを目指すのか，本社の経営ノウハウの注入による業績改善を目指すのか。そして，それらをいつまでにどれくらい期待するのかなどを明確に設定し，進捗状況をモニターしていくことが必要となる。

　また M&A は実施することに意味があるのではなく，成果を上げることにある。そのために，いかに適切な PMI（Post Merger Integration：合併後の統合）を実施できるかが重要となる。大型 M&A ともてはやされても，その後に統合を解消し，失敗といわれる事例は枚挙に暇がない。この点をしっかり留意することが肝要となる。

　このグローバルにまたがる複雑性を克服するためには買収企業，本社を問わずグローバルに多様な人間，文化と折り合いをつけることができる人材を発掘し，その経営能力を高め，グローバルな経営チームを作り上げることである。

　海外企業をどう管理するのかについて，経営のプラットフォームを構築していく必要がある。

■M&A が繰り返されることで変容する鉄鋼業界

　2006 年，世界第 1 位のミッタル・スチールが同 2 位のアルセロールの買収に成功し，

アルセロール・ミッタルが誕生した。同社は誕生後，世界の年間粗鋼生産量の10%を誇り（2018年現在は5%），当時業界第2位の新日鉄（現日本製鉄）の生産量の3倍を誇った。

　アルセロールを買収したミッタル・スチールは1989年にインドの実業家ラクシュミー・ミッタルによって創業された。その後，彼は図表13-7に示した通り，トリニダード・トバコ，メキシコ，カナダ，ドイツ，アメリカ，ルーマニアなどの国々で下位に位置する鉄鋼メーカーを次々と買収し，わずか20年余りで世界第1位の鉄鋼メーカーを育てあげた。そして，2006年に当時世界第2位の生産量を誇っていたアルセロールを飲み込む形でアルセロール・ミッタルは誕生した。

図表 13-7　アルセロール・ミッタルの M&A の主な歴史

年	M&A 案件
1989年	カリビアン・イスパットがトリニダード・トバコのアイアン&スチールを買収。
1992年	メキシコでの鉄鋼業民営化に伴い，メキシコ第3位の鉄鋼メーカーシバルサをメキシコ政府から買収。その上で，イスパット・メキシカナに改名。
1994年	カナダ第4位の鉄鋼メーカー，シドベック・ドスコをケベック州政府から買収。その上で，イスパット・シドベックと改名。
1995年	独のワイヤロッド4位のハンブルガー・スタルウェルク，カザフスタンの鉄鋼メーカーカルメトを買収。
1997年	独ティッセンから鉄鋼メーカースタルベルク・ルーロート，バルズドラフト・ホフェルドの2社を買収。イスパット・インターナショナルを設立。
1998年	イスパット・インターナショナルが米第4位の鉄鋼メーカーインランド・スティールを買収。
1999年	イスパット・インターナショナルが仏鉄鋼大手ユジノールからトラフィレロペとSMRを含むユニメタルグループを買収。
2001年	LMN ホールディングスがアルジェリアの政府からアルファシドを買収。その上で，イスパット・アンナバと改名。ルーマニア政府からシデックスを買収。その上でイスパット・シデックスに改名。仏ユジノール，スペインのアセラリア，ルクセンブルクのアルベッドの3社が合併しアルセロール誕生。
2002年	LMN ホールディングスが南アフリカ政府からイスコルの2004年からの事業支配権を獲得。
2003年	LMN ホールディングスがチェコ第1位の鉄鋼メーカー，ノヴァ・フットを買収。その上で，イスパット・ノヴァ・フットと改名。
2004年	LMN ホールディングスが，①ルーマニア政府から，テプロ，ペトロタブ・ローマン，シデルギカ・フネドアラの3社，②ポーランドの鉄鋼生産の7割を占めるポルスキー・フティ・スタリ（イスパット・ポルスカ・スタルと改名），③ボスニア・ヘルツェゴビナの BH スチール，バルカン・スチールからマケドニア国内の事業部門，を買収。LMN ホールディングスとイスパット・インターナショナルが合併し，ミッタル・スチールが誕生。同時に，ISG（旧ベスレヘム・スチール，リパブリック・スチール，LTV スチールが合併した存続会社）を買収し，世界最大の鉄鋼メーカーとなる。
2005年	ミッタル・スチールがウクライナの第1位メーカーのクリボリシスタリ，カナダのステルコ（Stelco）の子会社のノラムバー，ステルフィル・ティー・ステルワイヤー，を買収。
2006年	ミッタル・スチールがフランスのアルセロールを買収し，世界の鉄鋼生産の10を占めるアルセロール・ミッタルが誕生。
2008年	アメリカ旧ベスレヘム・スチールならびに旧リング・テムコ・ボート製鉄所を閉鎖。
2010年	カナダの鉱山会社バッフィンランドを買収。
2011年	タイ鉄鋼大手 G スチールの株式40%を取得。
2012年	非中核事業のプラント向けルクセンブルグエンジニアリング大手ポール・ワース，米鋼材販社スカイライン・スティール，などを売却。
2013年	アルセロール・ミタルと新日鐵住金が共同で独鉄鋼大手ティッセン・クルップの米国工場を折半出資にて買収。
2017年	イタリア鉄鋼大手イルバを買収。
2018年	アルセロール・ミタルと新日鐵住金が共同で独鉄鋼大手ティッセン・クルップの米国工場を折半出資にて買収。新日鐵住金が共同でインド鉄鋼4位エッサール・スチールを買収。

　出所：ミッタル・アルセロール HP より作成。

　鉄鋼業界は規模の経済性が働きやすく，生産規模が大きいほど効率性が高めることができる。過去の常識を覆す桁外れの生産規模を持つアルセロール・ミッタルの誕生は鉄

鋼業界に大きな衝撃を与え，この後，鉄鋼メーカーの大規模な合従連衡の端緒となった。

図表 13-8　世界の主要鉄鋼メーカーの粗鋼生産量（2018 年）

順位	企業名	所在地	生産量 （万トン）
1	アルセロール・ミタル	ルクセンブルグ	9,642
2	宝武鋼鉄集団	中国	6,743
3	日本製鉄	日本	4,922
4	河鋼集団	中国	4,680
5	ポスコ	韓国	4,286
6	江蘇沙鋼集団	中国	4,066
7	鞍山鋼鉄集団	中国	3,736
8	JFE スチール	日本	2,915
9	建龍集団	中国	2,788
10	首鋼集団	中国	2,734

出所：『日経産業新聞』2019 年 6 月 5 日。

　世界粗鋼生産量の半分を生産する中国は 2008 年，鉄鋼業界の国際競争力強化のために政府主導の再編計画が打ち出され，1,000 社近くあるといわれる鉄鋼メーカーが 200 社程度まで削減された。2015 年にも政府主導で赤字企業の統廃合や違法鋼材を販売する企業を一掃するなどし，産業の高度化を進めている。この過程で中国鉄鋼メーカーは粛々と統合が進められ，2018 年の粗鋼生産量ランキングのうち 6 社が中国企業となっている。但し，中国の鉄鋼メーカーの生産能力の増強が「鉄冷え」と呼ばれるグローバルに需要を上回る供給過剰状態を生み出しており，2010 年代は一貫して国際市況が低迷している。

　2019 年 4 月，新日鐵住金から商号変更をした日本製鉄は，2012 年 10 月に当時国内最大手の新日本製鐵と同 3 位の住友金属工業が対等合併し，誕生した。その後，同社は高炉休止など余剰設備を集約し，合理化を進め，4,000 億円以上のコスト削減を実現する一方で，安価な鋼材を販売する中国企業などと一線を画し，自動車鋼版などの高付加価製品に注力している。また，インドではタタ製鉄とアルセロール・ミタル，中国では宝武製鉄，米国ではアルセロール・ミタルと協業しながら海外事業にも挑戦している。

出所：『日本経済新聞』2006 年 1 月 30 日付，6 月 26 日付，2010 年 4 月 7 日付，11 月 8 日付，
　　2012 年 10 月 1 日付，2018 年 10 月 27 日付，2019 年 6 月 5 日付を参考。

注
1　なお，M&A は企業成長のために利用するのではなく，プライベート・エクイティ・ファンドのように企業を投資対象と捉え，M&A を行う企業も存在する。しかし，これは M&A の本来の活用方法ではないため，ここでは取り上げない。
2　なお，レコフでは，M&A の件数をカウントする際，合併，買収（50％超の株式取得ないし 50％以下でも経営を支配する場合），事業譲渡（資産，従業員，のれんなどから「事業」の譲渡）といったいわゆる狭義の M&A の定義に加え，広義の M&A の定義に含まれる資本参加（50％以下の株

式取得ただし，子会社になる場合は除く），出資拡大（資本参加をしている当事者による 50％以下の株式の追加取得）を含んだ数字である。これらは提携ないし戦略提携に相当するが，本章ではこれらを区別せずに論を進めている。

引用・参考文献

江夏健一・桑名義晴編著（2012）『理論とケースで学ぶ国際ビジネス』同文舘出版。

北地達明・北爪雅彦（2005）『M&A 入門（第三版）』日本経済新聞社。

経済産業省（2019）「日本企業による海外 M&A 実態調査報告書」経済産業省。

竹田志郎編（2011）『新・国際経営』文眞堂。

永井知美（2007）「鉄鋼業界の現状と課題：「中国」と「再編」が波乱要因」。

松江英夫・篠原学著（2012）『クロスボーダー M&A 成功戦略』ダイヤモンド社。

吉川浩史（2009）「わが国でも増加するクロスボーダー M&A によるグローバル展開」『野村資本市場クォータリー 2009 Autumn』野村資本市場研究所。

レコフ（2019）『Mergers & acquisitions research report』292 号，レコフ。

UNCTAD（2019），*World Investment Report 2019*, UNCTAD.

練習問題

1．カッコ内に適当な言葉を書きなさい。

① M&A は，語彙としては企業の（　　A　　）と（　　B　　）を意味するが，事業獲得ばかりではなく（　　C　　）を包含する事業戦略である。
　　（A）とは，複数の企業が統合し，法人格を統合してひとつの企業になることをいうのに対して，(B) とは，ある企業が他社の資産や株式などを買い入れ，子会社として別個に支配下に置くことをいう。

② （A）には（　　D　　）と（　　E　　）の 2 つの方法がある。(B) には，株式取得と（　　F　　）の 2 つがある。株式取得には株式買取，新株引受，（　　G　　），株式移転などの方法がある。株式買取はさらに相対取引と（　　H　　）に分類される。(F) は，従来，事業譲渡と呼ばれていたが，これは売り手の立場の言い方であり，近年，買い手の立場から (F) と呼ばれるようになっている。

③ M&A を実施する目的は，4 つに大別することができる。a. 主に規模の経済性を追求することで事業強化を目指して同業種の企業を取り込む（　　I　　）型，b. より魅力的な製品やサービスを供給するためにサプライチェーンに沿って川上ないし川下産業を取り込む（　　J　　）型，c. より魅力的な製品やサービスを供給するために必要な人材，技術やノウハウ，ブランドなどを取り込む（　　K　　）型，d. 新事業や未進出の海外市場に参入するために既存企業を取り込む（　　L　　）型，などがある。

④ 市場参入の点から M&A は 3 つに分類される。IN-OUT 型とは，（　　M　　）企業が外国企業を M&A することであり，（　　N　　）型は，外国企業が (M) 企業を M&A することである。(M) 企業同士の M&A は（　　O　　）型と呼ばれている。

⑤　クロスボーダー M&A を実行するにあたっては，各国の市場，競争環境，規制，ローカルな組織の運営方法など様々な点で調整が必要となる上，期待した成果がなかなか上がらず，重荷となってしまうことも十分に予想される。それゆえ，（　　P　　）をしっかり行わなくてはならない。また，M&A 実施後は，いかに適切な（　　Q　　）が実施できるかに注力しなくてはならない。

第14章
R&D：技術・製品開発

　R&D（Research & Development：研究開発）は，企業の経営活動の中でも
もっともグローバル化されにくい活動と考えられていた。なぜなら企業独自の
技術や新製品に関する情報は，企業内で機密にするためにできるだけ1カ所，
しかも多国籍企業であるなら本国にある親会社という中枢に留めておく重要性
が高かったためである。しかし，今日の多国籍企業は，本国のみならず海外で
も活発なR&D活動を実施している。それは，各国に存在する優れた技術，研
究者，研究開発のインフラといった経営資源を活用しようとする取り組みに他
ならない。多国籍企業は，海外R&D拠点を通じてこうした各国の経営資源を
活用し，その結果生み出す成果を多国籍企業全体でグローバルに活用すること
が可能となる。しかし，もともとは本国の親会社内部に閉じられていたR&D
活動を各国に分散し，統合していくのは容易ではない。

1．R&D：研究開発の概要

⑴　R&Dの定義

　R&D（研究開発）は，理論的または実験的な研究である①基礎研究，その
実用化を試みる②応用研究，基礎研究と応用研究の成果を生かして，実際の製
品や生産装置等を開発する③開発研究の3つに大きく分けることができる。
　たとえば，サッポロビールの静岡工場には研究開発拠点が併設されている。
この拠点では，「おいしい」という感覚の科学的検証を行う基礎研究を行い，
ビール酵母の働きやメタン発酵の応用といった醸造・発酵技術の応用研究を実
施している。さらに，風味の設計から包装までを含めた新製品の開発といった
開発研究も行っている（『日本経済新聞（地方［静岡］経済面）』2013年1月

30 日）。

このように，ひとつの拠点で研究開発全般を実施することもあれば，たとえ
ば「○○基礎研究所」のように一部の研究開発に特化することもある。R&D
という言葉からは，技術開発あるいは製品開発といった言葉をイメージしやす
いが，R&D とは本来幅広い概念である。

(2) 企業の R&D の進展

以上の通り，R&D の成果は多岐に渡る。R&D 成果のひとつである特許の
各国の出願動向は，図表 14-1 の通りである。1995 年から 2011 年までは日本
の出願件数が世界でもっとも多かったが，2012 年以降より中国と米国に追い
抜かれた。過去およそ 20 年間を振り返ると，日本の出願件数の推移はやや停

図表 14-1　主要国等の特許出願件数の推移

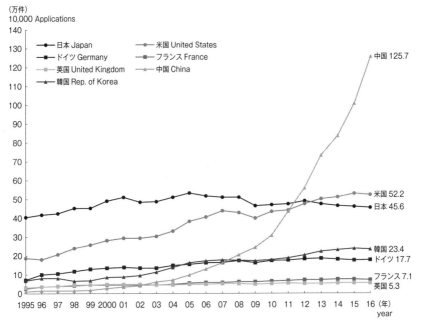

注 1：出願人の国籍別に，自国および他国に出願した件数と PCT 国際出願に基づく国内移行段
　　　階件数を合計したもの。
注 2：原出所は，WIPO Statistics Datebase, May 2018。
出所：文部科学省（2018）『科学技術要覧』87 頁。

滞している一方，中国の出願件数は著しく伸び，韓国のそれも伸びている。他方，ドイツ，フランス，英国といったヨーロッパ各国の出願件数は，中国のような大きな伸びは無いが堅調に推移している。これらのデータは各国で活発なR&D活動が行われていることを示している。詳しくは本章第2節で述べるように，ここに自国のみならず海外各国で研究開発活動を行う動機がある。

　なぜこのように，企業はR&D活動を活発に行っているのだろうか。それは，次のような理由による。今日，技術革新のスピードはますます速くなってきている。その結果，個々の製品のライフサイクルが短くなる。そうなると，企業は，新たな技術を開発し，他社に先駆けて新製品を導入する必要性がますます高まってくる。そこで，企業は，技術に関する基礎研究を行い，その実用化を検討する応用研究を行い，これらの研究を実際の製品などへ具現化する開発研究に注力しているのである。これらの基礎研究，応用研究，開発研究をまとめてR&D（研究開発）と呼ぶ。

　携帯電話の例を考えてほしい。携帯電話が一般に普及するようになったのは，1990年代後半以降である。その頃の携帯電話は，通話機能のみに留まっていた。それが，わずか十数年間の間に，携帯電話の機能は爆発的に進化した。インターネット機能，カメラ機能とどんどん技術開発が進み，次々と新しい機種が市場に導入されている。さらに，近年ではより技術的に進化したスマートフォンも導入された。携帯電話・スマートフォンの関連メーカー各社は，R&Dにしのぎを削っている。

　さらに，企業はR&Dに注力するだけではなく，R&Dのグローバル化にも力を入れている。図表14-2は，日本企業の海外研究開発拠点数の推移で

図表14-2　日本企業の海外研究開発拠点数の動向

	I期（1947-74年）	II期（1975-85年）	III期（1986-90年）	IV期（1991-2005年）
アジア	30.8%	18.2%	30.6%	54.1%
欧州	15.4%	22.7%	23.9%	14.4%
北米	46.2%	43.9%	38.1%	25.9%
中南米	—	4.9%	0.7%	2.7%
総数	26社	66社	134社	749社

出所：文部科学省科学技術政策研究所（2008），11頁。

ある。Ⅰ期（1947年〜1974年）にはわずか26だった海外R&D拠点は，Ⅱ期（1975年〜1985年）には66，Ⅲ期（1986年〜1990年）には134社，Ⅳ期（1991年〜2005年）には一気に749に増加した。このことは，特に1990年代以降に日本企業の各社がR&Dのグローバル化を推進してきたことを示している。

2．R&Dのグローバル化のメリットとデメリット

⑴　R&D本国集中のメリット

　本章の冒頭で，R&Dは本来グローバル化されにくい活動であると述べた。なぜ，企業はR&Dを本国に集中させていたのだろうか。Terpstraと浅川の研究を参考にすると，本国に集中化させると次の5つのメリットがあるためである。

　第1に，本国に集中することによって，研究開発の規模の経済が期待できる。1カ所にR&Dを集中して大規模に実施すれば，分散するよりも，施設や設備などの費用も節約できる。また，R&Dを集中することで，それが一定のレベルに達すれば一気に成果が増大するというようなクリティカル・マス効果も考えられる。第2に，集中して実施することで，研究者の間のコミュニケーションや調整も容易になる。第3に，企業が公開したくない機密の研究成果の保護も，各国に分散するよりも集中した方が容易になる。第4に，現地政府に対して交渉力を保持できる可能性がある。一般に，現地政府は自国の技術発展につながるため海外からのR&D拠点の進出を歓迎する。そのため，企業側がR&Dを切り札としてあえて本国に保持することで各国政府に対して一種の交渉力をもつことが期待できる。第5に，本国の研究開発環境の恩恵を享受しやすくなる。本国に研究開発環境としての強みがあるのにもかかわらず，R&Dをグローバル化すれば，せっかくの強みをうまく活用できないかもしれない。

⑵　R&Dグローバル化のメリット

　以上の通り，R&Dを本国に集中することには相応のメリットがある。しかし，R&Dを本国に集中している企業もあるが，前節で見たように，R&Dのグ

ローバル化も活発に行われている。浅川，Terpstra，Håkanson & Nobel の研究を参考にすると，グローバル化には次の 5 つのメリットが考えられるためである。

第 1 に，現地の市場ニーズへの対応が容易になる。各国の市場ニーズは多様であり，その国に立地して開発しなければ十分に対応できないことも多い。第 2 に，現地特有の経営資源を活用しやすい。前節の特許出願件数の例で見たように，世界各国では活発な研究開発が行われており，R&D 活動に有用な各種経営資源は各国に点在している。人的資源に注目すると，優秀な研究者は世界各国に存在し，そうした資源の活用を意図するのであれば，やはりその国に進出して R&D を実施する方が活用（採用）は容易である。第 3 に，R&D においてグローバルな意識や能力を身につけやすい。本国に R&D を集中すると，市場動向や技術動向に関しても，どうしても本国にばかり意識が向きがちである。R&D をグローバル化することで，各国の市場動向や技術動向を意識しやすくなるし，その結果，グローバルに通用する R&D 能力も備わりやすくなる。第 4 に，組織内のモチベーションの向上が期待できる。R&D は，もともとは親会社で一手に行っていた活動だったため，それを任されることでモチベーションが向上する海外子会社も多いという。第 5 に，現地政府への対応が容易になる場合もある。R&D を海外で行うことは，現地の技術発展にもつながる。そのため，現地に貢献する姿勢をその国の政府に示すことができる。

以上の通り，R&D のグローバル化にはメリットがある一方で，R&D の本国集中にもメリットがある。両者は相反する関係にあり，R&D をグローバル化すると，本国集中のメリットを実現することは難しくなる。同じく，R&D を本国に集中させると，R&D のグローバル化のようなメリットは期待しにくい。グローバル化と本国の集中，どちらを優先するのかは，自社の戦略や R&D 能力に従って決定される問題である。

(3) 海外 R&D 拠点の立地選択

そして，R&D のグローバル化という道を選択したのであれば，どこで R&D を実施するのか，という立地選択も重要な問題になる。たとえば，Hill, Mowery & Rosenberg およびポーターの研究を参考にすると，R&D のひとつ

である製品開発を実施する拠点は，次の4点を満たす国に立地することが望ましいことが考えられる。

第1に，基礎研究，応用研究そして開発研究により多くの費用が投入されている国である。これらの一連のR&Dによって，新たな技術が開発されて実際に市場で販売される製品が誕生する。第2に，大きな需要がある国である。第3に，富裕層が多い国である。大きな需要や経済的に豊かな顧客は，新製品の潜在的な市場となり得る。第4に，企業間の競争が激しい国である。企業間の競争が激しいと，競合企業に打ち勝つために企業の製品開発が促進される。また，新製品の開発に成功した場合，その企業は，新しい市場に参入することで先発優位を得られることになる。それが，製品開発の誘因にもなり得る。

このように，基礎研究・応用研究・開発研究との間の相互作用（つまり，連携），大きな需要と豊かな顧客および企業間競争の激しさは，新製品のアイディアを刺激する。それゆえに，上記の4点を参考に，R&Dを行う立地を慎重に見定めることも重要である。

さらに，自社のR&Dに必要な知識が集約している国を見定めて立地することも重要である。たとえば，高橋によると，米国，欧州，日本には，図表14-3のような先端技術の知識が集積しているとされる。多国籍企業は，R&Dのグローバル化を通じて，こうした最先端の知識が集約している国でR&Dを実施することができる。

図表14-3　日米欧における先端技術の研究領域

アメリカ	ヨーロッパ	日本
・バイオテクノロジー ・航空宇宙 ・エレクトロニクスシステム ・ソフトウェア ・IC ・新素材 ・人工知能	・テレコミュニケーション ・自動車プラスチック ・化学 ・ソフトウェア ・医薬	・エレクトロニックセラミックス ・コンシューマーエレクトロニクス ・自動車部品 ・低コストの生産技術 ・セミコンダクター ・エレクトロニクス関連

出所：高橋（2011），91頁。

3．グローバル R&D の組織

⑴　集権化・分権化に着目した組織体制

　多国籍企業の R&D の組織体制は，従来は本国に集権化するのか，あるいは海外に分権化するのかという観点からとらえられてきた。たとえば，バートレットとゴシャールは①集中型と②分散型という 2 つの類型を示した。①集中型は，親会社に R&D の権限を集権化して実施する R&D である。②分散型は，海外子会社に R&D の権限を分権化して実施する R&D である。前者は，各国市場のニーズへの対応が不十分になりやすいという短所がある。後者は，必要以上に差別化されてしまい，R&D が重複しがちになるという短所がある。そこで，バートレットとゴシャールは，さらに③現地活用型と④世界結合型という新たな R&D の組織体制も示した。③現地活用型とは，海外子会社の経営資源と能力を活用して R&D を実施し，その成果を世界規模で活用しようとする R&D である。④世界結合型とは，親会社と各海外子会社が，独自の経営資源と能力をそれぞれ提供し合い，全社的に R&D を実施しようとするものである。③現地活用型と④世界結合型は，今日の多国籍企業に望ましい R&D の組織体制とされているが，やはり短所もある。③現地活用型では，別の拠点で開発されたものを受け入れ難いものとする NIH 症候群（Not Invented Here syndrome）が受け入れ側の拠点に生じる可能性がある。④世界結合型では，親会社と各海外子会社を結びつけるために高い調整コストを要するという短所がある。このように R&D に唯一最善の組織体制はない。

⑵　R&D における 5 つの組織体制

　さらに，近年では，たとえばオープン・イノベーションの取り組みが盛んになっている。ヘンリー・チェスブロウによれば，オープン・イノベーションとは企業内部と外部のアイデアを有機的に結びつけて価値を創造することを指す。R&D はイノベーション（革新）を生み出す活動であるから，当然，R&D においても外部知識の積極的な活用を試みられるようになってきた。そこで，上述の集権化・分権化の観点に加えて外部との連携という観点も踏まえて，

Gassmann & Zedtwitz は R&D の組織体制を次の 5 つに分類した。

　第 1 に，本国単独型 R&D 組織である（図表 14-4）。本国の研究開発環境としての強みを生かすために，ほぼ本国のみで R&D を完結する組織体制である。この組織形態は，本国で集中して R&D を実施するので，効率が良く，コストが低く，技術の保護も容易であるといった長所がある。しかし，現地市場のニーズには対応しにくい，外部の技術にアクセスしにくい，組織が硬直しやすいなどの短所もある。

図表 14-4　本国単独型 R&D

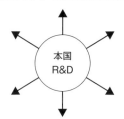

出所：Gassmann & Zedtwitz (1999), p. 236 をもとに作成。

　第 2 に，本国集権型 R&D 組織である（図表 14-5）。文字通り R&D は本国に集権化して実施するが，海外でも補助的な R&D を実施する組織体制である。この組織は，本国に集中する一方で，それでは対応しにくい部分を海外で補足するので，効率がよい，本国の経営資源を活用しやすい，機密保持に適しているといった長所がある。しかし，本国と海外との間で調整コストを要する，現地の創造性や柔軟性が損なわれやすいといった短所もある。

図表 14-5　本国集権型 R&D 組織

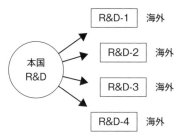

出所：Gassmann & Zedtwitz (1999), p. 241 をもとに作成。

第 3 に，海外分権型 R&D 組織である（図表 14-6）。本国でも R&D を実施するが，海外にも分権化して活発な海外 R&D を実施する組織体制である。この組織は，現地市場へのきめ細かな対応や現地の経営資源の活用には優れているという長所がある。しかし，分権化しているため，各拠点で活動が重複しやすく，効率性や戦略的な焦点を欠きやすいという短所もある。

図表 14-6　海外分権型 R&D 組織

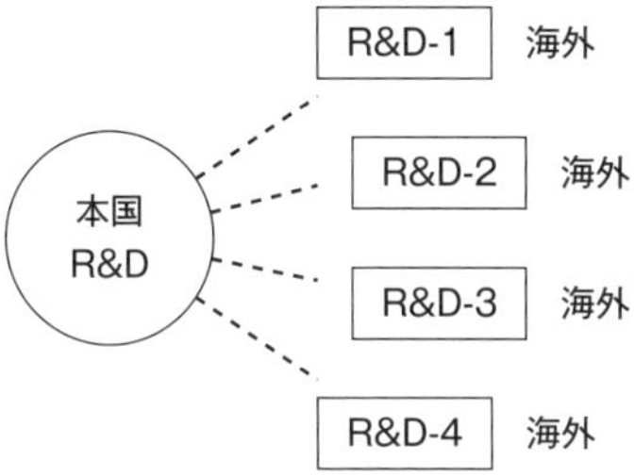

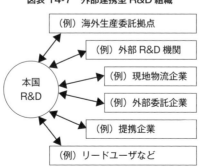

R&D-1
海外
R&D-2
海外
本国
R&D
R&D-3
海外
R&D-4
海外

出所：Gassmann & Zedtwitz (1999), p. 239 をもとに作成。

第 4 に，外部連携型 R&D 組織である（図表 14-7）。他社や先進的なニーズをもつ顧客，現地の流通企業といった関連企業や R&D 機関あるいはシリコンバレーなどの産業クラスターなどの自社の外部と本国が連携した R&D を重視する組織体制である。この組織は，本国の R&D が必要に応じて外部と連携するために，効率が良く，コストを低減でき，現地の市場と技術動向に対応しやすいといった長所がある。ただし，外部の経営資源を活用しようとする R&D

図表 14-7　外部連携型 R&D 組織

（例）海外生産委託拠点
（例）外部 R&D 機関
本国
R&D
（例）現地物流企業
（例）外部委託企業
（例）提携企業
（例）リードユーザなど

出所：Gassmann & Zedtwitz (1999), p. 238 をもとに作成。

のため，自社内で体系的なグローバル R&D を実施しにくい，現地のコミュニティに自社がより深く入り込むのが難しくなるといった短所もある。

　第5に，トランスナショナル型 R&D 組織である（図表14-8）。海外 R&D拠点を各国の経営環境を生かした形で専門化させる一方で，各拠点は連携し合う。その結果，各拠点の長所をグローバル規模で学習しようとする組織体制である。上述したバートレットとゴシャールの③現地活用型と④世界結合型の両方を兼ね備えた組織体制である。

図表 14-8　トランスナショナル型 R&D 組織

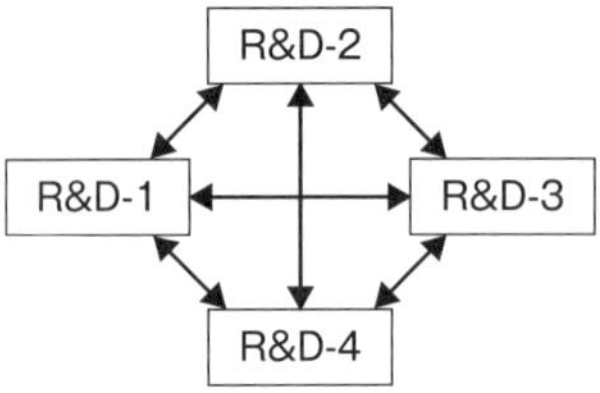

出所：Gassmann & Zedtwitz (1999), p. 243 をもとに作成。

　この組織は，R&D の成果をグローバルに最適化できる，グローバルな学習と各国の経営環境の活用が容易になり，シナジー効果も期待できるといった長所がある。しかし，理想的ともいえるトランスナショナル型 R&D 組織にもやはり短所がある。こうした組織を機能させるための各拠点間の調整は容易ではなく，意思決定は複雑化しやすい。

　以上の通り，R&D のグローバル化に関する組織体制は多様である。親会社に集権化すれば効率性は高くなり，海外子会社に分権化すれば現地環境の活用やそれへの対応は容易になる。しかし，集権化と分権化の両立は難しいため，両者の長所を同時に追求するのは難しい。また，集権化した場合と分権化した場合のどちらにも，それぞれ短所はある。他方，外部と連携すると，必要時に外部知識が活用できるという長所が期待できる。しかし，外部に依存し過ぎると，自社の R&D の体制が整わず，その結果グローバルな R&D 能力が向上しにくくなるリスクがある。このように，どの組織形態にもそれぞれ長所と短所があるため，R&D の組織体制はグローバル R&D の成果に大きな影響を及ぼす重要な問題である。自社の R&D 能力や戦略との適合を考えて，慎重に選択する必要がある。

(3)　生産とマーケティングの連携：機能交差型 R&D の重要性

　ところで，企業の R&D プロジェクトはどれくらいの割合で成功しているのだろうか。化学，製薬，製油，電器産業に属する 16 企業を調査したある研究によると，R&D プロジェクトのうち商業化に成功したのは約 20％だった。また，化学もしくは製薬の 3 企業のある事例研究によると，R&D プロジェクトのうち技術的な完了を収めたのは 60％であり，商業化に至ったのは 30％，経済的な利益を生み出したのは 12％に過ぎないことが分かった。

　これらの結果は，R&D が成功するためには生産およびマーケティングと連携することが必要なことを示している。生産と連携した R&D は，製品の生産に関する情報が入手しやすいため，生産コストを抑えかつスピーディに市場に導入できるような製品の開発を促す。また，マーケティングと連携した R&D は，マーケティング部門が顧客のニーズという有用な情報を提供してくれる。そのため，生産およびマーケティングとの連携は，R&D が実際に商業化し利益を生み出すために重要である。このような，生産およびマーケティングといった各機能と連携した R&D を機能交差型 R&D と呼ぶ。しかも，詳しくは第 15 章第 1 節で述べるように，企業は「R&D と生産」あるいは「R&D とマーケティング」等々，各種活動を有機的に連鎖させて企業全体の付加価値を最大化する必要がある。この考え方を価値連鎖（バリューチェーン）と呼ぶが，多国籍企業では，各種活動を各国に横断し得ることを念頭におけば，世界レベルで価値連鎖を築こうとするグローバル・バリューチェーン（Global Value Chain：GVC）の視点が重要である。したがって，機能交差型 R&D は価値連鎖の取り組みのひとつの形であり，多国籍企業ではグローバル・バリューチェーンの視点から機能交差型 R&D を考えていく必要がある。

　なお，機能交差型 R&D を成功させるためには，Hill によると次の 5 点に留意する必要がある。第 1 に，重量級プロジェクトマネジャー制を用いることである。プロジェクトの成功には，人的資源と財務に関して相応の権限をもち，かつ R&D，生産およびマーケティングといった各機能を横断して統括できる「重量級」の権限や能力をもったマネジャーが必要である。第 2 に，そのプロジェクトに重要な各機能から，少なくとも 1 名以上の人材をプロジェクトに投入することである。第 3 に，コミュニケーションを促進し，一体感を高めるた

めに，プロジェクトのメンバーを1カ所に集中させることである。第4に，プロジェクトの計画と目的を明確にすることである。第5に，コミュニケーションの手段や問題が生じた場合の解決方法を準備しておくことである。

　各種活動が各国に横断するグローバルな機能交差型R&Dの場合には，第3で指摘したようなプロジェクトのメンバーを1カ所に集中させることが困難な場合も多いであろう。また，国籍が異なる人材がプロジェクトに混在する場合には，第4で指摘した計画と目的の明確化や共有も困難になることが想定される。したがって，第5のコミュニケーションの手段や問題が生じた場合の解決方法をより入念に準備しておく必要があるだろう。

4．海外 R&D 拠点の役割と成長

⑴　海外 R&D 拠点の役割

　今日，海外R&D拠点は多様な役割を担い，おのおのの重要性が高まっている。たとえば，R&Dのグローバル化の代表的な研究であるRonstadtの研究によると，海外R&D拠点は活動内容と地理的範囲によって4つに分類される。

　第1に，本国親会社から製造技術を移転し，現地市場へ対応する技術移転拠点（Transfer Technology Units：TTUs）である。第2に，現地市場向けに製品開発，技術開発を行う現地開発拠点（Indigenous Technology Units：ITUs）である。第3に，世界市場向けに製品開発，技術開発を行う世界開発拠点（Global Technology Units：GTUs）である。第4に，文字通り基礎研究に特化する基礎研究拠点（Corporate Technology Units：CTUs）である。

　このように，海外R&D拠点の中は，単に親会社の技術や製品を現地市場へと対応させる役割に留まらず，現地市場に対応するために独自に製品や技術を開発する役割をもつ拠点もある。さらに，立地している国を越えて世界市場向けの製品・技術開発あるいは基礎研究の役割を担う海外R&D拠点もある。

⑵　海外 R&D 拠点の成長

　しかも，こうした海外R&D拠点の役割は次第に変化することも多い。章末のケースのように，当初は技術移転拠点の役割を担っていた海外R&D拠点

が，現地開発拠点の役割を担うようになり，やがて世界開発拠点へと成長を遂げた例も少なくない。上述したように，各国には別々の先端知識が存在している現状を考えると，必要に応じて海外 R&D 拠点が世界開発拠点というグローバルな役割へと成長することも重要である。その海外 R&D 拠点を通じて，現地の先端知識が多国籍企業内でグローバルに活用されることにつながるためである。このような各国の環境を企業内でグローバルに活用できる点は，国内企業にはない多国籍企業ならではの強みである。

　そこで，海外子会社に一定の意思決定の自律性をもたせることも必要である。レイモンド・バーノンが示したように，かつて海外子会社は親会社に従属し，その事業や役割，成長もすべて親会社が決定づけていた。しかし，現地環境において新しいビジネスの機会を見出したり，現地環境に存在する優れた経営資源を探知・活用したりするといった現地特有のチャンスは，その場に立地する海外子会社でなければ認識できないことも多い。それにもかかわらず，海外子会社が意思決定を行う余地がなければ，せっかくのチャンスを生かせないかもしれない。そこで，親会社は，海外 R&D 拠点に一定の意思決定の自律性を付与し，その戦略的な意思決定を尊重することも重要になるだろう。

■海外 R&D 拠点としての日本コカ・コーラの成長

　海外 R&D 拠点の成長の一例として，日本コカ・コーラ社の事例がある。日本コカ・コーラ社は，1957 年にコカ・コーラの販売を目的に設立された。同社は，コカ・コーラに次いでファンタを日本市場に導入し，米国アトランタにあるコカ・コーラ本社の飲料関連技術の移転に努めた。コカ・コーラ類が圧倒的な人気を得て，同社は着々と日本市場を席巻した。

　やがて 1973 年，日本コカ・コーラ社は，日本市場のニーズの変化といった現地環境の動向に対応するために，独自の製造技術を開発した。この技術をもとに，米国コカ・コーラの果実飲料を改良し日本市場に導入した。つまり，技術開発拠点へと成長を遂げたわけである。この一連の R&D に大きな役割を果たしたのは，当時のコカ・コーラ本社から大きな意思決定の自律性を付与された日本人マネジャーだった。

　さらに，1975 年，日本コカ・コーラ社は，缶コーヒー飲料の「ジョージア」を自主開発した。実は，缶コーヒー飲料は日本ではじめて誕生した飲料であり，当時は世界のどこにもない日本独自の飲料であった。誕生以来，高まる一方だった缶コーヒー飲料のニーズに応えるために，日本コカ・コーラ社は「ジョージア」を開発したわけだが，米国のコカ・コーラ本社は当初は缶コーヒー飲料の開発に反対したという。日本独自の飲料のニーズを認識しにくかったのだろう。ちなみに，親会社の反対を押し切って，

「ジョージア」の自主開発を決行したのが，上述の日本人マネジャーだった。日本コカ・コーラ社は，技術開発拠点から現地開発拠点へと成長したわけだが，この成長に大きな役割を果たしたのも，日本人マネジャー，つまり海外子会社の自律的な意思決定だったのである。

　ところで，日本の清涼飲料市場は世界的に見て特異な市場である。日本市場ではじめて誕生した飲料は，缶コーヒー飲料に留まらない。たとえば，緑茶のみならず，本来なら中国のお茶であるウーロン茶も清涼飲料として商品化されたのは日本市場である。日本の清涼飲料市場は，清涼飲料に関する先進的な知識が世界でもっとも集積するため，各国のマーケティング担当者が相次いで調査に訪れるという。

　こうした環境に立地した日本コカ・コーラ社は，やがて1995年には，日本のみならずアジア・オセアニア各国といった海外市場向けの製品開発を実施するようになった。つまり，世界開発拠点へと成長を遂げたのである。その際には，日本コカ・コーラ社は，コカ・コーラ本社より正式に製品開発に関する意思決定権を付与された。海外R&D拠点の意思決定が反映される組織体制になったのである。今日，「ジョージア」，「アクエリアス」，「Qoo」といった日本コカ・コーラ社が自主開発した製品は，世界各国の市場にも導入されている。日本の清涼飲料市場という現地環境が与えてくれたチャンスを，多国籍企業コカ・コーラがグローバルに活用しているのである。日本コカ・コーラ社の事例は，海外R&D拠点に一定の意思決定の自律性が必要なことを示している。

　出所：多田（2014）。

参考文献

浅川和宏（2003）『グローバル経営入門』日本経済新聞社。

淺羽茂（2002）『日本企業の競争原理』東洋経済新報社。

岩田智（2007）『グローバル・イノベーションのマネジメント―日本企業の海外研究開発活動を中心として―』中央経済社。

総務省統計局（各年版）『科学技術研究調査報告』総務省統計局。

高橋浩夫（2011）『現代の国際経営戦略』中央経済社。

多田和美（2014）『グローバル製品開発戦略―日本コカ・コーラ社の成功と日本ペプシコ社の撤退』有斐閣。

村山貴俊（2007）『ビジネス・ダイナミックスの研究―戦後わが国の清涼飲料事業』まほろば書房。

文部科学省（2018）『科学技術要覧』文部科学省（http://www.mext.go.jp/component/b_menu/other/__icsFiles/afieldfile/2019/02/28/1413904_05.pdf）。

文部科学省科学技術政策研究所（2008）「日本企業における研究開発の国際化の現状と変遷」文部科学省科学技術政策研究所。

Bartlett, C. A. and S. Ghoshal (1989), *Managing Across Borders: The Transnational Solution*, Harvard Business School Press.（吉原英樹監訳『地球市場時代の企業戦略―トランスナショナルマネジメントの構築―』日本経済新聞社，1990年。）

Birkinshaw, J. and N. Hood (1998), "Multinational Subsidiary Evolution: Capability and Charter Change in Foreign-owned Subsidiary Companies," *Academy of Management Review*, 23 (4), pp. 773-795.

Chesbrough, H. W. (2003), *Open Innovation*, Harvard Business School Press. (大前恵一朗訳『オープンイノベーション』産業能率大学出版部, 2004 年。)

Gassmann, O. and M. Zedtwitz (1999), "New Concepts and Trends in International R&D Organization," *Research Policy*, 28 (2-3), pp. 231-250.

Ghoshal, S. (1987), "Global Strategy: An Organizing Framework," *Strategic Management Journal*, 8 (5): pp. 425-440.

Håkanson, L. and R. Nobel (1993), "Determinants of Foreign R&D in Swedish Multinationals," *Research Policy*, 22 (5-6), pp. 397-411.

Hill, C. W. L. (2011), *Internaional Business: Competing in the Global Marketplace*, 8th ed., McGraw-Hill. (鈴木泰雄・藤野るり子・山崎恵理子訳『国際ビジネス 1, 2, 3』楽工社, (1, 2) 2013 年, (3) 2014 年。)

Mansfield, E. (1981), "Composition of R and D Expenditures: Relationship to Size of Firm, Concentration, and Innovative Output," *The Review of Economics and Statistics*, 63 (4), pp. 610-615.

Mowery, D. C. and N. Rosenberg (1989), *Technology and the Pursuit of Economic Growth*, Cambridge University Press.

Poter, M. E. (1990), *The Competitive Advantage of Nations*, Free Press. (土岐坤他訳『国の競争優位』ダイヤモンド社, 1992 年。)

Ronstadt, R. (1977), *Research and Development Abroad by U. S. Multinationals*, Praeger.

Ronstadt, R. (1978), "International R&D: The Establishment and Evolution of Research and Development Abroad by Seven U. S. Multinationals," *Journal of International Business Studies*, 9 (1), pp. 7-24.

Terpstra, V. (1977), "International Product Policy: The Role of Foreign R&D," *Columbia Journal of World Business*, 12 (4), pp. 24-32.

Vernon, R. (1971), *Sovereignty at Bay: The Multinational Spread of US Enterprises*, Basic Books. (霍見芳浩訳『多国籍企業の新展開』ダイヤモンド社, 1973 年。)

練習問題

1．次の記述で正しいものに○を付けなさい。

① （　　　）　R&D とは技術開発の意味である。

② （　　　）　R&D をグローバル化すると，本国の市場ニーズに対応しやすくなる。

③ （　　　）　R&D を本国に集中すると，規模の経済効果が期待できる。

④ （　　　）　R&D をグローバル化すると，コミュニケーションや調整に要するコストは低くなる。

⑤ （　　　）　R&D は，独自の自由な発想を促すために，マーケティング部門や生産部門とは独立して実施するのが望ましい。

⑥ （　　　）　R&D を本国に集中すると，R&D 成果の機密が守られやすい。

⑦ （　　　）　交差機能型の R&D を実施するために，プロジェクトマネジャーには相応の権限をもたせる必要がある。

2．次の記述に該当する R&D の組織形態の名称を書きなさい。

① （　　　　　　　　　　）組織

　　各 R&D 拠点が，それぞれの経営環境を生かして専門化しつつ，拠点間の連携も重視することで，グローバルな学習を実現しようとする組織形態。

② （　　　　　　　　　　）組織

　　海外に R&D 拠点を分権化し，現地市場のニーズへの迅速な対応を試みた組織形態。各拠点が独立的に R&D を実施するが，活動が重複しやすいといったデメリットもある。

③ （　　　　　　　　　　）組織

　　本国に R&D 拠点が集権化するが，海外でも補足的に R&D を実施する組織形態。効率はよいが，両者の間を調整する必要がある。

第15章
調達・生産・ロジスティクス

　今日，多国籍企業の調達・生産・ロジスティクスといった活動はますますグローバル化している。これらは，各国の環境に多様に存在する調達・生産・ロジスティクスにかかわる経営資源を自社の好機として活用しようとする取り組みでもある。しかし，各国の環境への適応や現地の経営資源の最適活用を図りつつ，それらをグローバルに統合・調整することは容易ではない。いかに調達・生産・ロジスティクスのグローバル化のメリットを享受し，いかにグローバル化にともなうリスクを軽減するかが重要な経営課題である。

1．グローバル価値連鎖における調達・生産・ロジスティクス

　図表 15-1 は，マイケル・ポーターが提示した，価値連鎖（バリューチェーン：Value Chain）の図である。企業は，原材料を購買し，製品を生産する。そして，その製品を配送して販売して，サポートする。そのために，技術開発や調達活動も行う。さらに，これらの活動の全般を管理する活動も行うし，活動の担い手である従業員を雇用・管理する活動も行う。これらの一連の企業活動の集合体は価値連鎖と呼ばれ，図表 15-1 の通り表される。

　価値連鎖は，企業活動が，①購買物流，②生産（製造），③出荷物流，④販売・マーケティング，⑤サービスという５つの主活動と⑥全般管理，⑦人事・労務管理，⑧技術開発，⑨調達活動という４つの支援活動からなるとする。主活動は，製品やサービスの物理的な創造と買い手に対する販売・マーケティングおよび販売後の支援に要する活動である。支援活動とは，主活動が円滑に行われるように支援や基盤を提供する活動である。これらの個々の活動を有機的に連鎖させることで，結果として創出される企業全体の付加価値を最大化しよ

図表 15-1　価値連鎖の図

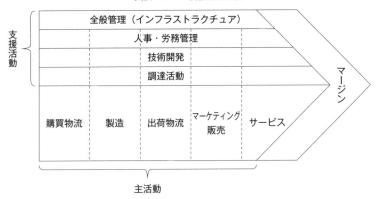

出所：Porter（1985），邦訳 49 頁。

うとするのが，価値連鎖の基本的なコンセプトである。

　このすべての活動を自社の内部で行う企業もあれば，一部もしくは多くの活動を外部に委託する，あるいは外部から調達する企業もある。多国籍企業は，活動の地理的範囲がグローバルに拡がっているために，これらの活動地域あるいは外部委託先・調達先を進出各国から選択できる。もっとも自社に適した国で活動するために，新たな国に進出することもある。たとえば，多国籍企業は，生産活動を本国のみならず既存の進出各国で行う場合もあれば，新たな国に進出して生産活動を行う場合もある。さらに，世界中から原材料や部品を調達することもある。そして，最終製品を消費者へと届けるのである。消費者へ最終製品を届けるまでの過程において，原材料あるいは製品といった物資を配送することを物流と呼ぶ。このように，多国籍企業の活動（主活動および基本活動）は，ひとつの国に留まらず世界規模に横断し得る。そして，多国籍企業には，このような世界レベルでの価値の連鎖（グローバル・バリューチェーン：Global Value Chain：GVC）を確立することが求められているのである。

　そして，グローバル・バリューチェーンでは，国境を越えて世界レベルで効率性と収益性のバランスを図り，創出する付加価値の最大化を目指す。そのために，各国・各地域間の経済，文化，政治，各種インフラ，競争環境の相違を克服し，かつうまく活用していく必要がある。

2．調達のグローバル化

(1)　調達のグローバル化の背景

　調達とは，ポーターによると原材料，サービス，機械など，外部から購入するインプットを入手することである。たとえば，製品を生産するためには原材料や部品といったインプットが必要であるように，すべての活動には何らかのインプットが利用される。したがって，調達は価値連鎖全体にとって不可欠な活動といえる。

　調達活動は，国内のみならず海外に及ぶことがある。こうした調達活動は，次第に国際化が深耕しつつある。それでは，調達活動の国際化にはどのような背景があるのだろうか。小田部とヘルセンの研究にもとづいて，企業の調達活動の史的変遷を概観しながら説明しよう。

　1970 年代から 80 年代には，海外調達を行うかどうかは，価格にもとづいて判断されており，為替レートの影響を大きく受けていた。為替レートの変動にうまく対応すれば，各国企業は国内よりもより低い価格で海外から部品や製品を調達することができる。たとえば，円高になると，日本企業は部品や製品を海外から安価で調達することが容易になる。逆に，円安になると，これらの海外からの調達には高い対価が必要になってしまう。したがって，自国通貨の相場が上昇すれば（たとえば，円高）海外調達が増加し，相場が下降すれば（同，円安）国内調達が増加していた。1970 年代半ば以降，為替レートは特に大きく変動するようになったため，これに対応したコスト削減を主な目的とした国際調達が行われてきた。

　しかし，1990 年代以降になると，多くの企業が，部品や製品の海外調達に際して，価格だけではなく，品質や信頼性あるいは技術を考慮するようになった。かつては，相応の品質の製品を，ほどほどの価格で大量に供給できれば，企業は成功を収めることができた。しかし，今日の多くの企業は，効率的かつ短期間に多くの製品を供給できるようになった。そうなると，低価格を武器にするだけではグローバル競争に勝ち抜いていくのは難しくなる。そこで，価格に代わって品質や信頼性あるいは技術が競争力の鍵として注目され，海外調達

においても重視されるようになったのである。

　また，さかのぼって 1980 年代に入ると，アメリカ企業だけではなく，日本，ドイツ，イギリスといった他の先進国の企業も，海外生産の規模を拡大していった。その結果，やがて 1990 年代頃には，新たな海外生産拠点と既存の国内・海外の生産拠点との間で，部品や中間製品を調達し合う必要が生じた企業が多くなった。また，海外生産が拡大した分，社外の供給企業との間の調達活動も拡大するポテンシャルが増す。それだけ，海外調達が増加する可能性も広がる。

　海外生産の稼働には，親会社の生産ノウハウといった技術移転が必要である。そして，海外生産が本格化すると，海外生産拠点の中には，現地市場だけではなく，本国あるいは第三国向けに稼働する拠点も登場してくる。これらの結果，さらに部品あるいは最終製品などの国境を越えた調達活動が活発化してくる。

　さらに，その海外生産拠点は，新たな市場に向けた製品を生産するために，ますます R&D 活動に取り組むようになる。こうして開発された技術が優れたものであるならば，その成果物ともいえる部品・中間製品・最終製品の需要は増すことになる。つまり，海外調達がさらに増大するわけである。かくして，企業の経営者たちは，自社の調達範囲の世界的な拡大に気づき，これらを競争優位の源泉として活用するようになったといえるだろう。

(2)　調達活動の類型

　企業は，原材料や部品あるいは中間製品や完成品を社内外で調達し，最終製品を消費者に届ける。この調達活動を展開する際には，小田部・ヘルセンによると大きく 2 つの選択肢がある。

　ひとつはどのように調達するかという選択であり，それには①企業内，つまり親会社や海外子会社から調達する方法と②外部の供給企業から調達する方法がある。後者の外部の供給企業から調達する方法はアウトソーシング（外部調達）と呼ばれる。そして，もうひとつの選択肢はどこで調達するかという問題である。多国籍企業は，原材料や部品などを国内のみならず，海外からも調達することが容易である。したがって，調達活動には図表 15-2 で見るように，

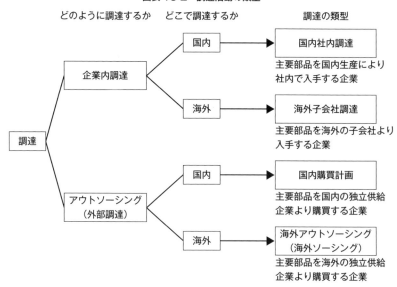

図表 15-2　調達活動の類型

出所：Kotabe and Helsen（2008），邦訳 343 頁。

①国内社内調達，②海外子会社調達，③国内購買計画，④海外アウトソーシングの 4 つのタイプがある。

　どの調達活動を採用するかは，企業によってさまざまである。あるタイプの調達活動に限定している企業もあれば，複数のタイプをミックスして部品等を調達している企業もあるだろう。一般に，企業は，①為替レートの変動，②生産コスト，③利用可能なインフラ（輸送手段など），④産業および文化的な環境，⑤現地政府の政策などの諸条件を考慮して，調達戦略を開発することになる。

3．生産のグローバル化

(1)　海外生産の進展

　かつて，日本企業は，各国の輸入代替工業化政策あるいは貿易摩擦あるいは円高などによって輸出から現地生産への転換を余儀なくされて消極的に海外生産に着手した。しかし，今日の日本製造企業は積極的な海外生産を実施してい

図表 15-3　海外現地法人数（地域別および製造業）および現地法人（製造業）の売上高の推移

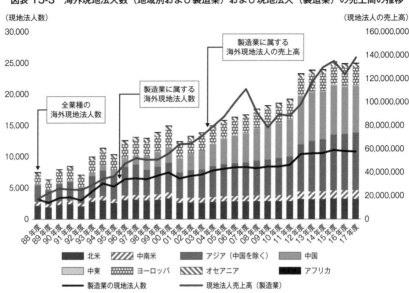

注：本グラフは，「海外事業活動基本調査（各年度版）」の回答協力企業のデータに基づいている。
出所：経済産業省「海外事業活動基本調査（各年度版）」をもとに作成。

る。図表 15-3 は，各地域別の海外現地法人数と製造業に属する海外現地法人
の数および売上高の推移を示したグラフである。このように，一時的な減少傾
向は若干見受けられるものの，すべての業種において日本企業の海外現地法人
数は全体を通じて右肩上がりに増加している。製造業に限定すると，現地法人
数とその売上高ともに，一時的な増減や停滞はあるが，やはり全体として右肩
上がりに増加していると言えるだろう。また，図表 15-4 の通り，海外生産比
率と海外売上高比率も同様である。

⑵　生産拠点の立地選択における３つの視点

　それでは，多国籍企業は，世界各国の中からいかなる場所で海外生産を実施
するのだろうか。あるいは，いかなる場所で実施すべきなのだろうか。生産拠
点の立地選択には，①PC 理論，②スマイルカーブ，③国の魅力度といった視
点がある。

図表 15-4　海外生産比率と海外売上高比率の推移

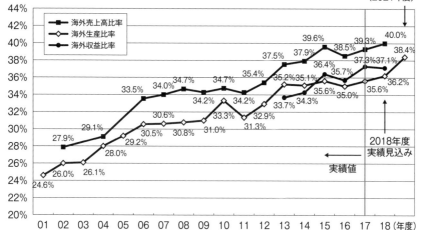

注1：各指標の算出方法（いずれも連結ベース）は下記の通りである。
　　　・海外生産比率＝海外生産高／（国内生産高＋海外生産高）
　　　・海外売上高比率＝海外売上高／（国内売上高＋海外売上高）
　　　・海外収益比率＝海外事業の営業利益／（国内事業の営業利益＋海外事業の営業利益）
注2：グラフ中の各比率は，アンケートの回答企業の申告値を単純平均したものである。
注3：2003 年および 2005 年の海外売上高比率に関するデータは欠損している。
出所：国際協力銀行（2018）「わが国製造業企業の海外事業展開に関する調査報告（2018 年度）」
　　　7 頁。

① PC 理論

　レイモンド・バーノンが示した PC 理論（Product Cycle theory：プロダクト・サイクル理論）は，1960 年代に誕生した理論であり，当時のアメリカ経済全盛期の時代背景を受けて，新製品はまずもっとも豊かな米国で誕生することを前提としている。今日では，米国に限らず世界各国で新製品が誕生しているが，製品が市場に導入されて成長期を迎え，やがて成熟期・衰退期へ移行するという製品のライフサイクルと新製品が誕生する国に着目した理論の根幹は，今日でも有用な視点を与えてくれる。

　PC 理論の概要を説明しよう。新製品は米国市場で誕生して導入され，やがて製品ライフサイクルに従って米国市場で成熟期以降を迎える。大量に販売される成熟期に至る過程で大量生産体制が実現されるため，規模の経済が価格を引き下げる。こうして製品の価格が下がると，今度は米国に次いで豊かな他の

先進国でもこの製品の需要が生まれる。そこで，米国企業はやがて他の先進国でも生産を開始する。その先進国で製品のライフサイクルが進むと，やはり米国と同様に価格が引き下がり，今度は発展途上国でこの製品の需要が生まれる。そこで，米国企業は，今度は発展途上国に製品を導入するようになり，そこでの海外生産に着手する。発展途上国ではよりコストを抑えた生産ができるため，やがて発展途上国から米国をはじめとした先進国への逆輸出も始まるようになる，という理論である。

今日では，米国企業に限らず各国の企業が競って新製品を開発・導入している。また，かつて発展途上国と呼ばれた国々は，経済発展の進む新興国と呼ばれるようになった。多くの多国籍企業が新興国に海外生産拠点を設立し，そこでは先進国への逆輸出も活発に行っている。PC 理論の根幹は，各国での製品ライフサイクルに沿って企業は海外生産を実施するという示唆を提示してくれる。海外生産の立地選択においては，製品のライフサイクルを見据える必要があるといえよう。

ちなみに，規模の経済とは，大量生産や大量販売を行うことにより，製品の単位当たりの平均コストが低減する経済効果を指す。製品のコストは，大きくは固定費と変動費の2つに分かれる。固定費とは生産量に関係なく生じる一定額の費用であり，変動費とは生産量に比例して生じる費用を指す。たとえば，工場設備は生産量に関係なく必要なため固定費に相当し，原材料は生産量に応じて必要量が増えるため変動費である。生産量が増えると，製品1個当たりの固定費は減少する。このようなコスト削減効果を規模の経済と呼ぶ。

また，規模の経済と並んで著名なコスト削減効果に範囲の経済がある。範囲の経済とは，企業が複数の事業を同時に営むことによって，それぞれの事業を独立させて行っているよりもコストが割安になるコスト削減効果をいう。たとえば，技術，ブランドあるいは流通網といった経営資源を共通利用できるとき，範囲の経済があるという。

②　スマイルカーブ

スマイルカーブとは，図表15-5の通り，製品工程の川上から川下に至るまでの利益率を曲線で結ぶと，中間の生産工程の利益率がもっとも低くなる現象を意味する。利益率の曲線が，ちょうど人が笑っている口元のようになること

図表 15-5　スマイルカーブ

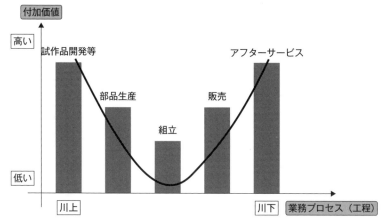

出所：経済産業省（2005），57 頁。

から，スマイルカーブと呼ばれている。

　図表15-5 の通り，製造企業では，開発・設計，部品関連あるいは販売やアフターサービスの方が，生産（組立）と比べて利益率が高いといわれている。したがって，利益率の低い生産（組立）工程は，人件費やインフラコストの安い国で行うことが重要だとされた。事実，日本をはじめとする各国の製造企業の生産拠点は，中国あるいはアジアといったコストの安い国への移転が進んでいる。また，生産のみを行う OEM（Original Equipment Manufacturing）あるいは ODM（Original Design Manufacturing）といった，外部企業へ工程の一部を委託する動きも加速化している。OEM とは相手先ブランド生産などと訳され，他社（ブランド）の製品の生産工程のみを行うことである。ODM とは設計から生産までを行うことである。これらに類似した言葉に EMS という用語もある。EMS とは，Electronics Manufacturing Service の略であり，電子機器製品類の生産工程を受託することである。EMS の代表的な企業に，台湾の鴻海精密工業（ホンハイジンミゴンイェ）があり，同社は，アップルの委託生産を多く引き受けている。なお，このように外部企業に生産工程などの企業活動の一部を委託することをアウトソーシング（外部調達）という。

　他方，たとえば2005 年版の『ものづくり白書』が指摘しているように，市場への迅速な対応を強化すれば，生産工程の収益力は他の工程よりも高くな

る，という逆スマイルカーブという考え方もある。この考え方にもとづけば，市場にもっとも近い場所で生産を行う方が，市場への迅速な対応も容易となるため収益力も向上するだろう。

　いずれにしても，スマイルカーブの示す視点にもとづけば，生産（組立）をはじめとする各工程の利益率を考慮して海外生産の立地を選択することが望ましいといえるだろう。

　③　国の魅力度

　企業が，海外生産を実施するためには，たとえば生産技術あるいは生産設備や熟練労働などの多様な経営資源を大規模に移転する必要がある。こうした膨大な労力や費用を投入してまで海外生産を行おうとするからには，この労力と費用を上回る有利な諸条件があり，かつそれが現地生産でなければ得られない場合に限られる。つまり，海外生産を行う場として何らかの国の魅力度がある場合に，企業は輸出ではなく，海外生産という手段を選ぶのである。

　ジョン・ダニングによると，国の魅力度を決定する要素は大きく分けて供給要因と需要要因の２つがある。

　前者の例には，①労働・土地・資本といった生産要素があらかじめ有利な状態で存在していること，②関税・非関税障壁，③投資インセンティブ，④インフラ，⑤技術基盤などがある。たとえば，生産に大量の労働力を必要とする産業では，低賃金の労働力が豊富に存在する国がより魅力度が高いといえるだろう。こうした大量の労働力を海外に移転するのは難しいため，その国で生産活動を行う必要があるためである。あるいは，有力な産業クラスターがある国も魅力度が高いといえるだろう。産業クラスターとは，ポーターによると，ある特定の産業に属し，相互に関連した企業と諸機関から構成される地理的に近接した集合体のことである。こうした場所に立地すれば，クラスター内での互いの競争・刺激・交流を通じて，その企業の生産活動は洗練される。

　後者の需要要因には，ⅰ）市場規模，ⅱ）所得水準，ⅲ）消費者の嗜好，ⅳ）市場の成長率，ⅴ）発展段階などがある。たとえば，市場規模が大きく成長が見込める国は，多くの消費が見込めるために，その国で海外生産を行う魅力度が高いといえるだろう。

　このように，各国の魅力度を比較して企業は海外生産の立地選択を行う。し

図表 15-6　財別貿易額の変化と地域別の割合（1996年と2005年の比較）

	輸出						輸入					
	変化			2005年の構成			変化			2005年の構成		
	アジア	欧州	米州	アジア	欧州	米州	アジア	欧州	米州	アジア	欧州	米州
産業用素材	0.1	▲0.1	▲0.2	0.5	1.0	0.7	0.1	▲0.3	▲0.1	1.5	1.2	0.3
産業用加工品	1.1	▲1.8	▲0.8	7.2	12.1	4.7	▲1.1	▲1.6	0.2	6.7	10.5	5.4
部品	2.2	▲0.4	▲0.6	9.2	8.1	4.3	2.0	▲0.4	▲0.8	7.7	7.0	4.7
資本財	1.7	▲0.3	▲0.3	7.0	7.1	2.7	▲0.1	0.1	0.2	4.5	5.9	4.1
乗用車	0.2	0.1	▲0.1	1.4	3.3	1.1	▲0.2	0.1	0.0	0.3	2.6	1.8
消費財	1.0	0.0	▲0.2	5.3	7.1	1.6	▲1.0	0.4	0.5	2.3	6.8	4.3
その他	▲0.4	▲0.9	▲0.2	3.0	7.9	4.6	0.2	0.9	1.1	6.0	10.6	5.9
計	5.9	▲3.4	▲2.5	33.7	46.6	19.7	▲0.2	▲0.8	1.0	28.9	44.7	26.4

注1：アジアは，日本，NIES4，ASEAN4，中国，インド，ヨーロッパはEU15と中東欧10，ア
　　　メリカはNAFTAとMERCOSUR。東欧10とは，ブルガリア，チェコ，エストニア，ハンガ
　　　リー，ラトビア，リトアニア，ポーランド，ルーマニア，スロバキア，スロベニア。
注2：変化とは1996年と2005年の比較をした増減ポイントである。
注3：用途別はSITC Rev3. をBEC分類で集計し，各国の世界への輸出・輸入の各項目を集計して
　　　いる。
原出所：SITA, Statistics for International Trade Analysis および OECD, ITCS。
出所：石田（2010），39頁。

　かも，相対的な国の魅力度の変化によって，立地は経時的に変動することもあ
る。図表15-6は，石田による1996年と2005年における財別貿易額の変化と
地域別の割合である。完成製品である資本財，乗用車，消費財に注目すると，
アジア地域では輸入が減り輸出が拡大している。このことは，この10年間に
かけて，これらの製造企業の海外生産の立地がアジアへ移動したことを示して
いる。近年の日本企業の動向を見ても，中国をはじめとするアジア各国へと生
産拠点が傾斜していることは明らかであろう。ちなみに，部品貿易に関して
は，アジア地域は輸出入ともに多い。このことは，アジア地域は部品の調達先
としても有望な地域とされているのと同時に，生産拠点が増加している背景を
踏まえるとアジア域外から部品を調達し生産活動を行っている現状を示したも
のといえるだろう。

4．グローバルなロジスティクス活動

　以上の通り，調達と生産のグローバル化を見てきた。ところで，原材料や部品あるいは製品のグローバルな物流は不可欠であり，この物流を効率的に管理しようとする取り組みが，グローバル・ロジスティクス（Global Logistics）である。小田部とヘルセンによると，厳密には，グローバル・ロジスティクスとは，最小のコストで企業目的を達成するために，国境を越えた企業内外の物資の流れを方向づけたり，管理したりするためのデザイン，およびマネジメントと定義される。

　一説には，国際的な受注を獲得した場合，全費用の10％から25％は国際物流の費用が占めるといわれる。したがって，これを効率的に管理するグローバル・ロジスティクスの重要性はますます高まっていくだろう。その活動には，図表15-7の通り資材管理と物流（輸送業務，倉庫業務，在庫管理，カスタマーサービス／注文・受付，一般管理）が含まれる。

　輸送業務では，数量当たりの価値，製品によってはその鮮度保持，輸送コストを考慮して，最適な輸送方式を選択する必要がある。輸送には，陸上輸送，海上輸送，航空機による貨物輸送などの手段がある。一般に，グローバルな物流の場合，2つ以上の輸送手段が用いられて最適化が図られる。倉庫業務と在庫管理では，グローバルな調達・生産体制に即して，生産現場の操業をサポートし，在庫切れによる販売機会の喪失を防ぐことなく在庫を最小化する必要が

図表15-7　グローバル・ロジスティクス

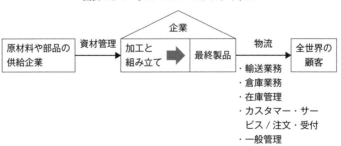

出所：Kotabe and Helsen（2008），邦訳576頁。

ある。グローバル・ロジスティクスには，このような予測や在庫からの推測にもとづいて見込み需要のマネジメントも含まれる。

　これらには，政府の政策，産業基盤，経済インフラや法律，地域の伝統や文化，地形などが影響する。したがって，グローバル・ロジスティクスは，本質的に複雑な活動である。しかも，今日，調達と生産のグローバル化が進んだため，グローバル・ロジスティクスはさらに複雑なものとなり，コストを要するようになってきている。その要因として，小田部とヘルセンは次の5つをあげている。

　第1に，距離の問題である。グローバル・ロジスティクスでは，国内よりもはるかに長い距離の輸送を行うことが多い。長距離輸送には，輸送費用に加えて，輸送中の事故に関する保険料，相互業務や在庫管理などの費用といった諸コストがより高く発生する。グローバル・ロジスティクスが進展するほど，距離の問題も複雑に絡み合う。

　第2に，為替レートの変動である。グローバル・ロジスティクスが進むほど，通貨は多様になり，為替レートの変動の影響を受けやすくなる。そのため，為替レートの変動にはあらかじめ対応可能な計画を準備する必要がある。

　第3に，国外の中間業者である。グローバル・ロジスティクスが進めば，現地の政府役人との交渉や流通企業との取引を行う機会が増え，中間業者を必要とする機会も増える。そのため，より複雑かつ高コストになりやすい。

　第4に，規制である。グローバルな物流は，主に海上輸送によって行われる。各国の海上輸送に関する法規制はさまざまであり，グローバル・ロジスティクスが深耕すれば，対応を迫られる法規制が多様化する。

　第5に，安全性である。テロの危機などにより，世界各国で安全対策の重要性が認識されている。グローバル・ロジスティクスが進展すれば，その分輸送ラインや港湾などにおける安全対策に関する費用が増し，輸送費用も増すことになる。

　このように，グローバル・ロジスティクスには複雑な問題がともなう。しかし，問題の根源である各国の差異を巧みに利用することで，多国籍企業は国内企業には持ちえない優位性を獲得できるという強みもある。

■トヨタの生産方式と調達・生産・ロジスティクス

　トヨタは，日本を代表する企業として世界中に知られているが，トヨタ生産方式でも知られる。

　トヨタ生産方式は，「ジャスト・イン・タイム」と「自働化」の２つの柱から成り立つ。「ジャスト・イン・タイム」とは，需要変化に弾力的に対応し，生産過剰による無駄を排除し，リードタイムを短縮するために，「必要なものを，必要なときに，必要な量だけ造る」仕組みである。ちなみにリードタイムとは，製品の生産指示が出て完成するまでの期間のことである。注文を出してから注文品が届くまでの期間もリードタイムと呼ばれる。リードタイムを短縮するために，①生産するものの種類・量・作業を総合的に平均化する「平準化」を行い，②生産必要数で稼働時間を決め，③後工程引き取り（文字通り後ろの工程が必要なときに必要なものだけを前工程に取りに行く）の３点を原則としている。

　「自働化」とは，あえて「ニンベン」がついた「働」という字を用いたように，機械があたかも人間のごとく，機械設備や品質の異常を検知したら「自働的」に止まるしくみのことである。この「ジャスト・イン・タイム」と「自働化」に対応するために，トヨタのロジスティクスはⅰ）需要変動に応える柔軟な物流，ⅱ）最短リードタイム，最小コストによる競争力のある物流を目標としている。加えて，自然環境保護のためにⅲ）環境負荷ミニマム物流も目標としている。

　ところで，トヨタは1957年に輸出を開始し，1984年に米国で本格的な海外生産に着手した。それは，貿易摩擦の回避や円高対策を主な目的とした，どちらかというと消極

図表15-8　トヨタの中国における調達・生産・ロジスティクス

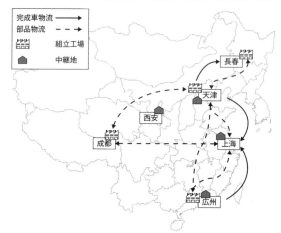

注：原出所は，高松（2009）「トヨタの中国におけるロジスティクス活動」日本海運経済学会
　　全国大会パネルディスカッション，一橋大学。
出所：中拂（2010），56頁。

的な海外生産だった。以降，海外生産は順調に進展し，先進国を中心に急速に拠点が増加した。2017 年末現在では，世界 28 カ国・地域に 51 の生産拠点をもつ。2018 年，トヨタは，全生産台数（約 889 万台）の約 65%（約 575 万台）を海外で生産している。

　このような生産活動のグローバル化にともない，調達およびロジスティクスもグローバル規模になっている。たとえば，図表 15-8 の通り，トヨタは中国内の 4 地域で組立生産を行っているが，効率的な部品調達と完成車の物流を実現するためにロジスティクス・ネットワークを構築している。中国の国土は日本の約 26 倍と広大なため，輸送距離が長くなりリードタイムも長い。また，輸送上のインフラも地域差があり十分に発達していない地域もある。このような過酷な条件下で，トヨタのロジスティクスは，上述の i ）〜iii ）の目標を実現しようとしている。

　出所：中拂（2010）およびトヨタホームページを参照。

参考文献

石田修（2010）「グローバル競争と生産システムの変容」『世界経済評論』第 54 巻第 4 号，世界経済研究協会，36-45 頁。

猪俣哲史（2019）『グローバル・バリューチェーン』日本経済新聞社。

経済産業省（2005）『ものづくり白書（製造基盤白書）』（各年発行）経済産業省。

国際協力銀行（2012）「我が国製造業企業の海外事業展開に関する調査報告（2012 年度）」国際協力銀行（http://www.jbic.go.jp/wp-content/uploads/press-ja/2012/126493/kekka.pdf）。

高橋浩夫（2011）『現代の国際経営戦略』中央経済社。

中拂論（2010）「トヨタの自動車生産と部品調達ロジスティクス（第 3 章）」根本敏則・橋本雅隆編『自動車部品調達システムの中国・ASEAN 展開—トヨタのグローバル・ロジスティクス—』中央経済社。

Dunning, J. H. (1981), "Explaining the International Direct Investment Position of Countries: towards a Dynamic or Developmental Approach," *Welwierschaftliches Arcnir*, 171 (1).

Hill, C. W. L. (2011), *Internaional Business: Competing in the Global Marketplace*, 8th ed., McGraw-Hill.（鈴木泰雄・藤野るり子・山崎恵理子訳『国際ビジネス 1, 2, 3』楽工社，(1, 2) 2013 年，(3) 2014 年。）

Kotabe, M. and K. Helsen (2008), *Global Marketing Management*, 4th ed., Wiley & Sons.（栗木契訳『国際マーケティング』碩学社，2010 年。）

Manuj, I. and J. T. Mentzer (2008), "Global supply chain risk management strategies," *International Journal of Physical Distribution & Logistics Management*, 38 (3), pp. 192-223.

Porter, M. E. (1985), *Competitive Advantage*, The Free Press.（土岐坤訳『競争優位の戦略』ダイヤモンド社，1985 年。）

Porter, M. E. (1998), *On Competition*, Harvard Business School Press.（竹内弘高訳『競争戦略論 II』ダイヤモンド社，1999 年。）

Vernon, R. (1971), *Sovereignty at Bay: The Multinational Spread of US Enterprises*, Basic Books.（霍見芳浩訳『多国籍企業の新展開』ダイヤモンド社，1973 年。）

練習問題

1．カッコに適切な語句を入れなさい。

① 企業の海外調達は，当初は，（　　A　　）レートの変動を活用するような，（　　B　　）削減を主な目的に行われていた。しかし，近年では，（　　C　　）や信頼性あるいは技術を目的とした海外調達も行われている。

② 生産拠点の立地選択においては，製品の（　　D　　）と国の（　　E　　）も考慮する必要がある。また，（　　F　　）カーブが示したように，より低いコストで生産できる国を考慮する必要がある。

③ グローバル・ロジスティクスが進展するほど，距離の問題や（　　G　　）レートへの対応が複雑化する。さらに，対応しなければならない各国の（　　H　　）も多様になる。このことは困難な問題ではあるが，各国の（　　I　　）を巧みに利用することで，国内企業にはない優位性を獲得できる。

2．次の図を見て，①と②に適切な調達活動の名称を述べなさい。

調達する場所

	国内	海外
社内	国内社内調達	①
社外	国内購買計画	②

（どのように調達するか）

第16章

標 準 化

本章では標準化の基本事項と特徴，また産業間の違いについて学ぶ。

グローバル経済の発展に伴い，国際標準の重要性が高まっている。元来標準（standard）とは規格とも称され，技術規格の共通化や統一化によって国際貿易の非関税障壁をなくすことに主眼があった。近年では，その範囲は環境や社会的課題，人権，安全などの「規範」へと拡大し，多国籍企業のグローバル・ビジネス戦略にも利用されている。国際標準は，機関や企業が独自に策定し国際的に普及させる標準規格であり，公的法令ではない。ISO，IEC，ITU など著名な鉱工業系国際機関，企業や業界，フォーラムによって策定されるものまであり多様である。また国際機関が発効する標準は，鉱工業に留まらず農水産業などもある。第三者の審査によって基準を満たしているかどうか審査されて登録される認証規格というものもある。

1．標準化とは

標準は法令と区別するためにプライベート・スタンダード（Private Standard）として取り扱われる場合もある。近年では標準の拡大は，急速に拡大する直接投資や貿易を統制する法規制を補完するという役割も担っている。標準化する対象は拡大しており，技術を組み込む有形・無形の製品はもちろん，方法やサービスも含まれている（図表16-1）。図表16-2はグローバル社会における標準のピラミッドのような上下関係を表す階層構造である。また標準には，評価対象が定められた標準規格に合致しているかどうかを評価し保証する適合性評価を包含する。適合性評価は認証システムといわれ，マネジメント規格などがある。適合性評価は試験，検査，認定の手順で実施され，適合

図表 16-1　標準（規格）の種類（ISO/IEC，JIS の規定）

種類	定める内容	技術開発の場合の内容
基本規格	基礎的，総括的な規定	最も根本的な指針基準
用語規格	専門用語とその定義	基本規格を補完し，情報交換に必要
試験方法規格	品質保証などのため試験方法，サンプリング，統計手法，試験順序	成果の情報交換に必要で，比較や対照により，開発の動機付けに効果
製品規格	品物の性質，性能などの要求事項	製品の形状，寸法，材質，品質，性能，機能などを規定したもの
プロセス規格	作業手順，製造方法なの要求事項	製造設備導入や人材教育に活用され費用削減に効果
サービス規格	サービス業が提供するサービスに対する要求事項	製品規格の特殊形態
インターフェイス規格	製品・システム相互接続時に正常動作する両立性に対する要求事項	製品規格の特殊形態であり，個別技術を接合して新たな製品市場を生み出す効果
提供データに関する規格	製品，プロセス，サービスを規定するために，それら特性に対する数値やデータで供給者ないしは購入者が指定する	製品規格の特殊形態であり，特性の一覧を内容とする

出所：飯塚幸三監修，阪倉省吾編（2005），18-19頁，藤野仁三・江藤学（2009），28-32頁を参考にして筆者作成。

図表 16-2　標準階層の概要

階層	有効範囲	機関例：対象分野（適用地域・国家）
国際標準	世界	ISO：全般　IEC：電気電子　ITU：通信
地域標準	地理・政治的領域	CEN：全般（欧州）　CENELEC 電気電子（欧州）　ETSI：通信（欧州）
国家標準	国内	BSI：マネジメント，安全・環境など広範囲（英国） DIN：工業関連（ドイツ） JIS：工業関連（日本） ANSI：工業関連（米国）
地方標準	国内行政区域	GB：全般（中国）　国家標準だが省・自治区・直轄区制定標準を認めている（北京市＝DB11，福建省＝DB35，重慶市＝DB50），また団体・社内標準も認めている
団体標準社内標準	産業・企業	SAE：自動車・航空宇宙関連（米国）　ASTM：工業材料・試験方法（米国）　IEEE：電気電子（米国）　UL：機器機能および安全（米国）

出所：飯塚幸三監修，阪倉省吾編（2005），17-19頁，経済産業省産業技術環境局（2018）を参考にして筆者作成。

性評価機関という認証機関が指定されることがある。

2．グローバル・バリューチェーンの発展

　近年になり，多くの産業において多国間で行われる分業化が進展し，グローバル・バリューチェーン（Global Value Chain：GVC）が戦略的に構築され始めた。グローバル・バリューチェーンというバリューチェーン（価値連鎖）の考え方は各国での分業化によって創出される付加価値を知る方法として有効であり，企業が提供する製品やサービスの付加価値が分業化した事業活動のどの部分で生み出されているかを明らかにして企業の優位性の源泉が示される。

　貿易と外国直接投資の増大化に伴い，バリューチェーンのグローバル化が進展し，発達した製造機能が先進国企業から発展途上国生産基地へと移転されることがある。このような多国間に存在している各バリュー間の円滑な取引を維持するために，企業や業界が決めるプライベート・スタンダードが活用されている。Swinnen らによれば，他社との取引を行う場合には，製品の生産効率性および品質向上を保証することを目的とする認証標準の利用が多くなり普及する。

　認証標準の範囲は，図表 16-4 のとおり，安全，環境，健康，栄養，国際社会・労働などの分野と多岐にわたっている。各バリュー間では多国間取引も多く，例えば起点が途上国で終点が先進国であることも多い。原材料供給拠点となるアジアの発展途上国は，輸出先の製造拠点である先進国市場からの厳しい要求事項や品質保証に適応する必要が生じる。そのためにプライベート・スタンダードに適応するための実務的任務が生じてくる。Grossman と Rossi-Hanberg や Bladwin によれば，近年の国際貿易は単なる商品（goods）の取引ではなく，要求基準を満たすための職務（tasks）の取引へと変化しているともいえる。このようにグローバル市場でのバリューチェーンの発展はプライベート・スタンダードの普及をもたらしている。また Vogel は，プライベート・スタンダードの普及は，先進国の技術革新推進化政策やそれに追従する企業行動によって加速化しているとしている。例えば，Michida らによれば EU の環境政策に伴う環境認証はアジア諸国へと波及している。

3．標準化の史的背景

(1)　欧州統一

　各国間で技術標準が異なると企業や消費者に不便，不利益となる。例えば他国の家電製品が高性能であったとしても使用する電圧や電流，コンセントの形状が異なる場合，他国の家電製品はそのままでは使用できない。使用できない家電製品を他国から輸入する機会は少なくなるであろう。このことは自由貿易の障壁とみなされる。かつて欧州統合が進んだ時代に，欧州6カ国間でこのような問題が顕在化した。単一な欧州市場を大きくし各国が経済成長するために各国の商品，サービスなどの要求事項を修正するために地域標準として欧州標準が制定されていった（図表16-2）。

(2)　WTO

　1948年に発足したGATTを引き継いで，1995年に成立したWTOの主な目的は「自由で円滑な貿易を発展させること」である。WTOは国際機関としてこの目的を推進するためにWTO/TBT協定（貿易の技術的障害に関する協定）を設けた。

　その内容は，①国家標準は国際標準を基礎に制定すること，②製品，方法，サービスの適合性評価は国際標準化機関の指針・勧告によること，③加盟国認定機関の結果は他の加盟国も認定すること，である。加盟国の国家標準は国際標準に統一化・整合化する方針を基礎とすることになった。ただし国家標準は各国の産業，経済，政治，文化，自然環境の独自性に起因することもあり，加盟国は国家標準の要求事項を国際標準へ提案して国際標準に反映させる先進的な国際標準化戦略をとることもある。ほぼ全産業領域を扱う国際標準化機関であるISO，IEC，ITUは明確にWTO/TBT協定に組み込まれており，国際標準は3国際機関に占められている。また農水産業では，食の安全や人間・動植物の生命または健康を保護するために必要性を設けたWTO/SPS協定（衛生植物検疫措置）がある。いずれの協定も加盟国に対して国際標準への調和を要求している。

4. 標準化の種類

　一般に工業系製造業や電気・通信分野では，国際標準はデファクト標準，デジュール標準，フォーラム標準，という分類方式が有名である。デファクト標準は一企業が利益を単独で独占するために，利害関係者が複数となるデジュール標準とフォーラム標準とは標準策定の仕方が異なっている（図表16-3）。このように利害関係者が多く合意を形成していく標準化をコンセンサス標準という。またプライベート・スタンダードという用語で取り扱われることもある。これは国際標準が法規制と異なり策定機関は企業，産業団体という民間機関でありプライベートな取り決めであるという解釈による。

図表16-3　標準の策定プロセスによる分類

標準の名称	特徴	策定源・事例	利点と欠点
デファクト標準	市場競争を経て獲得できる単一標準	単一企業 Windows	利益の独占が可能だが1社で多数技術の開発は困難
フォーラム標準	市場化の前段から技術公開して仲間を募る：オープン化	賛同する複数企業や研究機関 Bluetooth	標準化や普及が早いが利益配分となる。フォーラム間競争が起こりやすい
デジュール標準	WTO/TBT協定に準じて策定されていく	国際標準化機関 ISO100, ISO400（フィルム感度）	標準化に時間を要し，手順も煩雑。マルチ標準化の傾向あり

出所：藤野仁三・江藤学（2009），第4章，経済産業省産業技術環境局（2018）を参考にして著者作成。

5. 認証システムの普及

　前述したように，品質などの要求事項に適合するかどうかを第三者機関が審査し保証する制度が認証システムである。元来は，工業系産業における品質管理を保証する製造業から開始されたが，近年になりサービス産業など他産業に展開し，多様化している。適合性評価対象には資材，製品，方法，システム，団体などがある。先述したようにグローバル・バリューチェーンの発展に伴い，企業間取引の円滑化，消費者の安全・安心の確保，環境保全の達成，企業

の社会的責任の遂行，行政施策の効率的推進などに活用されている。例えば，ISO標準のマネジメントシステムとは，①標準に沿って組織（企業，官庁，団体など）がある活動（製造やサービス提供など）をするために，方針や目標を定めて達成すること，②組織内に作られている方法の相互作用する要素を検討することであり，組織は適合性評価審査を経て認証取得できる（図表16-4）。

図表16-4　主なISOマネジメントシステム

認証標準	対象	内容
ISO9001	品質	購入者の要求する製品やサービスの事項を規定し顧客満足を得る
ISO14001	環境	企業が地域や利害関係者のために環境に悪影響を与えず環境保全する
ISO27001	情報セキュリティー	情報資産のセキュリティーを管理し情報漏洩を防止する
ISO22000	食品安全	安全な食品を生産・流通・販売できるようにする
ISO45001	労働安全	身体的・精神的に健康が保持される労働環境を整備する
ISO39001	道路交通安全	交通事故の事故発生をなくす
ISO22301	事業継続	災害などの非常時に事業を継続することができるようにする

出所：飯塚幸三監修，阪倉省吾編（2005），1章，2章を参考にして筆者作成。

6．農水産業の認証システム：グローバルリテーラーの要求

　プライベート・スタンダードの導入は農水産業のバリューチェーンでもグローバルな展開をしている。例えば，農水産業ではGAPという認証標準が普及している。GAPは農作物，家畜および水産養殖ついて生産のみならず，これに関わる事柄についての内容を包含するプライベート・スタンダードであり，多数機関から多様な認証システムが発効されている。有力なGAPとして，1997年に発効したEU発祥のユーレップGAP（EUREPGAP）があり，これは2007年にGLOBALG.A.P.に改称された。G.A.P.は，GOOD（適正な），AGRICULTURAL（農業の），PRACTICES（実践）を意味している（2007-2018 GAP普及推進機構／GLOBALG.A.P.協議会）。プライベート・スタンダードであるGLOBALG.A.P.は認証システムとして約120カ国に普及している。

　近年，グローバルリテーラーは，保証が確実な GLOBALG.A.P. などの認証を取得した生産者からの仕入れを優先するようになっている。GLOBALG.A.P. 認証農産品は，一種のブランドとして評価されている。認証は，食品安全，労働環境，環境保全に配慮した「持続的な生産活動」を実践する優良企業をブランドとして評価し，取引先の信頼性向上，企業価値向上に貢献する。また生産者にとっては，生産者が，安全で持続可能な農業を実践し地域経済に貢献しているという評価証明となり，トレーサビリティー（履歴情報管理）を確立し，取引先や消費者の信頼確保，透明性確保のために役立つ。GLOBALG.A.P. の実践により，生産者は販路拡大（国内および海外への輸出，海外からのインバウンド対応），経営改善（生産工程の明確化で生産性の向上，資材コストの削減），教育効果（新人・外国人労働者への効果的訓練と意識向上），リスク管理（生産者としての責務，緊急時のリコール体制確立）などの利点を得ることができる。

　近年，日本においてもイオン，コストコ，コカ・コーラなどが GLOBALG.A.P. をグローバルな調達規格として採用することを基本にしている。世界的には，多様なリテーラーがこれを採用しており，EU ではほとんどのスーパーマーケットが GLOBALG.A.P. を調達規格としている。端境期や天候不順などで認証農産物が不足するような場合は，グローバル調達規格であるがためにグローバルに農水産品を調達することが可能となる。例えば GLOBALG.A.P. Version5 の野菜・果樹認証における管理項目は 218 あり，食品安全 99 項目，トレーサビリティー 22 項目，作業従事者の労働安全と健康 28 項目，環境（生物多様性を含む）69 項目がある。GLOBALG.A.P. の実践は，グローバル・バリューチェーンを柔軟に維持し機能させることに貢献している。

　生物や環境への負荷低減を目的として活動する WWF ジャパン（World Wide Fund for Nature：世界自然保護基金）によれば，持続可能な社会を創るというスローガンの下，小売流通分野では認証制度が多く採用されている。サプライチェーンの実態が掴みにくい水産物について紹介する。水産物生産は，「漁獲による天然資源」と「養殖による資源」に分かれ，世界生産量はほぼ同等量となっている。近年では，後者は海洋環境の悪化や生態系の攪乱などから適正な管理が国際社会において求められている。

　グローバルリテーラーすなわち大手小売流通業者は，水産物の販売に際して，MSC（Marine Stewardship Council：海洋管理協議会）や ASC（Aquaculture Stewardship Council：水産養殖管理協議会）の流通・加工認証を採用し，100％調達達成を目指している。MSC は捕獲漁業，ASC は養殖漁業による水産物のサプライチェーンの適正性を認証する制度団体である。適正性とはサプライチェーンのトレーサビリティー確保によって違法，無報告，無規制を排除することを目的としている。

　我が国ではイオンがこうした認証制度を活用し始めているが，カールフール（フランス），マークス＆スペンサー（英国），スパー（オーストリア）などは先んじて導入している。水産物供給国であるアジアの発展途上国例えばタイの企業はこうした認証を獲得して成功している事例がある。このように水産物分野ではグローバルリテール市場力の強化がプライベート・スタンダード普及を促進している。

7．工業ビジネスの標準化

⑴　技術特許との関連について

　ICT においては，国際標準に開発技術の特許内容が導入されることがある。ICT 産業構造は，かつて IBM などの有力企業が牽引した垂直統合型から転じ，現在までに，多様・多数の技術専門ベンダーが連携協力する水平分離型に変化している。こうした事情から ICT の技術特許は ISO，IEC，ITU では工業ビジネスの国際標準化活動に密接に関わる。その特徴は，①相互接続とフォーマット統一が目的である，②技術が水平分離化しているので多数の必須特許が存在する，③多数の実用化製品に利用される，などがある。例えば，デジタル製品群は映像，オーディオ，接続，記録・記憶，暗号・著作権保護に係る技術標準によって成り立っている総合的システムであり，多数の技術特許が標準に組み込まれている。こうしたシステム製品の関連企業が連携するコンソーシアムの最大の活動目的は，技術を製品システムに組み込むための設計ガイドラインである「実装仕様」や機能目標を実現するために技術間アクセスを可能にする「相互接続性」を標準化するためである。

国際標準には標準固有な特徴として「標準の効果」がある。つまり多数の類似技術方式が競合する ICT 企業は，国際標準化することによって自社の特定技術方式を市場で普及させることができる。水平分離型産業分野においては，各企業は多数企業が連携して形成される大きな市場のうちの部分市場を確実に獲得して安定したシェアを確保しようとする競争戦略を展開できる。

(2)　パテントプール

パテントプールは，複数の技術特許権利者（ライセンサー）がライセンス権限を組織や団体に集中させ，ライセンサー権限を管理する仕組みである。その管理方式は単一ではなく，ライセンサー間，ライセンシー向け，管理組織間などの方式が選択される。パテントプールの起源は，特許制度が確立された19世紀米国に遡り，特に新規な仕組みではない。しかし近年は次のような理由によって複合化かつ拡大化しつつある（章末記事）。

①　技術の高度化と複雑化

　　ICT 産業に顕著にみられるように，垂直統合化構造を維持できる企業が減り，提携関係を主とする水平統合化構造によってバリューチェーンが形成されるようになった。またこうした変化は，ICT 製品の顕著な技術システム化を象徴するものである。

②　知的財産権の重視

　　1985 年に米国が知的財産権の強化政策を打ち出して以来，国家産業政

図表 16-5　パテントプール設立の経年変化数

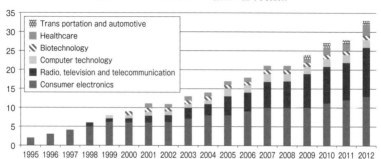

出所：Uiji, Bekkers and de Vries（2013），pp. 31-50, p. 32, Figure 1. を転載。

図表 16-6　CD，DVD，ブルーレイ製造パテントプール数概要比較

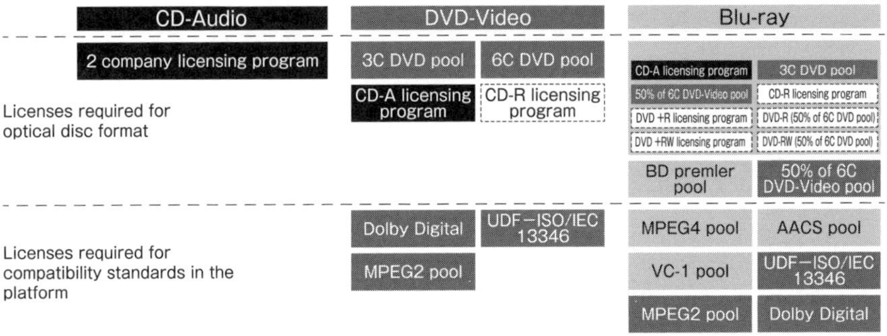

出所：Uiji, Bekkers and de Vries (2013), p. 41, Figure 3. を転載。

策としてまた企業イノベーションの収益化戦略として知的財産権が重視されるようになった。

③　グローバル・ルールの確立

1995 年に WTO が成立し，現在では多数国が加盟している。世界貿易の殆どをカバーする同機関は，多くの国際協定の遵守を加盟国に義務付けている。とりわけ TBT は国際技術標準の重視を打ち出している。

パテントプールは ICT において顕著な増加を示している（図表 16-5）。

また図表 16-6 は CD，DVD，ブルーレイの光学ディスク技術 3 世代のパテントプールの増大化を示している。

■AI 時代の工場　狙うは世界標準

独・米・中　官民交え競争激化

ものづくりの国際規格を作る争いの歴史は長い。

現在，世界中のメーカーが範とする ISO（国際標準化機構）規格は 1990 年代以降，欧州主導で普及。元はフィルムやネジなど主に工業製品の規格だったが，環境保全手法にまで分野が広がると，日本でも多くの企業が取得を迫られた。

ドイツが第 4 次産業革命で見すえるのも，製造業の国際標準だ。

シーメンスやボッシュなどドイツの大企業は，製品や設備の番号（コード）の共通化を始めた。人を介さず機械同士が瞬時にやり取りする国際的な部品供給網（サプライチェーン）で自国のやり方を普及させることができれば，他国メーカーとの競争で優位に立てるとの思惑がある。

第 4 次産業革命は成果を見せ始めている。ドイツのハイテク業界団体ビトコムは，関連の売上高が 18 年，72 億ユーロ（約 8800 億円）に上ると予測する。

　その行き着く先は「AI が人の雇用を破壊する」状態になりかねない。それでもドイ
ツには，00 年代以降の「IT 革命」で米国に後れを取った傷の方が大きい。
　「IT ではマイクロソフトやグーグルなどに抑えられた。そして今，自動運転を打ち出
すテスラも登場した。このままでは，製造業でものみ込まれるという警戒感がドイツに
はあった」。日立製作所で IT 統括本部長などを務めた大野治さんは語る。
　米国も，データによる製造業の革新に乗り出している。ゼネラル・エレクトリック
（GE）を中心に，インダストリアル・インターネット・コンソーシアム（IIC）という
団体が 14 年に発足。200 社超が参加し，生産設備のデータ分析などを進めている。
　競争は先進国間だけではない。15 年，「中国製造 2025」を発表し，品質や生産効率も
含む製造業の総合力で世界のトップグループに入る目標を掲げた中国。その翌年，中国
家電大手が独ロボットメーカー「クーカ」を買収したことは，独国内の警戒感を強めて
いる。

　出所：『朝日新聞』2019 年 6 月 2 日付，4 面。

参考文献

飯塚幸三監修，阪倉省吾編（2005）『世界の規格便覧第 1 巻国際編』日本標準協会。
イオン・ホームページ「イオン持続可能な調達原則」（https://www.aeon.info/sustainability/procurement/，2018 年 10 月 4 日アクセス）。
石川理那・梶浦雅巳（2019）「WTO とグローバルスタンダード・多数国間貿易体制における食の安全基準」『流通研究』愛知学院大学流通科学研究所所報，25 号，17-29 頁。
梶浦雅巳「貿易と国際規格」『世界経済評論 IMPACT』国際貿易投資研究所，2017 年 9 月 11 日（www.world-economic-review.jp/impact/article910.html）。
梶浦雅巳「グローバルスタンダードの多様化―水産物の場合」同上サイト，2018 年 8 月 6 日（www.world-economic-review.jp/impact/article1123.html）。
梶浦雅巳（2000）『デジュリ・スタンダード　グローバル・フードシステムの新展開』農林統計協会。
梶浦雅巳（2005）『IT 業界標準』文眞堂。
梶浦雅巳（2013）『ICT コンセンサス標準』文眞堂。
梶浦雅巳（2015）「補遺：近年のパテントプール研究概要」『流通研究』21 号，愛知学院大学流通科学研究所，29-32 頁。
梶浦雅巳（2016）「補遺：近年のパテントプール研究概要（2）」『流通研究』22 号，愛知学院大学流通科学研究所，27-30 頁。
加藤恒（2006）『パテントプール概説』発明協会。
経済産業省産業環境局基準認証政策課（2018）「第四次産業革命時代に向けた標準化体制の強化（資料2）」（https://www.meti.go.jp/committee/kenkyukai/sansei/daiyoji_sangyo_chizai/pdf/007_02_00.pdf，2019 年 5 月 4 日アクセス）。
経済産業省産業環境局基準認証ユニット（2017）『標準実務入門（標準化教材）改訂版』（https://www.meti.go.jp/policy/standards_conformity/files/hyojunkajitsumunyumon.htm，2019 年 5 月 4 日アクセス）。
小林和人・澤田孝之・堀淵浩・大和田昭彦・新村和久・永井隆（2015）「企業内弁理士から見た情報通信および創薬に関するパテントプールの調査報告」『パテント 2015』68 巻 3 号，86-100 頁。
ジェトロ・アジア経済研究所・サセックス大学開発問題研究所（2015）「規制とプライベート・スタンダードの役割　価値連鎖の監理とパーフォーマンス」（国際ワークショップ資料）IDE-JETRO。
新宅純二郎・江藤学編（2008）『コンセンサス標準戦略』日本経済新聞出版社。

WWF ジャパン (World Wide Fund for Nature) ホームページ (2017)「持続可能な水産物調達を推進する欧米企業」(https://www.wwf.or.jp/corp/info/278.html, 2018 年 10 月アクセス)。

2007-2018 GAP 普及推進機構／ GLOBALG.A.P. 協議会 HP (https://www.ggap.jp/, 2018 年 10 月アクセス)。

農林水産省生産局農業環境対策課 (2017)「国際水準 GAP の推進について」(http://www.maff.go.jp/hokkaido/suishin/28kankyouhozen/attach/pdf/gap_event-5.pdf, 2018 年 9 月 23 日アクセス)。

農林水産省生産局農業環境対策課 (2017)「GAP (農業生産工程管理) をめぐる情勢等」(http://www.maff.go.jp/tokai/shohi/seikatsu/iken/attach/pdf/20170908-2.pdf, 2018 年 9 月 23 日アクセス)。

藤野仁三・江藤学 (2009)『標準化ビジネス』白桃書房。

Bladwin, R. (2011), Trade and Industrialisation after Globalisation's 2nd Unbundling: How Building and Joining a Supply Chain are Different and Why It Matters? Retrieved from Cambridge MA; National Bureau of Economic Research, Working Paper No. 17716.

Grossman, G. M. and E. Rossi-Hanberg (2008), "Trading Tasks: A Simple Theory of Offshoring," *The American Economic Review*, 98 (5), pp. 1978-1997.

Michida, E., J. Humphrery, and K. Nabeshima (eds.) (2017), *Regulations and International Trade: New Sustainability Challenges for East Asia*, IDE-JETRO Series, Palgrave Macmillan.

Swinnen, J. (ed.) (2007), *Global Supply Chains, Standards and the Poor*, Oxfordshire CABI Publishing.

Swinnen, J. *et al.* (2015), *Quality Standards, Value Chains, and International Development, Economic and Political Theory*, Cambridge University Press.

Uiji, S., R. Bekkers and H. J. de Vries (2013), "Managing Intellectual Property Using Patent Pools: Lessons from Three Generationa of Pools in Optical Disc Industry," *California Management Review*, 55 (4) Summer, pp. 31-50.

Vogel, D. (1995), *Trading Up: Consumer and Environmental Regulation in a Global Economy*, Harvard University Press.

練習問題

1．カッコに適切な語句を入れなさい（語句は1つとは限らない）。

① 標準化する対象は拡大しており，（　　A　　）はもちろん，（　　B　　）も含まれている。標準には，評価対象が定められた標準規格に合致しているかどうかを評価し保証する（　　C　　）がある。これは認証システムといわれ，（　　D　　）の手順で実施される。

② 貿易と外国直接投資の増大化に伴い，バリューチェーンのグローバル化が進展し，製造機能が先進国企業から発展途上国生産基地へと移転されることがあり，多国間に存在している各バリュー間の円滑な取引を維持するために，企業や業界が決める（　　E　　）が活用されている。他社との取引を行う場合には，製品の生産効率性および品質向上を保証することを目的とする（　　F　　）の利用が普及する。

2．認証システムの ISO と農水系規格3種類についてについて特徴を比較して述べなさい。

第17章

組　　織

　企業は，あらゆる外的環境，内的環境の中で，価値を産み出し，競争に勝た
なければならない。その際に重要なのは人であり，人を動かして勝つための装
置が「組織」である。

　ピーター・ドラッカーは，「組織の条件」として，7つの重要性を説いてい
る。①明快さ（組織マニュアルがなくても容易に方向性が理解できる），②経
済性（高い成果を上げる能力を持つものが組織を動かすことのみに労力を奪わ
れない），③方向付けの容易さ（組織の「成果」に関心を向ける），④理解の
容易さ（組織構造が組織内コミュニケーションの障害になってはならない），
⑤意思決定の容易さ（適切なレベルで意思決定し，成果に結びつけられる），
⑥安定性と適応性（組織人が他者と交流するためには安定かつ定着したコミュ
ニティが必要である），⑦永続性と新陳代謝（人材が仕事を通じて学習し，成
長していく）であるとされる。

　企業組織は，社員を管理・コントロールし，諸活動の指針を作り出す機能的
な側面（組織文化）と，分業や権限を配分し，意思決定や問題解決の速度を早
めるための側面（組織構造）を持つ。

　企業の競争は，個人競技ではなく，組織間競争である。そのため，企業は強
固な組織を作り上げ，維持し続けなければならない。ここでは，世界市場の発
展段階と組織構造の変化を述べる。

1．組織構造

⑴　垂直分化，水平分化，メカニズム統合
まず，企業の発展と組織の一般的な拡張を考えてみる。

　企業の発展は，メンバーの増加と生産・販売における仕事量の増加が相互に関連する。すなわち，企業の発展段階と共に，企業における組織メンバーの仕事の複雑化・多量化が進むのである。この変化に応じて，組織の分化や統合が必要となる。なぜなら，企業の成果を最大化するためには組織最適化が必要となるからである。

　ここでいう分化には，組織を上下に分ける垂直分化と，横に分かれる水平分化がある。

　垂直分化は，組織を階層化することで，下位者に権限を移譲することを目的とする。これにより，職掌分野の意思決定を早めようとするのである。

　しかし，経営トップから現場に対して十分な決定権限を移譲していないと，組織の垂直分化は，逆効果となる。つまり，ピラミッド型の組織で，階層が増えることで，重要課題の意思決定や情報の伝達が遅くなることが考えられるからである。そのため，組織の再構築がされ，フラット化という組織改編が実施されることもある。

　一方の水平分化は，組織内の専門的組織や新技術に関する複数の職務や職域が設けられるときに成立する。例えば，営業部門の中からマーケティング部門が独立したり，営業管理部門が独立したりすることがある。また，専門技術や新技術に基づく新たなカテゴリーの製品開発などが行われると，横への分化は更に進むこととなる。

(2) 職能別組織

　職能別組織とは，機能別組織のことである。例えば，生産，R&D，営業，マーケティング，財務・会計などの職能＝機能を単位として部門化した組織構造のことである。

　この組織構造は，職能経験を重ねて，それぞれの職能の専門家を育成していくのに役立つ組織である。つまり，職能内部の指揮命令系統を一元化し，中央集権的な管理を用いることで，組織内部の専門性を高めながらの業務運営を効率化するのに適している。

　この職能別の組織は，創造的・革新的な仕事への適用が難しくなることがある。なぜなら各部門においては，専門技能の向上に注力するため，他部門に対

して排他的な考えを産みやすい。その結果として，意思決定に携わることのできるのは，経営トップのみという状況となりがちだからである。つまり，鳥瞰的に事業を見回すことのできるマネジメント層の育成には必ずしも最適ではない組織構造であるといえる。

(3)　事業部別組織

　企業が発展していく過程において，新規事業が生まれることが多い。また，意図的に新規事業を産み出すこともある。いわゆる多角化である。この場合，これまでの職能別の組織では，対応しきれなくなる。例えば，GM やトヨタ，ソニー，セブンアンドアイグループによる金融事業や保険事業への進出，JR による店舗開発，富士フィルムの記録メディアや化粧品への進出などがこれにあたる。これらの場合，それぞれの事業に独自の管理権限を与えて，意思決定を早くするために事業別組織が誕生する。

　すなわち，製品別や地域別に生産，マーケティング，人事，財務会計などの機能を設けるビジネス単位を事業部制組織という。

　これにより，事業部ごとの責任と意思決定は明確になるし，ビジネス単位が複数になることで，マネジメント層の人材育成は強化される。ただし，各事業部が分立することで，企業全体のシナジー効果が薄れることもありうる。

(4)　カンパニー制組織

　事業部制を更に発展させた組織が，カンパニー制である。

　本社は，持ち株会社となり，全体戦略の立案と管理に特化する。そして，各カンパニーは，戦略上の業務執行に専念する。カンパニー制の導入で，新規事業の立ち上げや，M&A を柔軟，機動的に実施できるようになる。その結果，競争力は，高まることとなる。

　ただし，意思決定の結果責任，言い換えれば，損益責任は，各カンパニーに帰することになる。したがって，持株会社からすると，全体戦略とのシナジー効果の親和性や損益の結果を明確に判断しやすくなる。その成果によっては，他社への売却の意思決定も容易になるという側面も持つ。

(5)　マトリックス組織

　マトリックス組織とは，文字通り，組織にタテ・ヨコの関係を持ち込んだ組織デザインである。

　前述した組織で言うと，事業部制と職能構造の利点を折衷しようとする試みから生まれた組織形態である。

　この組織では，事業と職能の責任分担要素が併存するため，事業管理者と職能管理者が任命される。マトリックス組織の良い側面は，現在の経営資源をより有効に利用できる可能性をもつことである。しかし，レポートライン（指示命令系統＝報告系統）が併存することから，事業と職能間で方針の不一致が生じる恐れがあり，調整を要するので実際には運用が難しく採用する企業は決して多くない。

2．外国市場進出に伴う組織構造

(1)　国際事業部の設立

　企業は，製造業を中心に，国内での成長の一環として輸出が増加し，外国への直接投資を活発にすると，組織構造の中に国際事業を反映する組織づくりがはじまる。多くの場合，国際化の初期段階では，海外事業部を現存の国内事業部において海外事業も担当させている。

図表 17-1　国際事業部の組織構造

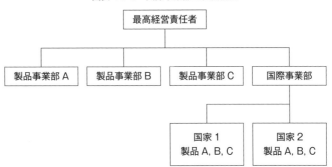

出所：Hill (2011), p. 439, Figure 13.4 を基に作成。

　さらに国際事業が活発化すると，国内の製品別組織と同列に国際事業部を新設して配置することとなる（図表17-1）。

　この国際事業部の下には，米国地域，欧州地域，アジア地域などの分化された地域別統括組織を設け，その地域統括組織の下に各国別の子会社を統括するのである。

(2)　グローバル製品別事業部制組織

　製品事業を多角化した多国籍企業は，グローバル製品別事業部制組織を採用することがある。これは製品別事業部では，母国の国内事業部門を製品別事業部で統括し，国際部門については，国際事業部で統括する。すなわち，事業部構造を基礎としながら，事業部間の国内部門と国際部門が分離した組織構造である（図表17-2）。

　ここでは，経営管理を製品別に実施するため，製品別事業組織が，国内事業と国際事業のすべてを統括する形態が主流である。製品事業部は，それぞれの意思決定により，地域での原材料の調達，その地域に適合した製品やサービスを開発することができる。世界全体の生産やロジスティックスまでの価値連鎖の最適化は，本社の決定事項である。

　世界を単一市場とみなして，標準化された新製品を世界市場へ一斉に発売する，戦略的に地域ごとに発売時期をずらして販売する，地域ごとにユーザー・ニーズを汲み取った製品を開発・販売する（適応化）など，製品を中心とする

図表 17-2　グローバル事業部の組織構造

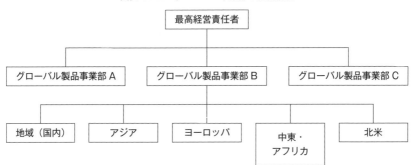

出所：Hill (2011), p. 441, Figure 13.7 を基に作成。

機動的なマーケティング戦略を実施できるのが，グローバル製品別事業組織の特徴である。前者の例は，アップル社の iPhone の発売があり，また，適応化の例は，ユニ・チャームが紙おむつを新興市場で1個ずつの販売を実施，日清食品がカップ麺の市場開拓のために，国別に味つけを変えたり食べ方を提案したりする事例がある。

(3)　グローバル地域別組織

　製品別事業部別の組織とは別に，グローバル地域別組織がある（図表17-3）。この組織は，世界市場を地理的に分割して統括する。十分な市場規模があれば，国，あるいは複数の国を束ねた地域を統括できる組織構造である。例えば，生産，マーケティング，R&D，人事，会計・ファイナンスを地域別に持って，価値創造活動を行う。この組織構造は，地域固有の状況に即した事業戦略を最適化できる。一般に，多角化企業より，素材・原材料，単一製品を扱う巨大専業企業が採用しやすい組織構造である。

　世界各国では，現地の法規制・文化・気候風土・ユーザーの嗜好に違いがある。また，広告宣伝活動のためのマスメディアへの規制があり，マーケティング政策も異なる。

　例えば，この地域別事業部では，北米事業部とそれ以外の地域として構造が分化する。続いて，それ以外の地域が，ヨーロッパ事業部，アジア・パシフィック事業部，南米事業部，中東・アフリカ事業部のように分化する。

　これらの地域事業部は，統括する国ごとの現地制度や商慣習，顧客ニーズに迅速に対応することを目的とする。

　地域別事業部は，一般消費者向けの B to C 事業で効果を発揮するだけでな

図表 17-3　グローバル地域別組織構造

出所：Hill（2011），p. 442, Figure 13.8 を基に作成。

く，大口顧客が多国籍企業である B to B 事業の場合でも，その大口顧客の世界展開に併せて，現地市場で顧客にきめ細かく対応する製品を提供することにより，競合他社からシェアを守ることにも有効である。

　日本企業の採用例としては，オムロンが，1988 年からカンパニー制導入前の 1998 年まで取り入れていた。

⑷　グローバル・マトリックス組織

　グローバル地域別事業部制組織とグローバル製品別事業部別組織は，それぞれに強みと弱みを持っている。グローバル地域別組織は，ローカリゼーションを進めている場合に威力を発揮するが，グローバル製品別組織は，グローバル標準化を推進する場合に適応しやすい。

　1970 年代，グローバリゼーションが発展し，ヨーロッパと日本の企業が多くの海外投資をして，世界の競争環境に変化が生じた。そのため，組織マネジメントの進化が始まった。

　ヨーロッパや日本の追い上げにアメリカ企業は，グローバル製品別事業部制組織，グローバル地域別事業部制組織を採用したが，その後，グローバル・マトリックス構造を使うことで，トランスナショナル組織の戦略を実現しようとする場合がでてきた（図表 17-4）。

　しかし，この構造は，先に述べたマトリックス組織と同様に二重の意思決定を必要とする。個々のマネージャーが，製品別組織と地域別組織の 2 つの層に属している。つまり，製品と地理において 2 人の上司を持っている。

　たとえば，家電メーカーがテレビ，冷蔵庫，パソコンなどの製品群について，米国，ヨーロッパ，アジアなどに販売拠点を持つ場合，この製品ごとの事業部門と地域を交差させることで，いわゆるマトリックス組織ができあがる。

　この組織のメンバーは，テレビ事業部に一人，ヨーロッパ地域に一人という具合に上司を持つ。メンバーは，この異なる上司の指示を受け報告をしなければならない。1989 年から 1990 年の AT&T は，現地化推進のためにこの組織形態を採用した。

　しかしグローバル・マトリックス組織は，複雑な構造のため意思決定を遅らせることとなり，製品部門と地域部門の絶え間ない争いを産んでしまうことが

図表17-4　グローバル・マトリックス組織

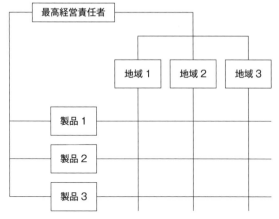

出所：Hill (2011), p. 440, Figure 13.6 を基に作成。

ある。なぜなら，一方の決定により進めた重大な意思決定が，不成功に終わった時に，他方から強い非難を受けるなどのコンフリクトが発生するからである。

　メンバーも，2人の上司から相異なる指示を受けた場合，その調整に時間を費やすこととなることがある。

3．企業統制に係るインフォーマル統制メカニズム

⑴　インフォーマル組織

　これまで述べてきた組織は，組織図により定義づけられ，権限や責任，階級，指揮・命令系統（レポートライン）などで公式に定められたものである。これをフォーマル組織という。

　その対義語として，組織図では定義されない人間関係から生まれる集団をインフォーマル組織と呼ぶ。

　インフォーマル組織の重要性を認識することになる組織行動論の著名な実験に，メイヨー，レスリーバーガーが加わった調査である「ホーソン実験」がある。

　ホーソン実験は，1927年から1932年にかけてウェスタン・エレクトリック社のホーソン工場において行われた。

　その目的は，労働条件，作業環境が労働者に与える影響を調査することであった。この実験の結論は，生産性に影響を与える要因は，労働条件や作業環境ではなく，作業集団内部における人間の相互関係であるということであった。

　ここから，労働者の作業効率の向上には公式組織の人間関係や作業環境や金銭的刺激によらず，インフォーマルな人間関係を重視した諸方策が必要とされることが明らかにされた。

　前述したようにグローバル・マトリックス組織は，地域と事業部の調整が難航することがある。これを補完するためには，インフォーマル組織の充実もひとつの重要な仕掛けとなるであろう。

⑵　知識ネットワーク

　このインフォーマル組織の充実のために，インターネット時代にある多国籍企業は，知識ネットワークを構築して活用している。

　例えばトヨタ自動車は，社内 SNS プラットフォーム「TOYOTA Chatter」を開設し，全世界で計 8,400 名の社員が登録し，英語によるコミュニケーションを展開していたが，2013 年 3 月に，さらなる社内交流のため，コンピュータによる自動翻訳を含めた SNS 翻訳センターを開始した。

　いまや，多国籍企業は，電子メール，ビデオ会議，イントラネットシステムを駆使して，業務を円滑化し，価値創造を加速化している。これは，公式なツールとして利用され，グローバル・トップからのメッセージや，人事評価システムとしても利用される。

　2019 年 3 月にマイクロソフト社のチャットアプリ「Microsoft Teams」（この時点で 44 言語に対応）が 50 万組織に導入され，この中には，「フォーチュン 100」企業が，91 社含まれている。インフォーマルな交流で他国事例を知り，自らの仕事に活かすことなどに役立てられる。

4．組織文化

　組織文化とは，そのメンバーが，共有する意味のシステムであり，これによ

り，その組織が他の組織から区別される。

　この組織文化の特性を形成する要素は，ロビンスによれば，①革新およびリスク性向（従業員が危険を恐れないことの奨励度合），②細部に対する注意，③結果思考（結果そのものの重視），④従業員重視（従業員への影響を重視した意思決定），⑤チーム重視（チーム活動の体系化度合），⑥積極的な態度（積極的で競争的な度合），⑦安定性（現状重視の程度）という7つとされる。

　そして，組織文化は，企業組織で優位な文化のことであるが，それらを形成するのは，各事業部や担当部門，あるいは地理的な状況で生まれるユニークな価値である。

　ロビンスによれば，組織内文化の機能には，①境界を定義（ひとつの組織と別の組織を区別する），②アイデンティティ（メンバーにアイデンティティの感覚を伝える），③関与促進（個人の興味を超えた大きな物への関与を促進する），④安定性強化（社会システムの安定性を強化する）の機能がある。

　この組織文化が組織へ浸透・定着すると，組織内でその文化が実践され維持されていく。例えば，各企業における人事諸制度である採用，業績評価，報酬，キャリア開発などは，雇用された，あるいは雇用されている従業員が，文化に合致するような規範として実践し維持していく。

5．新興国市場と組織デザイン

　新興国市場は，成長を続けている。それに伴い多国籍企業は，これまでにない組織の変革を実践している。例えばグローバルな部門連携により，①最も専門性が高い場所に集中させ，コストも可能な限り抑えられること，②時差を利用して24時間年中無休の業務推進が可能になること，③複数地域に，例えばR&D部門を配置することは，リスク軽減になること—などがあげられる。

　こうした組織は，従来のマトリックス型組織の延長線上にある「T字型地域組織」として提唱されている。水平方向には各国の結びつきを，垂直方向には，それぞれの国の奥行きを表している。T字型組織は，トランスナショナル組織の進化形と定義されるが，機能の一部を別々の場所に分けることが特徴で，国を超えた統合を進めることができる（図表17-5）。

　例えばインドには，GE（ゼネラル・エレクトリック）が数値解析モデルに関して全世界の能力を結集させ，医療・医薬品メーカーのアストラゼネカは，熱帯医学を専門とするT字型組織部門をバンガロールに置いている。

　GEが，空間的に離れた場所で協働することができるのは，「誰もがシックス・シグマの言語を話す」からである。「シックス・シグマ」とは，日本の製造業のQCサークル活動を基にモトローラにより開発され，さらにGEが，経営のプロセス改革に適用した手法である。地理的な言語や文化は，勤務体系などに影響をおよぼすことがあるが，企業文化，組織文化は，地域を超えて仕事

図表17-5　多国籍企業にふさわしい組織を診断する

スコアA		スコアB	
事業が稼働するうえで必要なスキル，組織能力，経営資源は地理的にどの程度集中あるいは分散しているか。		社員は場所に縛られずに協力して働くことに，どの程度能力があるか。	
非常に集中している	1点	あまり長けていない	1点
ある程度集中している	3点	ある程度長けている	3点
非常に分散している	5点	非常に長けている	5点

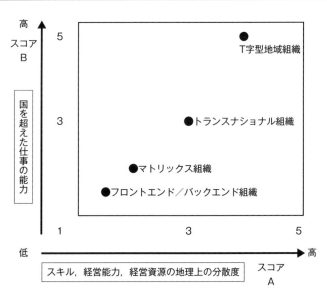

出所：Kumar and Purnanam（2011），邦訳128頁。

をするための重要な「共通言語」というわけである。

　GE の携帯用心電図検査機器「MAC400」は，インドで開発された。これは，「リバース・イノベーション」の象徴ということができる。リバース・イノベーションとは，最初に途上国で採用され，先進国に遡るイノベーションである。

　アストラゼネカにしても共有する知識を対面作業を代替するウェブカメラ，インターネットの利用により地理的距離の制約を克服している。

　インドや中国が，大きな市場を形成すると共に，人材の宝庫ともなりつつある。ただし市場といっても一案件あたりの購買力は，必ずしも先進国と同じではなく小さい場合が多いから，安価でより多くの顧客に利用される製品開発が重要となる。

■コニカミノルタ，「IoT 人材」2倍500人に，ソリューション転換先導

　コニカミノルタは，あらゆるものがネットにつながる「IoT」のサービスを担う人材を倍増する。顧客企業への IT（情報技術）サービスやデータ利活用のソリューションの強化にとどまらず，社内向けにスキル引き上げのエンジン役となる。デジタルトランスフォーメーションを加速するため，社内外から人材を募り，生産性を高める狙いだ。

　データ解析の知見を持つエキスパートらを増やす。こうした人材は日本企業で登用が万全と言いがたく，集中的に募り育てる考え。山名昌衛社長は「（IoT 人材の強化は）顧客企業の課題をデータを活用して，解決するために欠かせない」と説明する。中期経営計画を終える 2019 年度までに，国内外で現行の 2 倍となる 500 人体制にする。

　3つの分野に注力する。まずはデータ分析から課題，そして解決策を導くデータサイエンティスト。加えて，短期間での開発，検証を繰り返す，スピードを重視した「アジャイル開発」のリーダー。IT サービス全体を設計できる「アーキテクト人材」といわれる戦力を補強する。

　「モノ売り」からの脱却……。複写機メーカーが突きつけられる課題だ。機器本体，その後に補修品で安定的に稼いだビジネスモデルが崩れる。ペーパーレス化，クラウド化が背景にある。各社ともこれまでの顧客網を基盤にして，ソリューション（解決型）ビジネスへ転換する。

　コニカミノルタは「ワークプレイスハブ」と呼ぶ構想を掲げて国内外で広げようとしている。IT 機能を兼ね備えた事務機器，サーバー群といったハードウエア，オフィス業務で使うソフトウエアを一括提供する。こうしたプラットフォームで集めた顧客データから業務改善を促す。

　「画像」を活用した独自性があるサービスを提案する。監視カメラで撮った映像データを，エッジコンピューティングでスピード処理する。ビッグデータの活用を叫ばれるなか，投資余力がない中小規模の製造・流通業をターゲットにする。これまでの機器，

部品などのメカトロニクスの知識に加えて，新たな技能を求められることになる。
　ビッグデータ解析の人材は激しい獲得競争が繰り広げられるが「画像から人物の行動を解析する人工知能（AI）などとは別の領域だ」（山名社長）。新たなビジネス領域で活躍できる魅力ある場を提供することで，有能なタレントへの誘引力になるとみる。
　IT ソリューション提供のため，同社は 10 年ごろから主に海外の IT 企業の M&A（合併・買収）を進めており，その数はこれまでに 40 社を超える。システム，業種ごとの働き方それぞれに精通する人材は既に 1700 人をそろえるという。ビジネスモデルへの変革にあわせ，組織の新陳代謝を急ぐ。（諸富聡）

　出所：『日経産業新聞』2019 年 1 月 29 日付，4 頁より抜粋。

参考文献

佐藤剛監修，グロービス経営大学院著（2007）『グロービス MBA 組織と人材マネジメント』ダイヤモンド社。

米澤聡士（2011）『ワークブック国際ビジネス』文眞堂。

Chandler, A. D. (1962, 1990), *Strategy and Structure*, MIT Press.（有賀裕子訳『組織は戦略に従う』ダイヤモンド社，2004 年。）

Drucker, P. F. (1973, 1974), *Management: Tasks, Responsibilities, Practices*, Tuttle-Mori Agency.（上田惇生訳『マネジメント【エッセンシャル版】基本と原則』ダイヤモンド社，2010 年。）

Hill, C. W. L. (2011), *Internaional Business: Competing in the Global Marketplace*, 8th ed., McGraw-Hill.（鈴木泰雄・藤野るり子・山崎恵理子訳『国際ビジネス 1, 2, 3』楽工社，(1, 2) 2013 年，(3) 2014 年。）

Kumar, N. and Purnanam, P. (2011), "Have You Restructured for Global Success?" *Harvard Business Review*.（佐藤やよい訳「新興市場で勝つ組織デザイン」『Daiamond ハーバード・ビジネス・レビュー』2012 年 5 月号。）

McDermott, R. and D. Archibald (2010), "Harnessing Your Staff's Informal Networks," *Harbard Business Review*, March, Harvard Business School Publishing.

Robbins, S. P. (2005), *Essentials Of Organizational Behavior*, 8th ed., Parson Education, Inc.（高木晴夫訳『組織行動のマネジメント』ダイヤモンド社，2009 年。）

Senge, P. M. (1990), *The Fifth Discipline: The Art & Practice of The Learning Organization*, Wiley Periodicals.（守部信之訳『最強組織の法則』徳間書店，1995 年。）

練習問題

1．カッコに適切な語句を入れなさい。

① 企業の組織構造において，職能別組織とは，（　　A　　）のことである。例えば，生産，R&D，営業，マーケティング，財務・会計などを単位として部門化した組織構造のことである。この組織構造は，職能経験を重ねて，それぞれの職能の（　　B　　）を育成していくのに役立つ組織である。

② 製品別や地域別に生産，マーケティング，人事，財務会計などの機能を設けるビジネス単位を（　　C　　）という。この組織では，（　　D　　）ごとの責任と意思決定は明確になる半面，企業全体のシナジー効果が薄れることもある。

③ 事業部制を更に発展させた組織が，（　　E　　）である。本社は，（　　F　　）となり，全体戦略の立案と管理に特化する。

④ マトリックス組織とは，（　　G　　）と職能構造の利点を折衷しようとする試みから生まれた組織形態で，現在の経営資源をより有効に利用できる可能性をもつが，（　　H　　）が併存することから，事業と職能間で方針の不一致が生じる恐れがあり，運用が難しいとも言える。

第18章
人的資源管理

　現在の企業において，ヒト（人的資源），モノ（物的資源），カネ（財務的資源），情報は経営資源とされ，企業の諸活動に関わり，さらに製品・サービスにも影響する。ヒトのマネジメントである人的資源管理は，企業の競争優位を高める要素として重要であるとされている。複数の国で経営活動をしている多国籍企業は，本国の人材のみならず，現地の人材やその他の国の人材が仕事に従事している。国際的なビジネス活動を行う上で，企業は，さまざまな国の従業員を適所に配置し，製品・サービスを提供している。企業の国際化の段階によって，人的資源管理で留意する点が異なる。

1．人的資源管理と国際人的資源管理

⑴　人的資源管理とは
　ヒルによれば，人的資源管理とは，組織が人的資源を有効的に活用するために行う活動を指す。人的資源管理の活動は，資源戦略，人事配置，業績評価，管理職育成，報酬，労務間関係など多岐にわたる。これらの活動は，企業の戦略と密接にかかわっている。企業の競争優位を獲得するために戦略と人的資源管理の相互関係が，重要であると白木は指摘する。

　企業戦略と人的資源管理を統合する考え方は，戦略的人的資源管理（Strategic Human Resource Management：SHRM）として発展している。Bratton & Gold によると，戦略的経営プロセスは，組織のミッションと目標の設定，外部環境と内部環境の分析，戦略の立案，戦略の実行，戦略の評価の順で行われ，それらが絶えず評価され各プロセスにフィードバックする。そのプロセスの中で，戦略の実行として人的資源管理の活動は組織に影響を及ぼ

す。

⑵　国際人的資源管理とは

　国内経営だけではなく，海外に進出し国外でも経営活動する多国籍企業が多
く存在する。企業の経営活動が国際化するのに従い，人的資源管理の観点にお
いて国際的な側面が課題になっている。

　国際人的資源管理（International Human Resource Management：以下
IHRM）は，複数国でビジネス活動を行う企業の人的資源に関連する諸活動と
されている。笠原は，IHRM の特徴として，複数の国籍を持つ人材を活用して
いること，経営慣行や経営手法が異なる国々の調整を行う複雑性があることを
指摘している。関口は IHRM の機能を国際人材配置，国際人材育成，国際報
酬，国際人事評価，海外派遣者のマネジメント，国際労使関係と複数のシステ
ムに分類している。

　Morgan によると，海外に複数の拠点を持つ多国籍企業に従事する従業員
は，多国籍企業の出身国の国籍を持つ人材（本国籍人材），多国籍企業が進出
した先の国の国籍を持つ人材（現地国籍人材），その他の国籍を持つ人材（第
三国籍人材）が存在する。これらの多様な背景を持つ従業員を IHRM の各機
能において，どのようにマネジメントするかが課題となる。企業の活動範囲，
活用する従業員のタイプ，人的資源管理に関わる活動・機能を踏まえ，企業は
人的資源管理のプロセスを多元的にマネジメントする必要性が出てくる。

２．企業の国際化と国際人的資源管理

⑴　企業の国際化発展モデル

　企業の国際化発展段階モデルとして，EPRG プロファイルが知られている。
EPRG プロファイルは，パールミュッターにより提唱された。パールミュッ
ターは，企業の国際化の段階は本国にある本社（親会社）の上位経営層の基本
姿勢に影響されるとし，経営活動に対する意思決定の志向性を示した。本社
のトップ経営層の基本姿勢を，本国志向（Ethnocentric orientation），現地志
向（Polycentric orientation），地域志向（Regiocentric orientation），世界志

向（Geocentric orientation）の4つに分類し，多くの企業が本国志向（E）から現地志向（P），そして地域志向（P），世界志向（G）（E→P→R→G）に発展していく傾向がみられる。しかし，発展段階の順番は企業によって異なることもある。

(2)　EPRG プロファイルと国際人的資源管理

　図表 18-1 は，多国籍企業の海外子会社に対する本社の各志向性が，採用，要員配置，人材開発，評価，賞罰・インセンティブなどの人的資源管理に影響を与えうる項目を示している。

　本国志向とは，本国の方が優れている知識や能力を持ち，世界中で本国籍人材を中心地位におく志向のことである。海外進出先には本国籍人材を配置するのが最善だとみなす。ヒルによると，現地に管理ポストに就く資質を持った人材がいないと考える場合，企業文化を海外で維持するために本国から人員配置が必要だとする場合，コア・コンピタンスに関連する知識を保持する本国籍人材を現地に派遣するのが良いと考える場合などがあてはまる。そして，従業員の評価は本社の基準を基にして行われ，報酬は本社で手厚くされる。

　現地志向とは，現地の海外子会社の経営は現地国籍人材に任せ，現地事業が収益を上げている限り本社は介入すべきではないという姿勢をいう。海外子会

図表 18-1　多国籍企業の海外子会社に対する本社の志向と国際人的資源管理

人的資源管理の側面	志向			
	本国志向（E）	現地志向（P）	地域志向（R）	世界志向（G）
採用，要員配置，人材開発	世界中の主要な地位には本国籍人材を	現地の主要な地位には現地国籍人材を	地域内の主要な地位には同地域の人材を	主要な地位には世界中から人材を
人事評価	本社（親会社）基準を採用	現地で決定	地域で決定	世界・現地を含めた基準を採用
賞罰・インセンティブ	報酬は本社で手厚く，海外子会社では薄い	報酬は海外子会社の実績に依存する	報酬は地域目標にそった貢献度に依存する	国際的・現地経営幹部に対する報酬は，現地・世界目標の達成度に依存する

出所：Heenan and Perlmutter（1979），邦訳19頁より筆者作成。

社の経営には，現地国籍人材が採用され，海外子会社の重要ポストも任される。ヒルによると，現地志向は，現地の文化を誤解することが避けられること，現地における価値創造を促すことが，利点として挙げられている。海外子会社で働く人材の評価は，現地に合わせた評価が採用され，海外子会社の実績に応じた報酬体制になる。

　地域志向は，ヨーロッパやアジアなどの地域ベースで，権限や人材を集中させる姿勢を指し，現地志向と世界志向の中間の志向とされている。地域単位で管理者を採用，訓練，評価，配置できる。ヒルによると，地域志向の場合，多国籍企業は地域本社をおき，地域本社でその地域内の海外子会社を管理する。現地国籍人材や第三国籍人材の複数の国籍の人材が採用されることが予測される。評価は，地域レベルで決められ，報酬は地域レベルの目標達成度に依存する。

　世界志向とは，意思決定に際し世界的なアプローチをとり，各地域を統合する姿勢を示す。ヒルによると，企業は，本国籍人材，現地国籍人材，第三国籍人材を含む優秀な人材を適切に配置し，人的資源を最大限に活用することができる。人材の評価は，世界および現地を含めた基準になり，国際的および現地経営幹部に対する報酬は，現地や世界目標の達成度に依存する。

　上述のように，EPRGプロファイルで説明されている本社のトップ経営者の国際化に対する志向により，採用，人事評価，賞罰など異なることが理解できる。

3. 人事評価

(1) 人事評価とは
　人事評価とは，組織の目標を達成するために，従業員をさまざまな側面で評価し，従業員に適切な処遇を与え育成して，ヒトを動かす仕組みといわれている。瓜生原によると人事評価の目的は，組織方針の伝達と遂行の促進，公正な処遇の決定，人材育成の3つがある。

(2) 人事評価の種類
　瓜生原や戎谷によると，人事評価の種類は，業績評価，行動評価，情意評

価，能力評価などに分類される。業績評価は，具体的な与えられた仕事の量や目標の達成度など成果に基づく評価である。行動評価は，高業績者の共通の行動特性とするコンピテンシーを評価項目や評価基準として設定して活用する評価である。多国籍企業の多くは，コンピテンシーモデルを評価や人材育成に適用している。次に，情意評価は，勤務に対する意欲や取り組みを評価するものである。例えば，協調性，規律性，積極性，責任性などを評価している。能力評価では，主に職務を遂行するための業務知識，専門知識，企画力，折衝力，指導力などが評価される。

(3)　欧米日における人事評価の違い

　戎谷によると，欧米では業績評価と行動評価に重きをおく人事評価を行い，日本では情意評価と能力評価に重きをおく人事評価を行う傾向があるという。その中でも，北米企業では，職務給によって，賃金や報酬が決められる場合が多いとされる。竹内によると，職務給は，それぞれの職種の難しさや重要さによって職務自体に序列があり，その序列により基本的な賃金が決められる。そして，個人の報酬は，その目標達成度に基づく成果によって差がつく。一方，多くの日本企業では年功序列が採用され，人事評価は長年の経験から蓄積された能力を評価し，勤務に対する意欲などの情意を評価するなど評価基準は不明瞭なことが多い。また，多くの日本企業にみられる職能給は，職能資格と呼ばれる組織内での等級によって基本的な賃金が決定される。日本企業によっては，各職能の資格に昇格するために前提とされる勤続年数があり，昇格試験などの人事考課結果を合格する必要がある。しかし，近年において日本企業は，年功序列の制度や職能給を見直し，欧米企業にみられる業績評価と行動評価へと移行しつつある。

　国境を越えて経営活動している多国籍企業においては，さまざまな国の従業員が業務を遂行している。多国籍企業では労働観を含む価値観が異なる従業員の評価を行うため，人材育成や賃金・報酬などに対して懸念事項が出てくる。そのため，多国籍企業では人事評価の各種類の利点と欠点を知ったうえで，人事評価制度やそのプロセスを構築したほうが望ましいとされている。

4．海外派遣者のマネジメント

(1)　海外派遣者とは

　国際的に経営活動をする企業において，国境を越えた人材の移動は，海外に派遣される人（海外派遣者：expatriate）という形で現れる。本社から海外子会社に本国籍人材を派遣する場合，海外子会社から他の海外子会社に現地国籍人材を派遣する場合などある。ブラックらによると，海外派遣の目的は，世界中の事業単位を効果的に調整・統制すること，世界で活躍できるリーダーを育成することなどが挙げられている。海外派遣に関する人的資源管理は，人事部門のみに限らず，企業のあらゆる部門のマネジャーが習得しなければならないものとブラックらは指摘している。海外派遣にかかる経費は高くつくため，派遣の失敗を未然に防ぐことが必要になってくる。

(2)　海外派遣者のマネジメントサイクル

　図表18-2は，海外派遣者のマネジメントサイクルの流れを示したものである。

　Briscoeらは，海外派遣者のマネジメントを行う上で，海外派遣者に対する職務要件と海外派遣先国の分析が必要であると指摘している。派遣者に対する職務要件の分析は，技術的なレベル，マネジメントの責務，現地の国と社会に交流する文化的要件，語学レベルなどがある。海外派遣先国の分析は，政治・法律・社会経済の状況，一般的なモラルや価値観，社会制度，生活水準などが挙げられる。同時に，企業の国際化の事業戦略や国際化に対する企業のトップマネジメント層の志向を考慮する必要がある。これらの分析後，海外派遣者の選抜・評価が行われる。

　次に，組織内から人材を選抜・評価する段階がある。企業において，「海外派遣候補者の人材をどのように発掘するのか」，「派遣者の選抜にはどのような特性を考慮すべきか」などを熟考し，派遣者を選抜する。Briscoeらによると選抜する基準は，仕事の能力，パーソナリティの特徴，キャリアの段階，海外派遣の希望，家庭の事情，言語レベル，以前の海外派遣経験などがある。選抜

図表18-2 海外派遣者のマネジメントサイクル

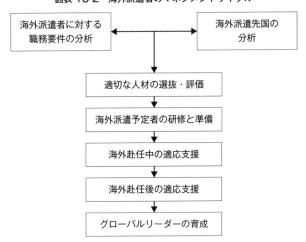

出所：Briscoe, Schuler and Tarique (2012), p. 228, Black (1999),
邦訳27頁より筆者作成。

方法は，インタビュー，キャリアプランニング，自己推薦，執行役員やライン
マネジャーからの推薦などがある。

　次に，海外派遣予定者に対して研修を行う。特に，ビジネス文化が極端に異
なる国へ従業員を派遣する場合に，異文化研修は効果的であるとされている。
語学研修を行うことや，事前に派遣先に訪問することも有効だとされる。ま
た，海外派遣者に対して企業内では，派遣先での住居供給，海外勤務に対する
報酬，海外保険，現地先における支援者などの準備を行う。海外派遣予定者の
家族も同行するようであれば，その家族に対する研修を行うこともある。

　適応支援の段階には，海外赴任中と赴任後の支援がある。海外派遣者が赴任
中には，現地に適応するように企業は社会的な支援を期待されている。派遣者
が海外に赴任すると，現地に適応する段階として感情的な変化が訪れるとされ
ている。海外派遣者は，海外赴任から約一か月程度は，海外での新しい生活や
環境が目新しく胸躍らせるときであるハネムーン期を過ごす。その後しばらく
すると，海外の見知らぬ土地において孤独感を感じ，現地の文化に適応で出来
ず不安を抱える時期であるカルチャーショック期を迎える。しかし，新たな文
化を学びその状況を受け入れる時期のリカバリー期を経験する。やがて語学力

や異文化理解力が向上し，赴任地の環境に順応する時期の適応期を迎える。このような海外派遣者の感情的変化を緩やかにするために，海外子会社の現地従業員は海外派遣者を支援し，社会的なネットワークを築く機会を提供することが重要である。海外派遣の期間が終了したのち，海外派遣者が帰任する。赴任後は，本国の文化に再適応できない逆カルチャーショックを受けることがあり，企業からの適応支援が必要になる。その支援には，自国文化への再適応，キャリア・カウンセリングなどがあると Briscoe らは述べている。

　グローバルリーダーの育成段階では，海外勤務で成功を収めた従業員を組織的に活用していく。海外勤務によって得られた柔軟性や，異文化対応能力，現地との人的ネットワークを活用し，次世代のリーダーを育成することが理想だとされている。

(3) 海外派遣の成功

　海外派遣者の帰任の成功は，「企業の海外派遣の目的が達成されたか」，「海外赴任中に高い成果を出したか」，「現地に認められたか」，「海外とのビジネス関係をより良く構築したか」，「海外派遣者が帰任後にも経験を活かして企業内で活躍しているのか」などによって評価される。しかし，予定していた派遣期間よりも早く帰国することや海外派遣の目的が達成されていないなど，海外派遣に関わる失敗が数多くみられる。その理由として，海外派遣期間が適切でない，本国帰還に関する不安，技術的スキルのみを重要視した選抜，海外派遣に対する研修の不足，赴任中における支援の不足等が Briscoe によって指摘されている。

5．ダイバーシティマネジメント

　日本企業は歴史的に同質的な社会で形成されたルールや慣習でビジネスを行っている傾向が強いとされてきたが，ヒトの多様性を活かすダイバーシティマネジメントが運用され始めている。
　企業のダイバーシティマネジメントの範囲は幅広く，性別，文化，国籍，スキル，働き方，性的志向，キャリアプランなどを含めた個人の持つ属性をマネ

ジメントすることを指すことが多い。ダイバーシティで注目されやすいのが，性別，身体，人種などの識別しやすい表層的な側面である。しかし，スキル，アイディア，働き方などの目には見えにくい深層的なダイバーシティの側面も注目されつつある。スキルやアイディアの多様性は，創造性を刺激し，問題解決やイノベーションに必要であるという考えが存在する。

　国際的な人的資源管理の中で，文化的多様性（cultural-diversity）は管理しにくい側面を持つ。さまざまな文化的背景を持つ従業員は，同じ価値観，ルール，マナー，慣習を持っているとは限らない。時間，契約，働き方，権力の影響などが異なり，衝突の原因となる可能性がある。アドラーは，文化的多様性は適切な管理が必要であるとしている。

6．グローバルリーダーシップ

　多様な背景を持つ従業員をマネジメントする中で，国際的に通用するリーダーが必要になってくる。多国籍企業の経営に携わるグローバル経営人材には，グローバルリーダーシップが求められている。グローバルリーダーシップには，国境を越えても通用する普遍的なリーダーシップという共通認識がある。リーダーシップとは，「所属組織の効果や成功に貢献するために，他の人々に影響をおよぼし，動機づけ，力を発揮させる個人の能力である」とハウスらによって定義されている。

　グローバルリーダーシップの国際比較研究が，ハウスらによって行われた。その結果，高業績の CEO（Chief Executive Officer）には，共通したリーダーシップ能力が7つあるとされている。それらの能力は，ビジョナリー，成果志向，決断力，意欲喚起，管理能力，高潔さ，外交的な能力である。優れたリーダーは，将来の明確なビジョンを開発して伝え，組織が実現するために計画を立て行動を起こす能力がある。また，成果志向が高く，自分とチームが成果を出せるように努め高い基準と目標を設定する。決断力があり，論理と直感に基づき迅速に意思決定を行っている。さらに，優れたリーダーは前向きで精力的，情熱的，楽観的であり，称賛や希望などを与え，チームを動かす意欲喚起を行っている。複雑な状況においても優先順位を明らかにし，他のメンバーの

業務を整理し調整を図る管理能力が高い傾向がある。そして，優れたリーダーは，本心を語り約束を守るなど信頼に値する高潔さがあり，外交的で効果的な交渉スキルを持つとされている。

■評価・報酬も世界共通に

　経営人材の確保・育成が世界的な企業間競争になって久しい。欧米系のグローバル企業ではその多くが世界各国に存在するグループ会社の人材情報を一元管理し，国や地域をまたいだ人材マネジメントに取り組んでいる。また，世界中のどのグループ会社に入社しても，グローバル本社の経営トップへと続くキャリアパスを実現している企業も多い。

　これらの前提として彼らが整備しているのが，世界共通の人事インフラだ。グレーディング（職務等級付け）や評価・報酬制度，国際異動ポリシーについて，一部を共通のものにすることで，世界中に存在するポジション（職位）や人材を同じ物差しで測り，国・地域を越えて活用・育成できるようになる。

　三菱 UFJ リサーチ＆コンサルティング㈱が実施した調査では，大手日本企業の５割以上が何らかの「グローバルポリシー」を策定していた。しかし，さらに踏み込んでグローバル人事制度を整備している企業は２割程度にとどまった。また，グローバル人事体制を整えている企業も２割に満たなかった。経営人材の確保・育成が世界的な競争になっている中で，多くの日本企業は人事インフラの面で世界のライバルたちに大きく遅れている。

　最近，「タレントマネジメント」という表現で人材戦略を語る日本企業が多い。仮にタレントマネジメントを「個々のタレント（人材）の状況を把握した上で，全体の人材サプライチェーンを適正にマネジメントする取り組み」と定義すると，これをグローバルに実現するには，世界共通の人事インフラが必須となる。

　それを実際に構築する際，人事制度のすべての要素を世界共通で完全に合わせようとすることはあまり現実的ではない。何を実現するために制度を共通化するのか，目的を具体化した上で必要な部分に絞って手を入れるべきだ。例えば，報酬制度であれば，基本方針・プロセスや目標水準を共有し，個別の報酬テーブルなどは各国・地域の報酬市場に合わせる方が適切だろう。

　また，整備すべき人事インフラは制度だけではない。制度の運用を支えるグローバル人事体制も重要なインフラの一部だ。制度運用は海外拠点の人事部門に担ってもらうことが多く，制度の意図通りに運用を進めるには，制度企画時点から彼・彼女らを巻き込む必要がある。

　その際，海外拠点の人事部門の上司は拠点の拠点長や本社の事業部門長であることが一般的であり，本社の人事部門の指揮下にはないことに留意すべきだ。本社経営トップのコミットメント（関与）の下，本社事業部門長・海外拠点長の協力を十分に引き出すことが不可欠である。

　出所：『日経産業新聞』2018 年 6 月 14 日付，14 頁より。

参考文献

瓜生原葉子 (2016)「評価」上林憲雄編著『人的資源管理』中央経済社, 164-181 頁。

戎谷梓 (2016)「国際人事評価」関口倫紀・竹内規彦・井口知栄編著『国際人的資源管理』中央経済社, 137-151 頁。

笠原民子 (2014)『日本企業のグローバル人的資源管理』白桃書房。

白木三秀 編著 (2018)『人的資源管理の力』文眞堂。

関口倫紀 (2016)「国際人的資源とは何か」関口倫紀・竹内規彦・井口知栄編著『国際人的資源管理』中央経済社, 12-24 頁。

竹内規彦 (2016)「人的資源管理の地域別特徴」関口倫紀・竹内規彦・井口知栄編著『国際人的資源管理』中央経済社, 75-90 頁。

Adler, N. J. (2008), *International Dimensions of Organizational Behavior*, 5th ed., Cengage Learning. (小林規一訳 (2009)『チームマネジメント革命―国際競争に勝つ経営戦略―』同友館。)

Black, J. S., H. B. Gregersen, M. E. Mendenhall and L. K. Stroh (1999), *Globalizing People Through International Assignments*, Addison-Wesley Publishing. (白木三秀・永井裕久・梅澤隆一監訳『海外派遣とグローバルビジネス』白桃書房, 2001 年。)

Bratton, J. and J. Gold (2012), *Human Resource Management: Theory and Practice*, 5th ed., Macmillan.

Briscoe, E., R. Schuler and I. Tarique (2012), *International Human Resource Management: policies and practices for multinational enterprises*, 4th ed., Routledge.

Heenan, D. A. and H. V. Perlmutter (1979), *Multinational Organization Development*, Addison-Wesley Publishing. (江夏健一・奥村晧一監修『グローバル組織開発―企業・都市・地域社会・大学の国際化を考える―』文眞堂, 1990 年。)

House, R. J., P. W. Dorfman, M. Javidan, P. J. Hanges and M. F. Sally de Luque (2014), *Strategic Leadership Across Cultures: The GLOBE Study of CEO Leadership Behavior and Effectiveness in 24 Countries*, SAGE Publication. (太田正孝監訳, 渡辺典子訳『文化を超えるグローバルリーダーシップ　優れた CEO と劣った CEO の行動スタイル』中央経済社, 2016 年。)

Hill, C. W. L. (2011), *Internaional Business: Competing in the Global Marketplace*, 8th ed., McGraw-Hill. (鈴木泰雄・藤野るり子・山崎恵理子訳『国際ビジネス 1, 2, 3』楽工社, (1, 2) 2013 年, (3) 2014 年。)

Morgan, P. V. (1986), "International Human Resource Management: Fact or Fiction?," *Personnel Administrator*, 31 (9), pp. 43-47.

Perlmutter, H. V. (1969), "The Tortuous Evolution of the Multinational Corporation," *Columbia Journal of World Business*, Vol. 4, pp. 9-18.

練習問題

1．次の記述に該当する多国籍企業の海外子会社に対する本社の志向性を書きなさい。

① （　　A　　）志向

　　多国籍企業における主要な地位には世界中から人材を採用し，人事評価は世界および現地を含めた採用基準を適用する。報酬は，現地および世界目標の達成度に依存する。

② （　　B　　）志向

　　多国籍企業における地域内の主要な地位には，同地域の人材を採用し，人事評価は地域内で基準を決定する。報酬は，地域目標にそった貢献度によって異なる。

③ （　　C　　）志向

　　多国籍企業における世界中の主要な地位には本国人材を採用し，人事評価には親会社基準を採用する。また，報酬は本社で手厚く，海外子会社では薄い。

④ （　　D　　）志向

　　多国籍企業において現地の主要な地位には現地国人材を採用し，人事評価は現地で基準を決定する。報酬は，海外子会社の実績により異なる。

2．カッコに適切な語句を入れなさい。

① 人事評価の種類は4つに分類される。（　　E　　）評価は，具体的な与えられた仕事の量や目標の達成度など成果に基づいて評価する。そして，行動評価は，成果を生み出すために取った行動特性の評価を行う。（　　F　　）評価は，勤務に対する意欲や取り組みを評価する。（　　G　　）評価は，職務を遂行するための業務知識，専門知識，企画力，折衝力，指導力などを評価する。

② 海外派遣者のマネジメントでは，海外派遣者に求める技術的なレベル，マ

ネジメントの責務，語学レベルなどの（　　H　　）要件と，政治・法律・社会経済の状況，生活水準などの（　　I　　）が必要である。

③　海外派遣者は，海外での新しい生活や環境が目新しく胸躍らせる時期である（　　J　　）期を過ごす。そして，海外の見知らぬ土地において，現地の文化に適応で出来ず不安を抱える時期の（　　K　　）期を迎える。しかし，新たな文化を学びその状況を受け入れるリカバリー期を経過する。やがて語学力や異文化理解力が向上し，赴任地の環境に順応し適応期を迎える。

④　日本企業では，ヒトの多様性を活かす（　　L　　）マネジメントが運用されて始めている。スキルやアイディアの多様性は，（　　M　　）を刺激し，問題解決やイノベーションに必要であるという考えも存在する。

第19章
マーケティングⅠ：市場調査

　マーケティングとは，市場需要（買い手のニーズ）を喚起するための企業（売り手）の執り行う施策と活動を意味している。企業は製品開発，価格設定，流通，販売促進を組み合わせて取り組む。このことをマーケティング・ミックスという。グローバル市場においては，その前に十分な市場調査が必要とされる。グローバル市場調査は，多数国市場で事業展開をする場合の参入方法，マーケティングの意思決定に有効である。しかし外国は本国と市場環境が同一ではないため，市場調査方法においてもデータの入手方法，比較方法，サンプルの等価性，回答者と質問者の文化的バイアスなど考慮すべき問題がある。

1．マーケティング・ミックス

　マーケティング・ミックスの主な要素は，製品（Product），価格（Pricing），販売促進（Promotion），流通（Place）の4つに規定される。これらの要素は，4つの頭文字がPであることから「マーケティングの4P」といわれる。

(1)　製品：Product
　「製品」に関する戦略は，製品コンセプトをいかに構築するのか，製品特性や品質をいかに決定するのかをはじめ，ブランドネームやブランド，包装やパッケージをどのようにするのかなどの方法である。付属品，保証，製品ラインに至るかなり広い範囲の決定がその領域に入る。

(2)　価格：Pricing

「価格」に関する戦略は，製品導入価格の設定，価格管理（変更・割引など）の決定などである。エンドユーザーに対する価格政策だけではなく，メーカーと流通業者との取引に生じる価格政策（例えば建値制に絡むリベート，アロウワンスなど）もある。価格は商品としての価値基準を表すものであり，顧客の品質への評価や認識に影響する。

(3)　販売促進：Promotion

「販売促進」に関する戦略は，広告内容および媒体の選択，販売員の訓練・活動，パブリシティ，陳列，サンプル，プレミアム，クーポン，実演販売，各種イベントなどの決定などである。

(4)　流通：Place

「流通」に関する戦略は，流通チャネル構築（排他的チャネルや開放型チャネル），取引関係の維持管理，市場カバレッジ（顧客・商品・地域などをカバーする範囲），流通の方法（直売・卸業の利用など）の領域が含まれる。

　マーケティング戦略で重要なことは，4P はそれぞれに関係しており，マーケティング・ミックスの諸要素が相互作用することである。マーケティング戦

図表 19-1　市場参入に影響する要因

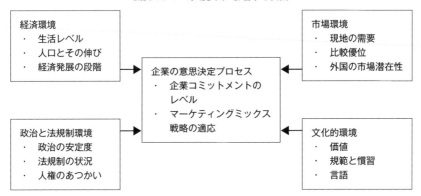

出所：Solomon and Stuart（2000），p. 87, Figure 4.2.

略では，まず市場調査を行い，そこから市場細分化を行い，特定のセグメント
を標的市場として選択する。標的市場は，企業のポジショニングに基づいて選
択される。企業コミットメントのレベルでは，標的市場への最適な参入方式を
意思決定する。製品レベルでは，4P を組み合わせたマーケティングを実践す
る（図表19-1）。

２．外国市場の多様性

　外国市場は多様であり，また変化をしている。このような複雑な市場環境で
マーケティングの意思決定をするためには，ターゲット市場となる国や地域で
ビジネスを行うため綿密な市場調査が重要となる（図表19-2）。

図表 19-2　世界のビジネス環境ランキング

順位	国名	EODB スコア	前年比	
1	ニュージーランド	86.59	0.00	
2	シンガポール	85.24	+0.27	
3	デンマーク	84.64	+0.59	
4	香港	84.22	+0.04	
5	韓国	84.14	−0.01	
6	ジョージア	83.28	+0.48	
7	ノルウェー	82.95	+0.25	
8	米国	82.75	−0.01	
9	英国	82.65	+0.33	
10	マケドニア	81.55	+0.32	
24	ドイツ	78.90	0.00	
39	日本	75.65	+0.05	
46	中国	73.64	+8.64	
77	インド	67.23	+6.63	＊ 2015 年は 142 位

注：各国のビジネスのしやすさ（EODB）をランク付けする年次報告書。
　　「ビジネスのしやすさ」の評価は，事業設立の容易性，少数株主保護，
　　建設許可取得の容易性，納税環境，電力事情，貿易環境，資金調達環境
　　など10項目で評点し，1位を100とした差から各国をポイント化する
　　調査方法である。
出所：World Bank Group (2019), p. 5, TABLE 1.1 を改変し転載。

3．参入方法と情報ニーズの変化

　多国籍企業がグローバル戦略を志向して世界市場に参入することをグローバル市場開発と呼ぶ。第11章で述べたように外国市場への参入方法には戦略オプションがあり，それぞれに長所と短所がある（図表19-3）。その選択に必要な情報ニーズは，その企業の事業経験や参入方法によっても異なる。

図表19-3　外国市場参入の戦略オプションの長所と短所

参入方法	長所	短所
輸出	生産国での生産集中化による規模の経済，投資コストの低減	高物流コスト，貿易障壁，現地マーケティング活動の制約
ターンキー (設備一括請負契約)	技術・生産の複雑な開発プロセスを回避，FDI投資制約を回避	運用力欠如により長期的利益機会の遺失，現地競合企業の創出促進
ライセンシング	開発コストとリスクの低減	技術ノウハウの経営支配権，外国市場展開への制約
フランチャイズ	開発コストとリスクの低減	同上
合弁事業	現地パートナー経営資源アクセス，開発コストとリスクの分割，政治的受容性	経営支配権の完全支配ができない
完全所有子会社	経営資源の保持管理，グローバル戦略の調整と配置が可能	コストとリスクの高騰

　出所：Hill (2011), p. 483, Table 14.1 を参考に筆者作成。

(1)　第1ステップ　初期参入のための環境情報

　まず進出国のビジネス環境と市場環境の情報が収集されなければならない。ビジネス環境情報とは，事業を行う場合に知るべき情報であり，政治体制，財務・通貨安定性，規制，社会インフラの充実度，人口規模と経済成長度などである。また市場環境情報とは特定製品・サービスに関連する市場成長度，市場構造，競争環境（他社，競合製品）の情報をいう。

　●データの入手可能性と信頼性

　このような情報は外国市場へ参入する意思決定をするために必要な基本情報である。グローバル戦略では，参入国の選定，参入方式（輸出，提携，直接投

資），市場細分化などは，各国ごとではなく世界レベルで統合管理され配置と調整が考慮されて決定されなければならない。しかし発展途上国では2次データの入手可能性，正確性，信頼性に問題があることがある。なぜなら国家行政や調査機関によって実施される各種の統計調査が厳密かつ定期的に実施されていないからである。このような場合，企業は独自に調査を行う必要が生じる。

(2)　第2ステップ　現地市場拡大のための情報

　多国籍企業が実際に製品・サービスを現地市場に適合させるために，マーケティング・ミックスの各要素を評価分析する。具体的には製品市場，代替製品，消費者行動研究，競争分析などがある。例えば電器製品についてはそのデザインや機能を変え，食品製品については原材料や風味などを戦略的に変更することがある。また現地ニーズに適合する新製品を開発することもある。プロモーション活動では宣伝広告コピー，パッケージを現地の社会文化や慣習に適応するよう変更する。価格決定は現地の経済指標，競合状況に照らして戦略的に変更する。この段階では本国発祥のマーケティング・ミックスの世界「標準化」に固執せず，現地「適応化」させることによって市場拡大を目指さなければならない。

(3)　第3ステップ　グローバル合理化のための情報

　この段階で多国籍企業は経営資源の効率的・効果的な活用を意図し，複数国で全体戦略を進める。現地市場ごとに行われてきた原材料・部品調達，生産，販売，流通，アフターサービスなどの活動や現地適応化したマーケティング・ミックスは，全社的に見れば重複し非効率的であったりする。企業の諸活動をグローバルに効率的・効果的に「配置」と「調整」するためには最新の情報収集が必要となる。例えば現地のマーケティング・ミックスに直結する規定要因としては，政治体制，投資環境，為替レート，消費者市場の動向，ブランドの流行などの情報の必要性が高い。

4．産業市場の異なる特徴

　ポーターは，国際ビジネスの類型化を「配置（configuration）」と「調整
（coordination）」という単純な概念によって説明している。ここではグローバ
ル戦略の課題はマーケティング活動の配置と調整によってモデル化されてい
る。

　配置とは世界の新製品開発，宣伝，販売促進，チャネル構築，市場調査など
の活動をどこで行うのが最適なのかという地理的配置を本社が意思決定するこ
とである。こうしたマーケティング活動は特定国や特定地域に集中統合して規
模の経済を追及するのか，各国別に分散するのかを決定することである。調整
とはマーケティング活動の中身（ブランド，ポジショニング，サービスなど）
を世界標準化して各国共通化するのか，各国別に現地適応化するように修正す
るのか，または両者を折衷するのかという程度を決定することである。

　ポーターは産業別の競争環境の違いに着目している。すなわち国別に固有な
特性を持ち，ローカルに分散している産業が「マルチ・ドメスティック産業」
である。一方産業内の企業間競争がグローバルに展開する場合が「グローバル
産業」である。前者には固有のローカルな社会・文化特性が反映する衣・食・
住やサービス産業（コンサルテーション，小売・卸売流通，金融など）のカル

図表 19-4　グローバル戦略のモデル

高		
活動の調整	海外投資額が大きく，各国子会社間に強い調整を行う	シンプル・グローバル戦略
	多国籍企業，または1つの国だけで操業するドメスティック企業による国を中心とした戦略	マーケティングを分権化した輸出中心戦略
低	分散化　　　活動の配置　　　集中型	

出所：Porter, M. E.（1986），邦訳 34 頁。

チャー・バウンド産業が多い。後者は IT に関連する産業（コンピュータ，エレクトロニクス，機械など），自動車，素材，のカルチャー・フリー産業である。

　このように産業市場によって競争環境が異なる場合，グローバルなマーケティング戦略を決定するには，徹底した市場調査が一層意識されなければならない。

5．市場調査の手順

(1)　第1ステップ　必要な調査の識別

①　状況分析

　マーケティングの現状における問題の所在と原因の追求を行い，意識されている問題を客観的に規定する最初の作業である。そのためには既存資料などの調査が行われるが，問題の背景が不明確な場合はその範囲は広範とならざるを得ない。

②　2次データの収集　社内データと社外データ

　調査目的を明確にするために対象とする消費者はだれか，外部環境と内部環境の影響はあるか，また他国での調査に際しては，データ解釈の偏（かたより）に配慮すべきである。例えば第3章で述べた自己言及基準（SRC：Self Reference Criterion）という現象は調査者が自国文化環境に準じた解釈や認知をする傾向があることである（後述）。調査者はこのような文化的バイアスを予め認識して調査に臨まなければならない。

(2)　第2ステップ　データの収集

①　調査デザインの確定

　調査仮説を設定して，理論化された一般的仮説（一般理論化のための仮説）を目指し，既存データと思考作業から経験的仮説（経験的に考えられる仮説）を導き出しておく。複数国での調査デザインが厳密に決定されると，次にデータの比較と測定具（質問方法や項目）の「等価性」が検討される。なぜなら文化的バイアスは他文化の現象や行動の認知と解釈に大きな影響を与えるからで

■1次データと2次データ

　1次データとは企業自身が独自に現場調査を行って得るデータであり，子会社，流通業者，関連企業などに直接接触して大量のデータ収集を行う。

　1次データの調査では文化環境の違いによって発生する「自己言及枠」，調査対象者の「行動の機能的等価性」，調査測定の「測定具の機能等価性」などの問題がある。まず1次データ収集の前に，通常2次データ活用による事前調査を行うことが重要である。

　2次データとは既存の目的によって収集された売上高，原価，報告書などの社内データ，官報，産業指標などの調査・統計資料などのデータである。これらデータの収集はデスクリサーチから得られる。しかし発展途上国の場合，2次データの「入手簡便性」，「精度」，「信頼度」などに問題があり，また比較する場合にデータの「等価性」が問われる。

　出所：野口・塩田（1989）他を参考に筆者作成。

ある。

　②　予備調査

　非公式調査とも呼ばれ小規模で行う標本調査である。調査者は状況分析を行った後に，必要な情報の収集を行う。この段階ではできる限り入手が容易な2次データを利用することが望ましい。2次データによる調査は調査全体の問題を明確にすることに役立つ。予備調査を経てから，大量データ収集を前提とする公式調査を行うべきである。

　③　公式調査計画

　データ源の決定（1次データか2次データか），標本設計（母集団の決定と名簿入手，人数の決定），調査方法（後述），集計法（単純集計，クロス集計），分析方法（基礎統計解析，多変量解析），作業計画，調査費用見積もりなどが計画される。

　④　調査法の決定

　標本調査法（母集団から標本を抽出して行う調査法）と標本誤差（偏りと散らばり）が一般的であるが，全数調査が行われることもある。

　⑤　質問票設計

　調査者の訓練や被験者に負担を強いることなく正確な回答を得るために，面接時間，用語と文章，質問の配列などが検討される。

・質問票のデザインと構成

  (ア)　質問構成　面接時間（1時間以内），用語と文章の明快化，配列

  (イ)　回答形式　（自由応答，指示的応答，選択法）

  (ウ)　非言語刺戟物の利用　写真，図版，製品試供品などの活用

  (エ)　言語翻訳　本国言語から相手国言語を経て再度本国言語へ

  (オ)　非言語刺戟物の翻訳　文化的バイアスの配慮

・調査測定具にかかわるバイアス

  (ア)　肯定的表現のバイアス　社会的黙従の応答

  (イ)　両極応答のバイアス　スケールの両極を選択する応答

  (ウ)　特定主題のバイアス　公序良俗的な意図的応答

  (エ)　項目のバイアス　個人プライバシー（収入，学歴，性，出生など）

  (オ)　部分非回答　応答しない項目の文化的特徴

⑥　実態調査

　複数国で行う市場調査は，現地市場特性や調査インフラの違いによって制約を受ける。つまり調査の実際場面においては同じ調査方法が取れない場合が生じる。このような場合，信頼度が確保できるのであれば，異なった標本抽出法（例えば無作為標本抽出法と有意標本抽出法）を取ることが妥当である。また本社管理者と現地調査スタッフ，現地インタビュアーとのコミュニケーション，要員の監督と訓練などが課題となる。

(3)　第3ステップ　分析と活用

① 　解析と解釈

　回答者から得られたデータの解釈についても，文化的バイアスが問題となることがある。回答者の応答の仕方，行動や表現が文化的特徴をもつ場合，本社の解析者は判断を誤る可能性がある。十分に訓練された現地スタッフを調査の中核に加えるとともに文化的バイアスを識別する操作化がなされなければならない。

② 　情報管理（MIS：Marketing Information System）

　市場環境から企業が得た外部情報はマーケティング・インテリジェンスと総

称される。このような外部情報を統合的に管理するために構築されるシステムを MIS（マーケティング・インフォメーション・システム）と言う。多国籍企業はグローバル・ビジネスの意思決定に際して，MIS を活用している。

6．市場調査の方法

(1)　質問法

標本調査法によって調査対象者に対し，質問を与えてデータを収集する方法である。

- ・個人面接法　回収率が高く深い調査が可能な反面，調査員の経験によってデータ精度の偏りがみられ，調査費が嵩む
- ・電話質問法　電話によって質問する方法である。費用が安価であるが，複雑な質問は回答者が敬遠しがちであり，3〜5 問が適当である
- ・郵送質問法　質問票を特定の回答者に郵送する方法である。安価な調査方法であるが，回答者が本人かどうかを特定できない，回収率が低いなどの特徴がある。近年はインターネットの普及に伴い，E メールによる質問もなされているが，本人確認（なりすまし防止），仮装的回答（本心でない過激回答）からデータ信頼性に課題がある
- ・留置法　調査員が調査票を回答者に渡す際に説明を行い，後日回収を行う方法である。複雑な質問，設問が多い場合に適し比較的回収率も高い

(2)　観察法

調査対象者の行動や状況を観察することでデータを収集する方法である。例えば，消費者の店内，店外での行動や人の流れ，人数を観察して売上高との関係を検討する，家庭や店舗のディスプレイを観察することなどである。「動線調査」は店内の購買客の流れから通路，商品の陳列方法の適切性を検討する代表的なデータ収集方法である。

①　実験法

ある事象に影響を与えている複数の変動要因を操作することによって，最も

影響を与えている要因を明らかにするための方法である。実際には特定の条件を満たす実験地域とそれと比較対照とする地域を設定する。両地域で同一活動を展開して変化を生じさせる要因を探索する。代表的なものに，消費者購入テスト（商品の品質，外観，包装などの嗜好性を探る），スプリット・ラン・テスト（複数の広告を用意して広告効果を比較する），消費者使用テスト（商品を実際に使用してもらい感想や意見を聞く）などがある。

　②　動機調査

　消費者の購買動機を探索する調査である。一般に直接法によって購買動機を尋ねても消費者は動機を意識していない場合や回答を避ける場合がある。こうした場合を想定して動機調査では，間接的に真の動機を導き出す方法がとられる。調査費用が多額で解析に専門家が必要であり，補完的な調査方法として利用される場合が多い。

・深層面接法　臨床心理学の調査法であり，回答者数を限定して行われる。面接は専門的に訓練された調査者が長時間におよぶ。
・集団面接法（グループ・インタビュー）　5〜15 人の回答者集団をくつろげる場に集め，製品，包装，広告などの刺激物を提示して，自由に討論をさせる方法である。訓練された調査者が同席して，討論のリードを行う。
・投影法　調査のための刺戟物を回答者に示し，回答者の反応，連想などから隠された動機を間接的に導き出す方法である。語句連想法，文章完結法，絵画統覚法，ロールシャッハ法などがある。解析には熟練した専門家が必要である。

7．機能等価性（functional equivalence）

　Lee によれば，自己言及基準とは，人間が物事の価値判断をする時に無意識に自分たちの文化的価値・基準に照らして判断することである（第 3 章参照）。外国で行う市場調査では，外国で遭遇する現象や行動が一見して本国のそれらと類似していても，意味する内容や果たす役割が異なることがある。一般に社会・文化は国や地域，民族によって異なっている。つまり社会・文化は普遍

的ではなく特定的である。したがってある市場調査を複数国で実施する場合，共通形式をとることは困難であり，修正がなされなければならないと考えられる。

　第1に社会・文化環境の違いによって被験者の反応や応答の仕方，出現する現象や行動などの意味が違うことがある。このような場合単純に両者を比較調査することはできない。これを「現象・行動の機能等価性の問題」という。

　複数国で調査を実施する場合には一層複雑な様相となるため，等価性を考慮した国際比較を行わなければ調査は失敗することになる。まず外国での市場調査では，本国での概念と等価に比較評価できないかもしれないということを念頭におくべきである。例えば商品の用途や利用場面が本国と外国で異なる場合，予め用途や利用方法を限定した調査は適当でない。

　第2に現象・行動を調査する手段と方法を検討しなければならない。これが「測定具の機能的等価性の問題」である。典型的な測定具としては調査票があ

■外国直接投資信頼度指数

　有望な投資先国を世界30カ国の有力企業幹部500人が多様な指標から調査選定している。今後3年間の有望投資先として米国は7年連続して1位となっている。トップ10は以下の通りである。相対的に経済，市場，制度，治安，政治が安定している諸国が選定されており，新興国は上位にない。中国の順位は低下しつつある。

外国投資信頼度指数（上位10カ国）

国・地域	指数（2019年）	順位 2017年	2018年	2019年
米国	2.10	1	1	1
ドイツ	1.90	2	3	2
カナダ	1.87	5	2	3
英国	1.85	4	4	4
フランス	1.79	7	7	5
日本	1.78	6	6	6
中国	1.72	3	5	7
イタリア	1.67	13	10	8
オーストラリア	1.67	9	8	9
シンガポール	1.65	10	12	10

出所：A. T. カーニー「2019年外国投資信頼度指数」(https://www.atkearney.com/foreign-direct-investment-confidence-index/2019-full-report)。

るが，本国と共通の調査票を用いた調査を外国で行うことが適当でない場合がある。質問や項目は文化や慣習の違いによって刺戟物として等価とはいえないかもしれない。質問や項目を現地に適応して修正しなければならないかもしれない。したがって複数国での調査を実施する場合，形式的に共通な方法をとることよりも機能的に等価な方法をとる必要がある。

参考文献

JETRO（2012）海外調査シリーズ387『アジア主要国のビジネス環境比較』JETRO。

野口智雄・塩田静雄（1989）『マーケティング調査の基礎と応用』中央経済社。

諸上茂登・藤沢武史（2004）『グローバル・マーケティング（第2版）』中央経済社。

諸上茂登監修（1998）『国際マーケティング業務1，2』産能大学。

Craig, C. S. and S. P. Douglas (2005), *International Marketing Research*, 3rd ed., John Wiley & Sons.

Hill, C. W. L. (2011), *Internaional Business: Competing in the Global Marketplace*, 8th ed., McGraw-Hill.（鈴木泰雄・藤野るり子・山崎恵理子訳『国際ビジネス1, 2, 3』楽工社，(1, 2) 2013年，(3) 2014年。）

Kotler, P. and G. Armstrong (1989), *Principles of Marketing*, 4th ed., Prentice Hall.

Lee, J. A. (1966), "Cultural Analysis in Overseas Operations," *Harvard Business Review*, March-April, pp. 106-114.

Porter, M. E. (1986), *Competition in Global Industries*, Harvard Business School Press.（土岐坤・中辻萬治・小野寺武夫訳（1989）『グローバル企業の競争戦略』ダイヤモンド社。）

Solomon, M. R. and E. W. Stuart (2000), *Marketing*, 2nd ed., Prentice-Hall.

World Bank Group (2019), *Doing Business 2019 Training For Reform*.

練習問題

1. 正しい文を選び○をつけなさい。

① （　　） 外国市場に参入のため，初期に行う市場調査は，具体的なマーケティング・ミックスを意思決定するための情報収集である

② （　　） 外国市場進出後に行う市場調査は市場拡大を目的として，標準化製品を現地市場に適応するため変更を検討する場合がある

③ （　　） グローバル合理化段階にある多国籍企業は，経営資源の有効利用を特定の先進国のみで行うために情報収集を行う

④ （　　） 市場調査の手順は，公式調査をまず終えてから状況分析を行い，2次データの収集を行う

⑤ （　　） 市場調査の手順は，まず必要な調査の識別を行うために状況分析，2次データの収集を行う

⑥ （　　） 1次データとは，既存の社内データ，報告書，官報，産業指標の調査資料，統計資料などをいう

2. カッコに適切な語句を入れなさい。

　異文化の外国で市場調査をする場合，表面的な現象や人の行動が本国のそれらと類似する場合でも，意味する内容は必ずしも同一ではない。（　　A　　）とはSRCとも呼ばれ，市場調査者が自国文化環境に準じた分析や解釈をしてしまう傾向を意味する。したがって複数国で市場調査を実施する場合，調査法の共通形式に固執すべきではなく，むしろ修正すべきである。

　SRCに関連して，異文化では現象や人の行動の意味する内容が異なり，単純に比較調査を実施することは適当でない。このことを現象・行動の（　　B　　）の問題と言う。また現象や人の行動の違いを知り，調査票などの妥当性，調査手段と方法を検討しなければならない。これが（　　C　　）の（　　D　　）の問題である。質問項目などは現地文化に適応化して適宜修正されなければならないのである。

第20章

マーケティングⅡ：市場細分化

　市場を構成する購買者は多様なニーズを持っている。市場細分化（Market Segmentation）は，こうした多様な購買者層を共通性や同質性に着目してグループ化することである。こうして全体市場は部分市場へ細分化される。細分化された部分市場は同質なニーズを持つ購買者グループであり，これをセグメントと言う。セグメントは企業がマーケティング・ミックスを集中して駆使する対象単位となる。

1．市場細分化戦略

　市場細分化戦略とは，ターゲット市場に対してマーケティングを駆使する時に取られるマーケティング戦略全体をいう。そのプロセスは，①市場細分化の実行，②ターゲット市場の決定，③マーケティング・ミックスの決定，の順で進められる。

　グローバル市場は巨大で多様である。したがって多国籍企業はグローバル市場全体を対象とする場合も，効率的かつ集中的なマーケティングを志向する。そのために多国籍企業は全体市場の各国市場環境に共通にみられる同質な部分をセグメントとして識別し，この部分市場をターゲットとして，マーケティングを行おうとする。

　デービット・アーカーは「市場細分化戦略とは，識別されたターゲット市場セグメントに企業が提供する競争戦略プログラムをマッチングすること」であると述べている。またフィリップ・コトラーは「市場細分化とはニーズが異なる購買者をグループ化して識別するプロセスであり，ひとつの市場を異なる複数購買者の部分集合に細分化することである」と定義している。つまり市場細

分化とは，ある規準に基づき巨大な全体市場を細分化した市場単位に区分する
マーケティング・プロセスをいう。こうすることによって，特定化した市場を
ターゲットとすることが可能になる。

2．市場の細分化

市場細分化のプロセスと課題には次のようなものが含まれる。

(1)　市場細分化の実行

市場を特定の購買者別に分割するプロセスである。分割の基準はその目的に
よって異なるが，一般的に次のような基準が設けられる。

図表 20-1　市場細分化の一般基準

地理的変数	ロケーション，都市規模，人口密度，気候条件など
人口統計的変数	性別，年齢，所得，家族構成，職業，教育，宗教，国籍
心理的変数	ライフスタイル，価値観，性格など
行動的変数	製品に求める機能や利点，使用頻度，忠誠度など

出所：Solomon and Stuart（2000）他を参考に筆者作成。

(2)　ターゲット市場の決定

一般にターゲット市場は購買者グループに分割化されたセグメントを基本と

図表 20-2　セグメントの必要条件

1. 測定・識別可能性	定義と測定の容易性かどうか。一般に購買者の心理的・行動的基準は測定と解析が難しい
2. 実質的市場規模	現在と将来の規模が投資に見合った事業対象とする場合に魅力的かどうか，収益性と潜在力があるかどうか
3. 接近・到達可能性	マーケティング・ミックス活動が可能で購買者へ容易に到達することが可能かどうか
4. 安定性	購買層が経時的に容易に変化・変容する場合，当初設定したセグメント自体が無意味となってしまわないかどうか
5. 反応度	セグメント内の潜在的購買層がマーケティング活動へ敏感に反応するのか，鈍感にしか反応しないのか

出所：Kotabe and Helsen（2008），邦訳 165 頁を参考に筆者作成。

して決定される。しかし細分化されたセグメントが相互に異なっているかどうか，セグメントが魅力的なものかどうかなどを評価し，マーケティングの実効性が期待できる市場細分化が行われなければ意味はない（図表20-2）。

3．マーケティング戦略の決定

(1)　ポジショニング

　成功するマーケティング戦略の決定には，企業の市場地位すなわちポジショニングが意識されなければならない。企業がポジショニングを知るためには，自社の市場シェアが何番手なのか，競合他社と比べて強みと弱みはどうなのかを客観的にしなければならない。企業は自社のポジショニングを意識すれば，身の丈にあった戦い方を決定することができる。

　コトラーによれば，ポジショニングには次のような分類がある。市場地位がナンバーワン企業はリーダーである。リーダーは最大の市場シェアを持ち，市場をさらに拡大する経営資源と能力を持つ。チャレンジャーはリーダーに次ぐ市場地位を占めており，シェアを獲得してリーダーの地位を獲得しようとする攻撃的な企業である。ニッチャーは攻撃的な行動は取らないが，独自のドメイン（生存領域）を持っている企業である。小さな隙間市場に集中してマーケティングを進め，市場地位を確保している。ニッチャーは他企業が参入できない独自のユニークな経営資源を持っている。フォロアーとは，ニッチャーのような独自のドメインを持たず，リーダー企業の二番煎じな代替製品を供給することによって存続する企業である。フォロアーは強固なブランドを持たないので，しばしば代替製品を安価に販売するためのマーケティングを行う。

(2)　ポジショニング基本戦略

　マーケティングの具体化に先立ち，まずセグメントとなる購買者層に対して，企業がどのように対応するのかというポジショニング基本戦略には次のようなものがある。

① 　無差別マーケティング戦略
　セグメントの差異を考慮せず単一製品や単一なマーケティングを展開する。

購買をセグメント化せずにできるだけ幅広くマーケティングを展開する。そのために規模の経済を追及することが多く，低コストをもって競争優位を構築する。経営資源の豊かなリーダー企業が選択することが多い。

② 差別化マーケティング戦略

いくつかの主要なセグメントに適応した製品やマーケティングを展開する。ただしそれぞれのセグメントは独立しており重ならないことが重要である。これが精密にできないと，自社製品間で競合が起こり失敗する。チャレンジャー企業，フォロアー企業が選択することが多い。

③ 集中マーケティング戦略

ひとつの市場セグメントのみを選択し，そこに製品やマーケティングを集中する。経営資源が限定的，制限的な場合に有効な戦略である。セグメントに対する専門性とユニーク性が必要とされる。ニッチャー企業が選択することが多い。

④ カスタマイズ・マーケティング

個別の購買者に対応することからワン・ツー・ワンマーケティングと表現されることもある。集中マーケティングはセグメント購買者層を対象としているが，カスタマイズ・マーケティングでは個別の購買者を対象とする。本来マーケティングとは個別の購買者ニーズを満たす活動であるわけであるから，テーラーメイドの製品やサービスを提供することが目標となる。こうした購買者志向マーケティングを実践するためにマス・カスタマイゼーションという手法がとられる。マス・カスタマイゼーションとは製品，サービスの標準タイプを予め準備しておき，これらを購買者ニーズに適応させる修正を行うことである。

■購買者行動　80/20ルール

　購入者数全体の20％が製品売上額の80％を構成しているというマーケティングの経験則を言う。このことは，製品を繰り返し購入する少数のヘビーユーザーに対してマーケティング活動を集中する重要性を示唆している。利用機会を想定したマーケティングは重要である。例えば購買者が最も製品を購入する時期やタイミングに合わせた市場細分化では，ある記念日，昼間と夜間，平日と休日，繁忙期と閑散期といった特定の時期をとらえてマーケティング・キャンペーンを展開する。

出所：Solomon and Stuart（2000）を参考に筆者作成。

図表 20-3　ポジショニング基本戦略のセグメント

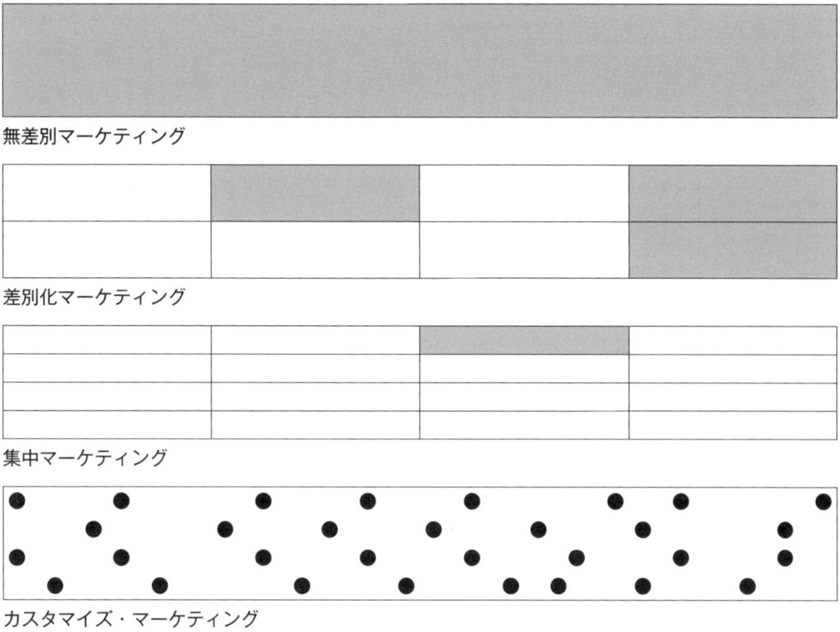

無差別マーケティング

差別化マーケティング

集中マーケティング

カスタマイズ・マーケティング

出所：Solomon and Stuart (2000), p. 213, Figure 8.3 を基に作成。

こうした作業には部品のモジュール化や標準化が必要となる。

(3)　国際市場細分化戦略

　企業は前述したセグメントに対する基本戦略を決定してから，具体的なマーケティング・ミックス（製品，価格，流通，販売促進）を策定し実行することになる。国際市場において，企業は本国と異なった環境に対処するわけであるから，個別で具体的なマーケティング・ミックスの意思決定には慎重を要する。

　竹内とポーターは，特に国際市場における市場細分化戦略の基本アプローチを示している。これは 3 方式から構成され，基本的に「標準化」した同一製品を世界各国であまねく販売するためにはどのような市場細分化を行うべきかという前提がある。すなわち「標準化」製品をいかにターゲット市場となる各国に「適応化」すべきかという国際マーケティングの課題についてひとつの回答

図表 20-4　セグメントとマス・カスタマイゼーション

基本戦略	共通セグメント	多様セグメント
標準化重視	世界的に共通のセグメントを選別する。汎用品が多く，例えば半導体，パソコン部品，天然貴金属資源，化学原材料，鉄鋼製品	各国別に異なったセグメントを選別するが，共通のニーズが存在すれば，標的となる市場セグメントとなるので，標準化した仕様や機能で対処する
適応化重視	地域・国別に差別化を図る。例えば自動車において嗜好・文化・環境などに依存しない車台・基幹部品は共通化し，ボディーなど外観・仕様・機能を現地適応化する	地域・国別に異なったセグメントを選別するが，基本的に現地適応化するために，外観・仕様や機能をできるだけ精密かつ詳細に変更して差別化する

出所：Takeuchi and Porter（1986），邦訳，第3章を参考に筆者作成。

を示している（図表 20-4）。

①　各国共通セグメント方式

　市場全体としての製品ニーズが各国で異なっていたとしても，各国市場の購買者層を分割し共通な市場セグメントとして選び出すことは可能である。こうした共通な市場セグメントをターゲットとして各国市場で共通なマーケティングを展開するやり方を各国共通セグメント方式という

②　国別多様セグメント方式

　たとえ製品ニーズが各国で異なっていたとしても，少なくとも各国にニーズが存在するのであれば，それらは国ごとに異なった市場セグメントとして捉えることができる。この場合は，ある製品を国ごとに異なる市場セグメントを対象とするマーケティングが可能となる。国別多様セグメント方式では，「標準化」した共通製品を求める市場セグメントが各国市場で異なるため，製品以外の販売広告，流通，価格のマーケティング・ミックスを現地に「適応化」する必要がある。

③　類似国グループ化方式

　国ベースではなく地域ベースで製品ニーズを捉える方式である。外部環境（気候，言語，経済発展の程度など）の類似性に着目して地域ベースで国をグループ化すると地域ベースで共通なマーケティングを展開できる場合がある。またマーケティング環境（流通，広告媒体など）が類似している場合にはマーケティング・ミックスを標準化できる可能性がある。

■アジア都市生活者 50 代の「若さ志向」の意識調査

アジア 12 都市は，平均値を目安として以下のようなグループに分けることができる。
1. つよい「若さ志向」：東京
2. 「若さ志向」：台北，ソウル，北京，ホーチミンシティ，デリー
3. 「成熟志向」：シンガポール，香港，バンコク，クアラルンプール
4. つよい「成熟志向」：ジャカルタ，メトロマニラ

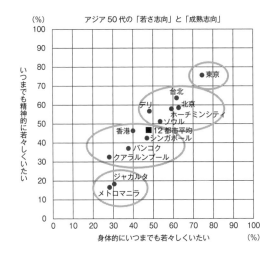

出所：博報堂（2012）「Global HABIT レポート Vol. 5，アジア 12 都市の 50 代「若さ志向」
比較」3 頁を転載（http://www.hakuhodo.co.jp/uploads/2012/11/20121106.pdf）。

■世界都市生活者の「食について」の意識調査

	1位 朝食は必ずとっている	2位 外食より家で食べる食事が好き	3位 健康に気をつけた食事をしている	4位 テレビをみながら食事する	5位 お米を1日に1度は食べたい	6位 自然食品をよく利用する	7位 料理を作ることが好き
GH2011 (15都市計)	① 59.0	② 49.5	③ 46.4	④ 43.7	⑤ 39.2	36.8	36.2
香港	① 65.6	② 59.6	41.3	④ 48.0	28.8	36.7	47.0
シンガポール	② 55.0	① 61.7	④ 38.5	25.9	31.9	10.6	28.1
台北	① 73.2	④ 54.2	⑤ 51.4	② 58.3	27.7	41.7	38.3
ソウル	③ 64.1	50.0	50.0	② 67.4	① 77.2	⑤ 62.8	41.5
クアラルンプール	① 61.4	② 42.2	28.1	28.9	33.0	13.7	④ 36.8
バンコク	② 42.4	① 50.1	③ 40.7	④ 40.0	31.1	27.3	34.7
メトロマニラ	④ 62.9	① 71.4	③ 66.1	47.2	② 69.3	34.1	61.3
ジャカルタ	③ 53.1	⑤ 43.6	② 54.4	④ 45.9	① 62.6	27.0	34.0
ホーチミンシティ	⑤ 41.0	38.1	38.1	23.2	36.7	① 56.0	33.0
デリー	① 79.7	③ 56.0	② 60.0	④ 54.5	27.1	30.6	37.0
ムンバイ	① 90.4	② 74.6	④ 65.7	③ 70.4	⑤ 64.8	34.5	44.0
上海	② 47.7	28.8	③ 39.3	⑤ 34.6	④ 35.7	① 55.6	22.9
北京	① 55.3	26.4	② 42.1	④ 34.7	23.8	③ 41.5	24.5
広州	32.8	② 40.2	① 47.7	③ 38.0	33.7	⑤ 36.7	26.9
モスクワ	① 61.9	② 51.7	20.0	⑤ 40.4	1.7	④ 46.7	30.2

(参考)

フランクフルト (GH2010)	① 37.0	③ 31.8	⑤ 30.2	21.4	12.6	15.8	④ 31.4
ニューヨーク (GH2010)	② 49.6	⑤ 41.8	39.0	③ 45.2	5.4	26.1	① 51.6
サンパウロ (GH2010)	① 73.3	③ 62.9	27.5	② 65.3	④ 55.3	9.4	44.7

東京 (2011)	② 66.2	④ 51.2	37.2	① 71.8	③ 55.3	13.2	35.0

出所：博報堂（2012）「グローバル生活者調査レポート「Global HABIT」2012（日本語版）」10

(%)

8位 食品やその素材に不安がある	9位 食品の商品表示をよくみる	10位 ひとりの外食に抵抗ない	11位 健康ドリンク・ビタミン剤をよく利用する	12位 栄養がとれているか不安に思う	13位 「わが家の伝統料理」がある	14位 器や盛りつけなど雰囲気を大切にする	15位 屋台で食べることに抵抗がある	21位 日本料理が好きな方だ
35.1	33.8	31.1	23.7	23.0	22.8	22.8	21.6	14.7
36.9	27.8	⑤47.7	21.7	20.9	5.7	16.7	14.1	③49.0
30.9	32.0	③42.6	14.4	21.9	⑤32.2	13.1	15.2	19.8
47.1	③57.0	41.6	37.4	37.6	11.2	29.1	6.6	41.7
44.3	56.3	36.9	④64.1	43.0	24.8	28.0	28.9	32.6
25.9	③38.8	⑤33.3	13.3	17.3	28.3	16.8	15.4	2.6
⑤37.6	37.2	26.0	16.8	20.2	22.7	14.8	13.2	9.4
⑤61.7	51.9	31.7	18.4	40.3	21.4	28.2	11.4	14.0
20.3	19.7	5.6	23.8	18.9	12.3	13.8	6.1	3.7
31.7	40.3	32.2	③46.7	38.7	④42.2	②47.2	27.4	5.7
23.3	11.6	28.1	14.9	20.7	13.6	20.9	⑤46.3	3.7
28.4	25.4	31.6	12.1	20.6	55.6	37.9	42.7	2.3
32.2	22.5	30.8	20.4	6.2	9.8	14.9	14.7	6.9
⑤34.3	24.9	25.4	19.6	10.7	10.0	19.3	20.2	3.7
④37.5	34.9	34.0	25.0	14.6	26.6	21.9	25.5	18.5
38.3	36.9	22.6	15.4	20.9	35.6	13.3	③46.9	17.8
25.0	18.4	②32.2	16.8	23.0	20.4	24.4	22.6	－
30.1	④43.8	29.1	23.7	38.4	34.3	14.3	7.8	－
⑤45.1	29.5	29.3	10.0	29.5	25.1	14.0	24.4	－
11.6	45.0	⑤46.5	28.8	33.3	22.5	20.2	－	－

■ ▨：各都市上位5項目（網カケ内①〜⑤は順位）／複数回答（選択肢23）

頁を転載（http://www.hakuhodo.co.jp/uploads/2012/04/HAKUHODO_GH2012_J.pdf）。

参考文献

諸上茂登・藤澤武史（2004）『グローバル・マーケティング（第2版)』中央経済社。

諸上茂登監修（1998）『国際マーケティング業務1, 2』産能大学。

Aaker, D. (1984), *Strategic Market Management*, John Wiley & Sons.（野中郁次郎他訳『戦略市場経営』ダイヤモンド社，1986年。）

Kotabe, M. and K. Helsen (2008), *Global Marketing Management*, 4th ed., John Wiley & Sons, Inc.（栗木契訳『国際マーケティング』碩学舎，2010年。）

Kotler, P. (1976), *Marketing Management Analysis, Planning and Control*, Prentice-Hall.（稲川和男他訳『マーケティング・マネジメント』東海大学出版会，1979年。）

Kotler, P. (1980), *Marketing Management*, Prentice-Hall.（村田昭治監修，小坂他訳『マーケティング・マネジメント』プレジデント社，1983年。）

Solomon, M. R. and E. W. Stuart (2000), *Marketing*, 2nd ed., Prentice-Hall.

Takeuchi, H. and M. E. Porter (1986), "Three Role of International Marketing," in Michael E. Porter (ed.), *Competition in Global Industries*, Harvard Business School Press.（土岐坤・中辻萬治・小野寺武夫訳『グローバル企業の競争戦略』ダイヤモンド社，1989年。）

練習問題

1．カッコに適切な語句を入れなさい。

市場（　　A　　）は，多様な購買者層を（　　B　　）や同質性に着目して（　　C　　）することである。すなわち全体市場は部分市場へ細分化される。細分化された部分市場は（　　D　　）を持つ購買者グループであり，これを（　　E　　）と言う。実際の戦略プロセスは，①（　　F　　），②ターゲット市場の決定，③（　　G　　）の決定，の順である。

竹内とポーターは，特に国際市場における（　　H　　）の基本アプローチ3方式を示している。

①　各国共通セグメント方式

市場全体としての製品ニーズが各国で異なっていたとしても，各国市場の購買者層を分割し（　　I　　）として選び出すことは可能である。この方式では（　　I　　）をターゲットとして各国市場で（　　J　　）を展開する。

②（　　K　　）

各国にニーズが存在するのであれば，それらは国ごとに異なった市場セグメントとして捉え，ある製品を国ごとに（　　L　　）を対象とするマーケティングが可能となる。この方式では，（　　M　　）した共通製品を求める市場セグメントが各国市場で異なるため，製品以外の販売広告，流通，価格のマーケティング・ミックスを現地に（　　N　　）する必要がある。

③（　　O　　）

国ベースではなく（　　P　　）で製品ニーズを捉える方式である。外部環境（気候，言語，経済発展の程度）の類似性に着目して（　　Q　　）で国をグループ化し共通なマーケティングを展開できる。またマーケティング環境（流通，広告媒体など）が類似している場合にはマーケティング・ミックスを（　　R　　）できる可能性がある。

第21章
プロジェクトマネジメント

　実務において，プロジェクトという言葉を聞く機会が多い。ビジネス環境の変化に順応するために，グローバル・マトリックス組織やプロジェクト型組織などの柔軟な組織構造に変更し，プロジェクトを活用する企業が増えてきている。それらの企業では，複数のプロジェクトチームが存在し，日常業務と並行して行われている。例えば，国際的なプロジェクトチームであるグローバル・プロジェクトチームを活用している企業がみられる。このような企業動向の中で，米国プロジェクトマネジメント協会（Project Management Institute：以下PMI）は，プロジェクトマネジメント業務関連の雇用が将来増加すると予測している。

1．プロジェクトマネジメントの概要

(1)　プロジェクトの定義
　プロジェクトとは，期間限定で存在し，製品・サービスなどを創造するために実施する業務であるとPMIによって定義されている。本来，プロジェクトは，繰り返し同じ業務を行うルーティンワークと区別されている。プロジェクトの実行は，個人レベル，チームレベル，組織レベルなどでおこなわれ，時には複数の組織や複数部門が関与している。学術では，組織行動論やソフトウェア工学などの複数分野でプロジェクトを研究し，興味・関心が高まってきている。

(2)　プロジェクトマネジメントの定義
　プロジェクトマネジメントとは，プロジェクトの目的を達成するために，あ

らゆる知識，スキル，技法などを用いてプロジェクトの活動をコントロールすることと定義される。

　2012年には，プロジェクトマネジメントの国際標準のISO21500 Guidance on project managementが制定され，プロジェクトマネジメントに関する国際的な共通概念やプロセスを示したガイドラインを提供している。国際的に広く知られているプロジェクトマネジメントの標準体系（Project Management Body of Knowledge：PMBOK）は，PMIによって監修され，PMBOKの知識や技法などを問うProject Management Professional（PMP）の試験が国際的に実施されている。しかし，プロジェクトマネジメントの知識体系や認定試験は，国・産業によって異なっている。

　日本では，日本プロジェクトマネジメント協会はP2M標準ガイドブック（Program & Project Management for Enterprise Innovation）を示し，その知識を問う検定試験を行っている。日本のIT産業では，情報処理推進機構が行っている国家試験の高度情報処理技術者試験であるプロジェクトマネジメント試験が知られている。

　イギリスでは，英国商務省が開発したプロジェクトマネジメント方法論のPRINCE2（PRroject IN Controlled Environments）の知識を問う試験があり，FoundationやPractitionerのレベルに分けて認定をしている。

⑶　プロジェクトマネジメントの現状

　現状のビジネス環境において，企業内では複数のプロジェクトを並行運用している。以下の図表21-1はプロジェクトマネジメントの領域を示したものである。

　図表21-1に示しているように，プロジェクトマネジメント領域は4つに分かれる。ひとつ目に，ひとつのプロジェクトに対してひとつの企業のみが関わっているプロジェクト単体のマネジメントの領域である。この場合，単体のプロジェクトのマネジメントのみであり，ひとつの企業だけしかプロジェクトにかかわっていないため，マネジメントの複雑さはあまりない。2つ目に，ひとつのプロジェクトに対して複数の企業・組織が関わっているプロジェクトネットワークのマネジメントの領域がある。例えば，特定の研究開発プロジェ

図表 21-1　プロジェクトマネジメントの領域

	ひとつの企業	複数の企業・組織
ひとつの プロジェクト	1．プロジェクト単体の マネジメント Management of a project	2．プロジェクトネットワークの マネジメント Management of a project network
複数の プロジェクト	3．プロジェクト型企業の マネジメント Management of a project-based firm	4．ビジネスネットワークの マネジメント Management of a business network

出所：Artto and Jujala（2008），p. 470 より筆者作成。

クトに，複数の企業や地域の研究機関が携わることがある。3つ目に，ひとつの企業内において，複数のプロジェクトが並列運用されているプロジェクト型企業のマネジメントの領域がある。例えば，コンサルティング企業では，各顧客企業に対してひとつのプロジェクトを編成し，企業内で複数のプロジェクトを並列に実行している。4つ目に，複数の企業や組織がかかわり，並列に複数のプロジェクトが実行されているビジネスネットワークのマネジメントの領域がある。例えば，オリンピック開催準備プロジェクトでは，総合建設業の企業，ICT（情報通信技術）関連企業，スポンサー企業，政府，地域団体などの複数企業・組織が協力するビジネスネットワークが構築され，並行して複数のプロジェクトが実行されている。

2．プロジェクトの種類とプロジェクトマネジメントの流れ

(1)　プロジェクトの種類

　図表 21-2 は，プロジェクトの結果で提供される製品・サービス別に分類しているプロジェクトの種類を示している。

　図表 21-2 の種類だけではなく，地理的配置，産業別，業務別などによってプロジェクトを分類することもある。例えば，巨額の予算が投資されプロジェクトの規模が大きい巨大プロジェクトや，国境を越えて行われるグローバル・

図表21-2 製品・サービス別によるプロジェクトの種類

プロジェクトの種類	具体例
建設プロジェクト	ビル，道路，鉄道の建設など
ソフトウェア開発プロジェクト	新しいコンピュータプログラムの開発・導入など
デザインプロジェクト	建築デザインや地域計画など
プラント運用プロジェクト	石油化学工場や発電所の運用など
イベントプロジェクト	展示会，オリンピック，新しいビルへの移転など
新製品開発プロジェクト	新製品，新サービスの開発など
研究プロジェクト	基礎研究，応用研究，実証研究など

出所：Youker（2017）を基に筆者作成。

プロジェクトなどもある。

(2) プロジェクトマネジメントの流れ

図表21-3に示された図は，プロジェクトマネジメントの流れを示したものである。

最初に，プロジェクトの立ち上げ段階では，プロジェクトを編成する必要性があるかを決定する。例えば，ある企業が新製品の市場導入を検討する際には，その企業の上層部が新製品開発プロジェクトの立ち上げが必要か否かを判断する。

プロジェクトの立ち上げが決定された後に，詳細のプロジェクトの計画を立案する。プロジェクトの目的・目標，理由，ステークホルダー（利害関係者），リスクなどを洗い出し，期限，予算，範囲を決める。そして，プロジェクトの要件を満たす技術やスキルを持ったメンバーを集め，プロジェクトチームのマネジメントを行う。プロジェクトチームマネジメントでは時間に沿った計画を立て実行し，同時にチームの状況を計画と照らし合わせコントロールしていく。時によって，計画自体も見直すことがある。

やがてプロジェクトの目標が達成された際には，プロジェクトチームを解散し，プロジェクトは終結を迎える。プロジェクトに携わっていたチームメンバーは，プロジェクトを開始する前に所属していた部門や部署に戻っていく。

並行して，プロジェクトに関係するステークホルダー（利害関係者）マネジ

図表 21-3　プロジェクトマネジメントの流れ

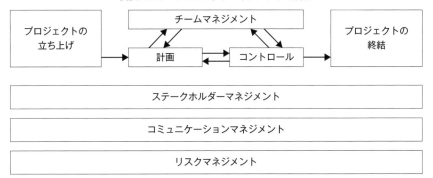

出所：好川（2011），37頁を参考に筆者作成。

メント，コミュニケーションマネジメント，危険性に対するリスクマネジメントなどが実施される（図表21-3参照）。

3．プロジェクトチームの特徴と発展段階

(1)　プロジェクトチームの特徴

　プロジェクトチームとは，プロジェクトの目標を達成するために期間限定で招集された個人の集まりで，業務を遂行するチームのことを指す。プロジェクトチームの持続期間は，週単位や年単位までさまざまあり，数時間しか存在しないものもある。Chiochhio によると，プロジェクトチームはチームに分類されるが，普通のチームとは異なる特徴があると指摘している。

　Pearce らによるとプロジェクトチームの特徴は，期間限定であること，部門を越えた専門性を持つこと，プロジェクトメンバー変更があることとされている。通常のルーティンワークを実行しているチームは長年存在していることが多いが，プロジェクトチームは期間が限定されている。通常のチームではメンバーは似通った職能・専門技術に関する知識を保持しているが，プロジェクトチームのメンバーは複数の部門から横断的に集められる場合があり異なる専門知識を保持することがある。さらに，プロジェクトチームでは，状況に応じてのプロジェクトメンバーが変更される場合がある。例えば，プロジェクトチームが編成された初期には必要とされなかった専門知識がプロジェクトの途

中で要求される場合や，緊急度が高いプロジェクトで外部からのプレッシャーに弱いメンバーがいる場合などの状況が挙げられる。

(2) プロジェクトチームの発展段階

Tuckman の組織進化プロセスモデルに従い，プロジェクトチームの発展段階は，形成期（Forming），混乱期（Storming），統一期（Norming），機能期（Performing），解散期（Adjourning）をたどるとされている。形成期は，プロジェクトチームが編成されてからほとんど時間が経過しておらず，メンバーが個々に独立しプロジェクトの内容と各メンバーの役割を学んでいる段階である。混乱期は，メンバーがプロジェクトマネジメント手法に従い作業に取り掛かり始める。この時期に，メンバーが協業的でない場合，非生産的なチーム環境になってしまう。統一期に入るとチームメンバーの間に信頼関係が構築され始め，チームメンバーが協力して業務を遂行し始める。機能期には，メンバー同士が相互依存関係を持ち，プロジェクトチームの目標を達成するために円滑かつ効率に対応するようになる。そして解散期には，プロジェクトの目標を達成しチームの作業を終了させ，メンバーはチームから転出していく。

Pearce らは，Tuckman の組織進化プロセスモデルに加えて，プロジェクトチームの特徴に関連する側面を配慮したプロジェクトチームの発展段階を探索する必要性を指摘している。プロジェクトチームの期間限定の側面には，存在期間，時間的制約，業務の複雑性，業務優先順位がある。部門を越えた専門性の側面として，専門を越えた相互関係，メンバーの専門性などが挙げられている。プロジェクトメンバー変更の側面では，メンバー交換の程度，メンバー交換の質などがある。さらに，国際的なプロジェクトチームも存在するため，多様な背景を持つメンバーの側面もプロジェクトチームの発展段階で配慮する必要があるといえる。

4．プロジェクトチームのマネジメント

(1) プロジェクトチームのマネジメント

プロジェクトチームのマネジメントには，プロジェクトチームの編成計画，

チームの編成，チームビルディング，チームの編成変更，ステークホルダーへの説得などがある。プロジェクトチームのマネジメントは，プロジェクトチームの発展段階やプロジェクトチームの編成などで異なるとされている。

　プロジェクトマネジャーは，業務を任命されてからプロジェクトの成果物の完成までプロジェクトチームのマネジメントを中心に業務を遂行する。プロジェクトチーム編成計画では，プロジェクトマネジャーとプロジェクトに資源を提供する側であるプロジェクトスポンサーが相談し，プロジェクトチームの人員を決定する。プロジェクトチームの各発展段階で，プロジェクトマネジャーは，チームメンバーのパフォーマンスを監視し，フィードバックを提供する。また，プロジェクトマネジャーはメンバー間の衝突などの課題の解決も行う。そして，プロジェクトマネジャーは，チームの育成やチームビルディングを行い，プロジェクトのパフォーマンスを最適化する役割をする。そのため，プロジェクトマネジャーは通常の業務管理のみに限定したマネジャーの役割だけではなく，チームリーダーの役割も果たす。

(2)　国際的なプロジェクトチームのマネジメント

　プロジェクトチームのマネジメント活動において，国籍・文化の違い，配置の地理的な違いなどの国際的なチームメンバーのマネジメントの側面も考える必要性がある。国際的なプロジェクトチームの中には，グローバル・プロジェクトチーム，グローバル・バーチャル・プロジェクトチームなどがある。

　グローバル・プロジェクトチームは，共通の戦略的業務を遂行するため，世界中から集められた優れた職能的専門性を持った多国籍のメンバーで編成され，同じ拠点で働いている期間限定のチームである。例えば，複数の海外子会社からマーケティング，営業，顧客サポートなどの異なる職能的専門性をもった優秀なメンバーが集められ，本社でグローバル・プロジェクトチームを結成し，共通の目標を遂行している。マルティネリらによると，異なる専門性や地域性を持ったメンバーは，先入観を持っている傾向があり，チームのパフォーマンスに影響をおよぼす可能性がある。そのため，グローバル・プロジェクトチームは，国，企業，部門の文化を融合するマネジメントが求められている。

　グローバル・バーチャル・プロジェクトチームは，グローバル・プロジェ

クトの要素を持ち，世界で地理的に分散配置されたメンバーで編成され，
E-mail，ビデオ会議，WEB チャットなどの ICT（情報通信技術）を用いてメ
ンバー間でコミュニケーションをとりながら共通の戦略的業務を遂行する期間
限定のチームとされている。地理的配置，時差，文化などの次元の複雑性が増
し，他のプロジェクトチームよりマネジメントするのが困難である。チームメ
ンバーは異なる国・地域から業務を遂行しているため，チームの意思疎通に問
題が発生する可能性がある。例えば，業務の連絡が ICT を利用した E-mail な
どになり，顔を合わせたコミュニケーションよりも意図が伝わらないことが
ある。言語スキルレベルの違いや文章表現方法などの相違から，ミスコミュ
ニケーションが起こり，業務に影響を与えることが考えられる。また，時差
によって電話会議や WEB 会議を開く時間帯が限られてくる。そして，地理的
に分散してメンバーが配置されているため，チームへの帰属性を感じることが
できず，プロジェクトチームへのコミットメントが低い場合もある。しかし，
上手くマネジメントできれば，いろいろな国から来たメンバーの持つ専門性や
社会的ネットワークを活用して，効果的にチームを運用することができる。グ
ローバル・バーチャル・プロジェクトチームのリーダーは，プロジェクトマネ
ジメントの技法・経験，組織的境界を越えた人脈の構築，コミュニケーション
ツールの使用経験，時差を配慮した管理，文化の違いを配慮した人間関係の構
築能力などが求められる。

(3)　国際的なプロジェクトチームのメリット・デメリット

　国際的なプロジェクトチームには，さまざまな国籍を持つチームメンバーが
業務を遂行しているため，メンバーの国民文化の多様性が存在する。アドラー
によると文化的多様性を持つチームメンバーで編成されるチームは，チームに
プラスにもマイナスにも影響を与える。図表 21-4 は，文化的多様性が持つメ
リットとデメリットを示したものである。
　文化的多様性があるチームは，多様なアイディアによって物事を広い視野で
とらえ，多様な選択肢の中から，より良い解決方法を取りより良い決断をする
ことがある。しかし，多様なアイディアに対して検証ができず，文化的背景や
言語が異なることからミスコミュニケーションが起こりやすく，協調的な行動

図表 21-4　文化的多様性が与えるメリットとデメリット

メリット	デメリット
創造性を高める ●広い視野 ●多様なアイディア ●集団志向の抑制	結合力の低下 ●不信感 ●ミスコミュニケーション ●ストレス
創造性から得られるもの ●より良い問題提起 ●多様な選択肢 ●より優れた解決法 ●より良い決断	結合力の低下が招くもの ●アイディアや人の検証ができない ●合意が必要な際の合意ができない ●意思決定で総意を組むことができない ●協調的な行動がとれない

出所：Adler（2008），邦訳148頁を参考に筆者作成。

がとれず非効率になる場合もある。特に，チームが結成されて間もない初期の段階や意思決定の際には，文化的多様性によって信頼の構築や合意の形成が困難になる。このようなアドラーの指摘から，国際的なプロジェクトチームでは，文化的多様性を理解し考慮する必要がある。

■働き方はプロジェクト型に移行　AIがチームビルティングを支える

　未来の働き方は「個人」「プロジェクトチーム」「組織」の3つの観点で考える必要がある。2030年の企業におけるチームビルディングは，これらの観点から最適化を目指すのが望ましい。具体的な例として，「ある国に新規参入するための新商品を企画するプロジェクト」を挙げる。

　プロジェクトマネジャーに任命されたA氏は，プロジェクトの目標を達成するために必要なスキルを持つメンバー集めに取り掛かった。A氏は人材情報データーベース（DB）システムにアクセスしてメンバーを探した。そのDBシステムは，AIを活用して構築しており，社内外の多種多様な人材情報が登録されている。プロジェクトのテーマや期間，市場参入の候補国，プロジェクトの規模や予算，新商品の現時点でのイメージといった条件をA氏は指定していった。指定された条件を基に，DBは有用なバックグラウンドやスキルを持つ人材の情報を示した。初進出の国であることから「候補国の出身者や滞在経験者」，新商品企画なので「企画業務の経験者」，プロジェクトの円滑な進行が必要なので「プロジェクトマネジメントのスキル保有者」などを候補として挙げた。A氏は続いて，これらの候補者が今回のプロジェクトにどのぐらいの期間参加できるかを確認していく。

　DBシステムとA氏が入力したプロジェクト期間と，メンバー候補者のスケジュールやタスク状況を照合した。その結果を参考にして，A氏は人選を進めた。DBの情報を基に，過去のプロジェクトなどを参考にして，条件に合う人材を探すことで，プロジェクトチームメンバー選定の最適解を導きだせる。スキルや経験だけではなく，同じ目標

を目指して力を合わせられるかといったチームワークへの寄与やモチベーションの高さなどを指標化して活用できれば，より良いチームづくりにつながる。社内に適切な人員がない場合は，エキスパート人材を外部から採用することも考慮する必要が出てくる。

出所：『日経コンピュータ』2018 年 9 月 27 日号，110-113 頁より一部抜粋・編集。

参考文献

大井明子 (2018)「超稼げる世界共通資格「PMP」の全貌」『President Online』PRESIDENT 2018 年 9 月 17 日号 (https://president.jp/articles/-/26038?page=2, 最終アクセス日 2019 年 9 月 3 日)。

PMI (2017)『プロジェクトマネジメント知識体系ガイド (PMBOK ガイド)(第 6 版)』Project Management Institute。

好川哲人 (2011)『プロジェクトマネジメントの基本』日本実業出版社。

Adler, N. J. (2008), *International Dimensions of Organizational Behavior*, 5th edition, Cengage Learning.（小林規一訳『チームマネジメント革命―国際競争に勝つ経営戦略―』同友館，2009 年。）

Artto, K. and J. Jujala (2008), "Project Business as a research field," *International Journal of Projects in Business*, 1 (4), pp. 469-497.

Chiochhio, F. (2015), "Defining Project Teams -A review of conceptual underpinnings-," in F. Chiocchio, E. F. Kelloway and B. Hobbs, *The Psychology and Management of Project Teams*, Oxford University Press, pp. 40-73.

International Organization for Standardization Website, ISO 21500: 2012 Guidance on project management. (https://www.iso.org/standard/50003.html, 最終アクセス日 2019 年 9 月 3 日)

Martinelli, R. J., T. J. Rahschulte and J. M. Waddell (2010), *Leading Global Project Teams: the New Leadership Challenges*, PMI.（当麻哲哉監訳，長嶺七海訳『グローバルプロジェクトチームのまとめ方　リーダーシップの新たな挑戦』慶應義塾大学出版社，2015 年。）

Pearce, M., C. L. Powers and S. W. J. Kozlowski (2015), "The Development of Project Teams," in F. Chiocchio, E. F. Kelloway and B. Hobbs, *The Psychology and Management of Project Teams*, Oxford University Press, pp. 423-456.

Tuckman, B. W. (1965), "Developmental sequence in small groups," *Psychological Bulletin*, 63 (6), pp. 384-399.

Tuckman, B. W. and M. C. Jensen (1977), "Stages of Small-Group Development Revisited," *Group & Organization Management*, 2 (4), pp. 419-427.

Youker, R. (2017), "The Difference between Different Types of Projects," *PM World Journal*, 5 (5), pp. 1-8.

練習問題

1．次の図の空欄を埋めなさい。

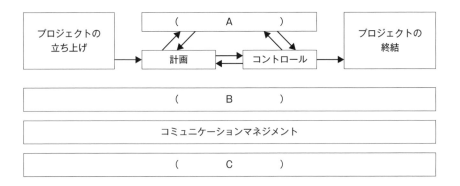

2．カッコに適切な語句を入れなさい。

① プロジェクトマネジメント領域は4つに分類される。ひとつは，プロジェクト単体のマネジメントの領域である。2つ目に，ひとつのプロジェクトに対して複数の企業・組織が関わっている（　D　）のマネジメントの領域がある。3つ目として，プロジェクト型企業のマネジメントの領域がある。最後に，複数の企業や組織が関わっており，並列に複数のプロジェクトが運用されている（　E　）のマネジメントの領域がある。

② プロジェクトチームの特徴は，（　F　）であること，部門を越えた（　G　）を持つこと，プロジェクトメンバーの変更があることとされている。

③ Tuckman の組織進化プロセスに従い，プロジェクトチームの発展段階は，形成期，（　H　）期，統一期，（　I　）期，解散期をたどるとされている。プロジェクトチームの各発展段階で，プロジェクトマネジャーは，チームメンバーの（　J　）を監視し，（　K　）を提

供し，メンバー間の衝突などの課題を解決するなどチームのマネジメントする必要がある。

④　グローバル・バーチャル・プロジェクトチームは，地理的に分散配置されたメンバーで編成され，メール，ビデオ会議，WEB チャットなどの（　　L　　）を用いてメンバー間でコミュニケーションをとりながら共通の業務を遂行する期間限定のチームとされている。メンバーは異なる国・地域から業務を遂行しているため，チームの（　　M　　）に問題が発生する可能性がある。

第22章

グローバル・ブランドⅠ：企業戦略の要

　多国籍企業において，グローバル・ブランドはローカル・ブランドやリージョナル・ブランドと比べると数がきわめて少ないが，当該企業の世界連結売上高に対する貢献は逆にきわめて大きい。一般に，多国籍企業ではグローバル・ブランドが世界連結売上高の約70％に貢献しており，一部の企業では90％以上であるといわれている。このような現象の根底には，グローバル・ブランドが有する高い知覚品質とグローバル性があると考えられている。

1．はじめに

　2016年，アサヒグループホールディングス（アサヒビールの持ち株会社，以下ではアサヒと略記）は世界最大の酒類製造企業であるベルギーのアンホイザーブッシュ・インベブ（Anheuser-Busch InBev，以下ではABIと略記）の東欧事業を約9,000億円で買収した。さらに，2019年7月にはアサヒがABIの豪州事業を約1兆2,000億円で買収することも発表された。2014年にアサヒの競合企業であるサントリーが米国のビーム社を約1兆6,000億円で買収した後，同社のウイスキー事業がさらに大きく成長したことと合わせて，近年の日本多国籍企業による大型M&A（Merger and Acquisition：合併・買収）は非常に大きな注目を集めている。

　アサヒによるABIの事業買収は，日本国内の酒類市場が縮小しつつあり，今後さらに縮小する見通しがあること，またそれにともなって同社が海外市場をさらに強化しようとする戦略的意図があることを背景としている。ただし，それらの視点だけでは多国籍企業のグローバル戦略をより適切に読み解くにあたってより重要な側面を見落とすことになる。

　一般的にみると，アサヒによる買収額は大き過ぎる。ただし，ABI は世界的に有名なビールのバドワイザー（Budweiser）やベックス（Beck's），ステラアルトワ（Stella Artois）などを所有している。市場シェアの獲得が遅れている国や地域において自前で流通を押さえ，当該消費者に自社製品を認知させ，小売段階での支配力を高めるには時間や費用が膨大にかかる上に成功する保証もない。そのため，ABI が深耕した諸市場を受け継ぎ，さらに同社のグローバル・ブランド（global brand）を用いる権利をアサヒが得たことは，たとえ膨大な金額を投じたとしてもグローバル化をさらに進める上で有効であるといえる。

　ここでいうグローバル・ブランドとは，主要先進諸国を中心に市場導入され，海外売上高比率が高く，当該諸国の様々な利害関係者によって肯定的に評価された製品・サービスの名称である（井上 2006）。現時点の多国籍企業では，世界市場シェアに占める日米欧の割合がかなり依然として高い。そのため，多くの国々に導入されているとしても，それらがすべて開発途上国であるならばグローバル・ブランドの要件を満たしているといえない。また，上記を満たしているとしても，国内だけで世界市場シェアの大半を占めているような海外売上高比率の低い製品ブランドもまたグローバル・ブランドとはいい難い。

　また，多国籍企業の所有する製品ブランド（product brand）がすべてグローバル・ブランドというわけではない。製品ブランドは，グローバル・ブランドのみならずリージョナル・ブランド（regional brand：ある地域内で市場導入される製品ブランド）とローカル・ブランド（local brand：ある 1 カ国のみで市場導入される製品ブランド）を含めた 3 つに分類される。この場合のリージョナルは，EU（European Union：欧州連合）や NAFTA（North American Free Trade Agreement：北米自由貿易協定）といった複数国による地域経済圏（regional economic zone）を厳密に指しているのではなく，欧州や北米といった比較的緩やかな意味での地理的地域（geographic region）を指している。

　本章では，製品ブランドの中でもグローバル・ブランドに焦点を当て，近年の現象や研究を紐解くことによりその重要性について述べる。まず第 2 節

では，基本的認識としてブランドがなぜ注目されるようになったのかを説明する。次に第3節では，ブランドの中でもとくにグローバル・ブランドへなぜさらなる注目が集まっているのかを述べる。なお，次章では「多国籍企業がグローバル・ブランドをいかに取り扱っているか」という戦略的な側面について論じる。

2．ブランドに対する社会的注目の高まり

　ブランド・マネジメント研究の大家であるデービッド・アーカーは，1991年公刊の *Managing Brand Equity*（邦題は『ブランド・エクイティ戦略』）において，ブランドを「ある売り手の製品・サービスを識別し，競合他社のそれと差別化することを意図した，特有の名前，ロゴ，シンボル，スローガン」と定義した。一見すると何気ない言説であるが，実は重要な以下2つの意味が含まれている。

　まず，ブランドというものに産業の種類や価格の高低はほとんど関係がないということである。一般的には「ブランドは高級」という誤解がしばしば起こりがちであるが，数十万円・数百万円もするロレックスの時計（たとえばデイトナやサブマリーナ）であろうと数百円のボールペンや菓子であろうとそれぞれに名前やロゴなどがあり，それらに対してよいイメージを抱いている消費者にとっては他の類似製品と明確に異なる「ブランド」として認知される。

　次に，識別と差別化は異なる概念であるということである。ブランドの語源には諸説あるが，ケラーによると有力と考えられているのは英語の「burned」とスカンジナビア古語の「brandr」である。文字どおり，ブランドの根本的な役割は自分の家畜に焼印を押して他人のそれと識別することであった。しかし，現代においてブランドには識別を越えた機能があり，仮にある企業の製品自体に差別性がそれほどないとしても，消費者の脳内で形成されるイメージに差別性を与えることができれば当該企業は競争優位性を得る可能性がある。

　ブランドは，いつの時代でも，いかなる産業においても，またいかなる国籍の企業であっても重要であるという点では一般性を有している。「製品の単価が高い産業だから重要」であったり「欧米企業だから重要」であったりするこ

とはないといってもよい。

　また，1980年代以降の主要先進諸国市場における低成長は，当該市場を主とする企業の売上高を減少させ，確保できる利益を圧迫している。利益を確保するいくつかの方策としてリストラクチャリングやサプライチェーン・マネジメントといったさまざまなコスト削減が実践されているものの，コスト削減のみでは売上高の増大という根本課題を解決することが困難である。ゆえに，企業においては売上高の増大に資するブランドを有しているか否か，また有しているとすればどのくらいの数を有しているのかが重要視されているのである。

3. 既存製品ブランドの構築と活用

　企業が製品ブランドを所有する上で，それを一から構築するか，すでにあるものを活用するかでは様相がまったく異なる。近年，多くの企業において製品ブランドの活用が構築よりも重視されるようになっているといってよいが，その背景として当該企業の内部（企業要因）と外部（環境要因）におけるさまざまな変化が指摘されている（図表22-1参照）。

(1) 企業要因の変化

　企業要因とは，ある企業における経営資源や組織，戦略といった，当該企業内部の諸要因である。ブランド価値評価の調査会社「インターブランド社」（詳細は後述する）の日本法人「インターブランドジャパン」元社長であるオリバーによると，新しい製品ブランドが市場で確立されるまでには少なくとも3年から5年かかる。スピードが要求される現代の企業経営において，新しい製品ブランドが十分に成長し，当該企業全体の収益に貢献するまで悠長に待っている余裕はないに等しい。

　また，製品ブランドを一から構築する際に要する多額の投資も経営資源配分上の足かせとなっている。AakerとBielは，米国での「販売および一般管理費（販売管理費，販管費ともいう）」における広告費の比率が1950年代には90％であったのに対して1990年代初頭には25％に減少し，その差額が主に流通チャネル支出（50％）や消費者向けのセールス・プロモーション（クーポン

図表 22-1　既存製品ブランドの活用が重視される背景

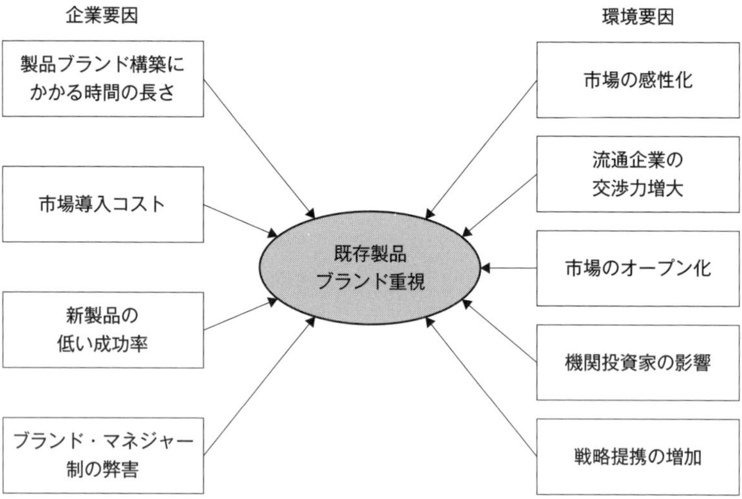

出所：井上（2004），22-28 頁を修正して筆者作成。

やサンプルなど，15％）に充当されたと述べている。多岐にわたる販売管理費
の支出が新しい製品ブランドの構築に必要な投資額を増大させており，限られ
た経営資源を圧迫する大きな要因となっている。競合他社の製品ブランドを事
業買収で取得したり，すでに所有している自社の卓越した製品ブランドを新し
い製品に拡張したりする（専門的にはブランド拡張という）など，既存の製品
ブランドを活用すればその費用を削減することが可能である。

　さらに，既存の製品ブランドと比べて，新しい製品ブランドは市場で生存す
ること自体が困難である。フランスのブランド・マネジメント研究者であるカ
フェレールの実証研究によると，1984 年に市場導入された新製品のうち 4 年
以上生存した割合は既存製品ブランドを拡張した場合で約 50％であったのに
対し，新しい製品ブランドを付与した場合には約 30％に過ぎなかった。20％
の差が当該企業の雌雄を決するのはいうまでもない。

　ブランド・マネジャーによって製品ブランドの構築が促進されることもあれ
ば，逆に阻害されることもある。次章でより詳細に述べるが，ブランド・マネ
ジャーとはある製品ブランドにおけるマーケティング戦略全般の統制者であ
り，当該計画の策定および実行責任者である。彼らは，ひとつの製品ブランド

におけるマーケティング・ミックスのバランスを保つ点では大いに貢献しているが，しばしば「ブランド資産の殺し屋（the murderer of brand assets）」と呼ばれ，新しい製品ブランドの構築を失敗させるのみならず既存製品ブランドの地位までも脅かすことがある。とくに米国では，四半期ごとの企業利益が投資家の評価に影響を与えるため，ブランド・マネジャーは投資家の利益と自身の立場を重視するあまり短期的視点に陥り，過度なセールス・プロモーションの利用によって価格志向に貶める場合がある。そのため，多くの企業では相対的にリスクが少ない既存製品ブランドの活用が新しい製品ブランドの構築よりも選択されるようになっている。

(2)　環境要因の変化

　企業要因に対する環境要因とは，経済環境や競争環境，取引環境といった，当該企業外部の諸要因であるが，Shocker らはその変化について以下 5 つの要因を挙げている。

・消費市場の変化（市場の感性化）
・流通企業の交渉力増大
・市場のオープン化とそれにともなう競争のグローバル化
・戦略提携の増加によるイノベーションへの影響
・機関投資家の影響

　かつて田村正紀は，1980 年代における消費市場の変化を「市場の感性化」と表現したが，それはこれまで消費者が製品自体の機能的差別性に関する客観的評価基準（価格・品質など）に基づき購買していた製品カテゴリーでさえ，感情という主観的評価基準が深く入り込むことによって五感に関わる属性（色・デザイン）や企業・製品のイメージといった観念的差別性が相対的に重要になっているということである。

　また，卸売企業や小売企業による製造企業への交渉力増大も環境要因の変化として認識されている。1980 年代以降における POS（Point of Sales ：販売時点情報管理。和製英語であり，一般的には scan panel research という）の

普及によって，流通企業が製造企業所有の製品ブランドに対して向ける選別の目はより厳しくなっている。加えて，流通企業はプライベート・ブランド（private brand：小売企業が企画し，販売責任を持つ製品ブランド。和製英語であり，一般的には private label という）を企画・販売し，製造企業に対抗している。そのため，製造企業は自社の製品ブランドに対する消費者のポジティブな評価を向上させなければ，垂直的競争（製造企業—卸売企業・小売企業間での競争）で優位に立つことが困難になっている。

　さらに，各国市場のオープン化に伴う企業間のグローバル競争激化や EU をはじめとする地域経済圏の成立・拡大は，水平的競争（製造企業間あるいは小売企業間の競争）の焦点を本来もっとも重要な製品自体の機能から付随的なイメージへと移行させる契機になった。会計研究者の Barwise によると，多くの有力な製品ブランドを有する多国籍企業は自国で確立されたブランド・イメージを同じ地域経済圏内の他国にも移転させようとするようになった。

　近年では，自社のみの R&D（Research and Development：研究開発）でイノベーションを行うよりも，むしろ他社との戦略提携によって「完全に自前ではない」イノベーションを推進する傾向も強まっている。戦略提携による技術共有は製品自体の機能的差別性を同質化させることから，異なる差別化の次元として製品ブランドのイメージを中心とする観念的差別性が重要であると考えられている。

　製品ブランドに対する関心の高まりは，1980 年代の米国における M&A ブームとも密接な関係がある。M&A ブームに便乗した機関投資家の投機は，卓越した製品ブランドを所有する企業の株価を著しく上昇させ，株式時価総額（株式発行数×株価）が有形資産価値や知的財産権の価値を大きく上回った。その結果，何によってもたらされているかが不明確な無形資産が増大することになる。会計研究者の伊藤邦雄によると，そのような出自の分からない無形資産の増大は企業に対して株価変動性の抑制や銀行借り入れ時の金利低下による資本コストの低下や被買収対象となった場合の買収防衛という利点をもたらす。

4．製品ブランドの中でもとくに重要なグローバル・ブランド

　これまでは製品ブランド一般について述べてきたが，製品ブランドの中でもとくにグローバル・ブランドに絞って考えると「グローバル・ブランドの測定・活用」と「ローカル／リージョナル・ブランドに対するグローバル・ブランドの優位性」という2つの新たな視点が出てくる。以下ではそれぞれについて説明する。

⑴　グローバル・ブランドの測定・活用

　米国の「インターブランド」や「ミルウォードブラウン」，英国の「ブランドファイナンス」といったブランド調査会社は，ある企業のブランドが有する金銭的価値（すなわちブランド価値）の測定をビジネスにしており，それが多くの企業や個人・機関投資家の意思決定に少なからぬ影響を与えている。たとえば，インターブランド社では以下のような基準を満たす企業や製品をサンプルとして抽出してグローバル・ブランドの価値評価を行い，毎年「Best Global Brands」として公表している。

　・主要基盤地域（Home Region）以外での売上高比率が30％以上であること。
　・北米・欧州・アジア地域で相応のプレゼンスがあり，新興国（開発途上国ともいう：筆者注）も幅広くカバーしていること。
　・ブランドの財務的評価を実施するために必要な各種財務情報が公表されていること。
　・資本コストを織り込んだ経済的利益（Economic Profit）が長期的にポジティブであること。
　・主要基盤地域のみならず，世界の主要な国々で，一般に広く認知されていること。
　・ブランドが顧客の購買行動に影響を与えていること。

　図表 22-2 は，インターブランド社，ブランドファイナンス社およびミルウォードブラウン社における直近のグローバル・ブランド価値評価ランキングと各企業の評価額を示している（インターブランド社の Best Global Brands は 2018 年，ブランドファイナンス社の Brand Finance Global 500 とミルウォードブラウン社の BrandZ Top 100 Global Brands は 2019 年）。いずれの調査会社も評価方法としては DCF（Discount Cash Flow）法を用いている。

　ブランド価値を測定する場合は，当該企業におけるこれまでの収益や株式時価総額などの諸条件を考慮し，将来得られる可能性がある収益を推定する。そして，この推定した将来の収益を現在の価値に直すため「割り引き」を行う。

図表 22-2　主要3調査会社のブランド価値評価ランキング

順位	インターブランド Best Global Brands 2018	ブランドファイナンス Brand Finace Global 500 2019	ミルウォードブラウン BrandZ（ブランジー） Top 100 Global Brands 2019
1	アップル（米国） 2,144 億 8,000 万米ドル	アマゾン（米国） 1,879 億 500 万米ドル	アマゾン（米国） 3,105 億 500 万米ドル
2	グーグル（米国） 1,555 億 600 万米ドル	アップル（米国） 1,536 億 3,400 万米ドル	アップル（米国） 3,095 億 2,700 万米ドル
3	アマゾン（米国） 1,007 億 6,400 万米ドル	グーグル（米国） 1,427 億 5,500 万米ドル	グーグル（米国） 3,090 億米ドル
4	マイクロソフト（米国） 927 億 1,500 万米ドル	マイクロソフト（米国） 1,195 億 9,500 万米ドル	マイクロソフト（米国） 2,512 億 4,400 万米ドル
5	コカ・コーラ（米国） 663 億 4,100 万米ドル	サムスン電子（韓国） 912 億 8,200 万米ドル	ビザ（米国） 1,779 億 1,800 万米ドル
6	サムスン電子（韓国） 598 億 9,000 万米ドル	AT&T（米国） 870 億 500 万米ドル	フェイスブック（米国） 1,589 億 6,800 万米ドル
7	トヨタ自動車（日本） 534 億 400 万米ドル	フェイスブック（米国） 832 億 200 万米ドル	アリババ（中国） 1,312 億 4,600 万米ドル
8	メルセデス・ベンツ（ドイツ） 468 億 100 万米ドル	ICBC（中国） 798 億 2,300 万米ドル	テンセント（中国） 1,308 億 6,200 万米ドル
9	フェイスブック（米国） 451 億 6,800 万米ドル	ベライゾン（米国） 711 億 5,400 万米ドル	マクドナルド（米国） 1,303 億 6,800 万米ドル
10	マクドナルド（米国） 434 億 1,700 万米ドル	中国建設銀行（中国） 697 億 4,200 万米ドル	AT&T（米国） 1,083 億 7,500 万米ドル

出所：インターブランド社は 2018 年，ブランドファイナンス社およびミルウォードブランド社は 2019 年のグローバル・ブランド価値評価ランキングに基づき，一部修正して筆者作成。

さらに，測定した収益の何％がブランドによるもので何％がそれ以外かを専門家の間で分析する。仮に予想した収益の40％がブランドによるもので，残りの60％は別のものと判断されればその40％がブランド価値となる。インターブランド社ではその分析基準として以下の3つがあり，他の2社もほぼ同様である。

・財務分析：企業が生み出す利益の将来予測を行う。
・ブランドの役割分析：利益のうち，ブランドの貢献分を抽出する。
・ブランド強度分析：ブランドによる利益の将来の確実性を評価する。

　ただし，ブランド価値というものは国際会計基準においても，各国の会計基準においても厳密な意味での資産（asset）としては認められていない。さらにいうと，ブランド価値は財務諸表の本文どころか注記に記載することすら認められていない。また，調査会社によって評価額がまちまちで整合性に問題があったり，ランキングの上位とそれ以下では評価額が大きく異なっていて不自然であったりする。さらにいうと，ミルウォードブラウン社のBrandZ Top Global Brands 2019に記載されている「Top 10 Brand Contribution（製品ブランドのランキング）」以外，測定されているのは企業ブランド（corporate brand）のみであり，各製品ブランドの金銭的価値についてはすべての調査会社が信頼できるデータを揃えることが難しい状況である。
　それでも，ブランド価値が測定されることにより，それを用いたいと考える企業は自社のブランド価値が過去と比較していかに変化しているかを知ることができる。また，ブランド価値を意思決定の判断基準として信頼する企業は，これまでに行ってきたマーケティングがいかなる成果をもたらしたかを認識することが可能になったり，当該企業のマーケティング関連部門がその予算を増やすために社内を説得する材料にもなったりする。
　グローバル・ブランドの価値を金銭的に測定して活用するという企業活動は，現代におけるブランド・マネジメントの重要な一側面であるが，グローバル・ブランドには他にもみるべき諸側面がある。そこで，次節では企業側と消費者側とでグローバル・ブランドがどのように認識されているかについて述べ

る。

(2) 多国籍企業におけるグローバル・ブランドの位置づけ

米国のグローバル・ブランド研究者である Boze と Patton は，1995 年の論文 "The future of consumer branding as seen from the picture today" において，欧米多国籍企業 6 社（コルゲート・パルモリブ，クラフト，ネスレ，P&G，クエーカー，ユニリーバ）における製品ブランドの市場導入状況を 67 カ国（欧州 16 カ国，北中米 19 カ国，南米 7 カ国，アジア・豪州 23 カ国，アフリカ 2 カ国）で調査している（図表 22-3 参照）。彼らは「半数（34 カ国）以上の国々で導入されている製品ブランド」と「1 カ国のみで導入されている製品ブランド」の 2 つに区分し，グローバル・ブランドといえる前者が絶対的に少ないことを明らかにしている。

ただし，グローバル・ブランドはローカル・ブランドやリージョナル・ブランドと比べて数がきわめて少ないものの，当該企業の世界連結売上高に対する貢献は逆にきわめて大きいことがよく知られている。一般に，多国籍企業ではグローバル・ブランドが世界連結売上高の約 70％をもたらしているといわれており，ロレアル（フランス）のような一部の企業では 90％以上である。このような現象こそ，グローバル・ブランドが多国籍企業において重視されているもっとも大きな要因である。

図表 22-3 67 カ国における多国籍企業 6 社の製品ブランド導入状況

企業名	調査対象となった製品ブランドの数	半数（34 カ国）以上で導入されている製品ブランド		1 カ国のみで導入されている製品ブランド	
		実数	割合	実数	割合
コルゲート	163	6	4%	59	36%
クラフト	238	6	3%	104	44%
ネスレ	560	19	4%	250	45%
P&G	217	18	8%	80	37%
クエーカー	143	2	1%	55	38%
ユニリーバ	471	17	4%	236	50%

出所：Boze and Patton (1995), p. 22 を修正して筆者作成。

(3) 消費者におけるグローバル・ブランドの位置づけ

グローバル・ブランドは，ローカル・ブランドやリージョナル・ブランドと比べて消費者により高い価値をもたらすという研究がある。たとえば米国のグローバル・マーケティング研究者である Holt らは，2004 の論文 "How Global Brands Compete" において，先進国・開発途上国を含んだ 41 カ国の都市部に住む 20 歳から 35 歳までの消費者 1,500 人を対象に，ローカル・ブランドではなくグローバル・ブランドを選択する理由をアンケート（単数回答）によって定量的に調査し，以下 3 つの要因を明らかにしている（図表 22-4 参照）。

まず，回答者のうち 44％はグローバル・ブランドを「品質のシグナル」として知覚している。すなわち，ローカル・ブランドと比較した場合に価格は高いがそれに見合った品質であることを想起できるということであり，いわゆる知覚品質（perceived quality）が優れていることを意味している。また，回答者のうち 12％は「グローバルな神話性（global myth)」を挙げている。これは一般にグローバル性（globalness）と呼ばれているものであり，すなわち「国内のみで展開されている製品ブランドよりもグローバルに展開されている製品ブランドの方が付加価値を有していると消費者が知覚すること」である。

Holt らは，「ローカル・ブランドはわれわれに現在の状況を教えるが，グローバル・ブランドはわれわれに将来どのようになりたいかを教えてくれる」

図表 22-4　消費者がグローバル・ブランドを選択する理由（N＝1500）

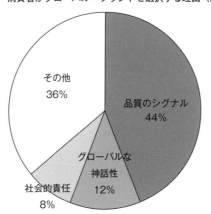

出所：Holt *et al.* (2004)，p. 72 を修正して筆者作成。

(*Ibid*, p. 71) と述べているが，グローバル・ブランドは単なる機能的便益を超えた「自己表現的便益」を有しており，それを所有することで当該消費者はグローバル社会の一員になったように感じるという意味で「グローバル市民権（global citizenship）」を得ることができるという。とくに，社会から隔絶しがちな各国の低所得セグメントにおいて，このような知覚は最先端の現象にアクセスしたい消費者においても，当該消費者を将来のターゲットにしたい企業においても重要視されつつある。

　そして，回答者のうち8％はグローバル・ブランドを「社会的責任」の象徴として知覚している。社会厚生や労働者の権利，地球環境に対して大きな影響を及ぼすのは各国の現地企業よりもむしろ多国籍企業であり，グローバル・ブランドを展開するということはそれらに対しても責任を持つのと同義であると消費者は捉えるという。

　ただし，Dimofte らによれば自国中心主義が強い消費者の場合はローカル・ブランドに対する好意度がグローバル・ブランドよりも高くなる可能性があり，グローバル・ブランドに対してある種の反発が起こり得る。それでも，多国籍企業が各国の当該消費者に対して適切な対処を行うことができれば，グローバル・ブランドは消費者の自国中心主義を越えてローカル・ブランドよりも優れた知覚品質とグローバル性を有することができると考えられている。

5．おわりに

　先進諸国市場の成長率は1980年代以降それほど伸びていないが開発途上国は相対的に堅調であり，今後も成長が期待される国々もあることから，日米欧多国籍企業はこれら開発途上国市場に成長の糧を求めようとしている。従来，開発途上国に市場導入する際は現地市場に合わせたローカル・ブランドを構築し，現地消費者の自国中心主義との親和性を高めることが優先されていたが，開発途上国で急速に市場シェアを伸ばしたい多国籍企業はグローバル・ブランドを最大限に活用して市場浸透を図ろうとする。

　また，多国籍企業による開発途上国への直接投資が十分でない場合はグローバル・ブランドが重視されることがある。一般に，海外直接投資はまず販売拠

点の設立から始まり，より膨大な資本の必要な生産拠点の設立を経て，親会社から一部移転する形での研究開発拠点設立に至るが，カントリー・リスクの高い開発途上国への過剰な海外直接投資を避けたい多国籍企業にとっては，ローカル・ブランドを一から構築するよりもむしろすでに世界中で認知されているグローバル・ブランドを活用する方を選択する可能性が高い。

　以上のように，グローバル・ブランドは多国籍企業の意思決定構造を再編成する大きな原動力であり，また新たな成長の糧である開発途上国市場を獲得する手段のひとつであると考えられる。消費者が多数派の消費様式に追随したり，それを誇ったりする現象は以前から「バンドワゴン効果」や「顕示的消費」といった概念で説明されてきたが，それがグローバル・ブランドの文脈で先進国と開発途上国との関係において検討されたことは大きな意義がある。

■世界の飲料，食品市場を支配する多国籍企業 10 社

　米国の非営利組織であるオックスファム（Oxfam）は，2014 年に世界の飲料・食品市場を支配する多国籍企業 10 社とその製品ブランド（主にグローバル・ブランド）を網羅的に示した。

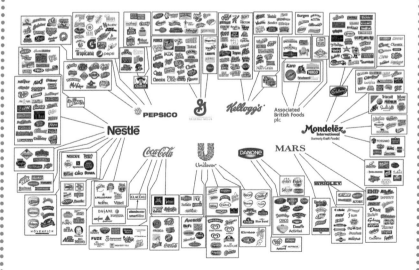

　出所：オックスファムアメリカのウェブページ（https://www.oxfamamerica.org/，2019 年
　　10 月 9 日アクセス）。

参考文献

伊藤邦雄（2000）『コーポレートブランド経営』日本経済新聞社。

井上真里（2004）「グローバル・ブランド管理の新傾向―日産自動車ブランドマネジメントオフィスの事例を中心に―」『国際ビジネス研究学会年報』第10号，73-89頁。

井上真里（2006）「グローバル・ブランド管理におけるブランド管理組織の役割」明治大学大学院経営学研究科2005年度博士論文。

田村正紀（1989）『現代の市場戦略：マーケティング・イノベーションへの挑戦』日本経済新聞社。

テレンス・オリバー（1993）『ブランド価値の評価実務　経営戦略としてのブランド管理と運用』ダイヤモンド社。

Aaker, D. A. (1991), *Managing Brand Equity*, Free Press.（陶山計介・中田善啓・尾崎久仁博・小林哲訳『ブランド・エクイティ戦略』ダイヤモンド社，1994年。）

Aaker, D. A. and A. L. Biel (1993), *Brand Equity & Advertising: Advertising's Role in Building Strong Brands*, Lawrence Erlbaum Associates.

Barwise, P. (1993), "Brand Equity: Snark or Boojum?," *International Journal of Research in Marketing*, 10, pp. 93-104.

Boze, B. V. and C. R. Patton (1995), "The future of consumer branding as seen from the picture today," *The Journal of Consumer Marketing*, Vol. 12, No. 4, pp. 20-41.

Dimofte, C. V., J. K. Johansson and I. A. Ronkainen (2008), "Cognitive and Affective Reactions of U.S. Consumers to Global Brands," *Journal of International Marketing*, Vol. 16, No. 4, pp. 113-135.

Holt, D. B., J. A. Quelch and E. L. Taylor (2004), "How Global Brands Compete," *Harvard Business Review*, Vol. 82, No. 9, pp. 68-75.

Kapferer, J. N. (1997), *Strategic Brand Management*, 2nd Edition, Kogan Page.

Keller, K. L. (1998), *Strategic Brand Management*, Prentice-Hall, Inc.（恩藏直人・亀井昭宏訳『戦略的ブランド・マネジメント』東急エージェンシー，2000年。）

Shocker, A. D., R. K. Srivastava and R. W. Ruekert (1994), "Challenges and Opportunities Facing Brand Management: An Introduction to the Special Issue," *Journal of Marketing Research*, Vol. 31 (May), pp. 149-158.

参考ウェブページ

インターブランド社ウェブページ（https://www.interbrand.com/best-brands/best-global-brands/2018/ranking/，2019年7月12日アクセス）。

ブランドファイナンス社ウェブページ（https://brandirectory.com/rankings/global-500-2018，2019年7月20日アクセス）。

ミルウォードブラウン社ウェブページ（https://brandz.com/admin/uploads/files/BZ_Global_2019_WPP.pdf，2019年7月12日アクセス）。

練習問題

次の各問に適切な語句を入れなさい。

① アーカーによると，ブランドとは「ある売り手の製品・サービスを識別し，競合他社のそれと差別化することを意図した，特有の名前，ロゴ，（　　A　　），スローガン」である。

② 1980年代にブランドへの関心が高まった背景として，巨大企業間のM&Aにおける（　　B　　）の評価問題が挙げられる。

③ （　　C　　）とは，「主要先進諸国を中心に市場導入され，海外売上高比率が高く，当該諸国の様々な利害関係者によって肯定的に評価された製品・サービスの名称」である。多国籍企業において，それは当該企業における世界連結売上高の70％以上に寄与しているといわれている。

④ 市場導入の地理的範囲を考慮すると，製品ブランドはある1カ国のみで導入される（　　D　　），ある地理的地域で導入されるリージョナル・ブランド，そしてグローバル・ブランドに区分される。

⑤ グローバル・ブランドは各国の消費者から高い肯定的評価を受けており，世界中で導入されていること自体に価値があるという点で（　　E　　）を有する。そのため，グローバル・ブランドは各国の国内のみで導入されている製品ブランドよりも付加価値が高いと考えられている。

第23章

グローバル・ブランドⅡ：マネジメント

　グローバル・ブランドは，主に多国籍企業が世界連結売上高を増大させる原動力になっている。ただし，グローバル・ブランド自体はもちろん重要であるが，より重要なのは当該企業がグローバル・ブランドをいかに取り扱うかという企業行動の側面である。グローバル・ブランディングやグローバル・ブランドの活用などにより，現在における多国籍企業の「グローバルなブランド・マネジメント」は高度化している。

1．はじめに

　2019年7月，マツダ株式会社（Mazda Motor Corporation，以下ではマツダと略記）はその乗用車における車種名（すなわち製品ブランド）の一部を原則として「MAZDAと数字の組み合わせ」へ世界的に統一させると発表した（ただし福祉車両は除く）。それに先駆けて，マツダは同年5月にスポーツモデルのアクセラを「MAZDA3」に変更しており，上記の発表はMADZA3に続いて小型モデルのデミオを「MAZDA2」，ミニバンのプレマシーを「MAZDA5」，旗艦モデルのアテンザを「MAZDA6」に変更するということである。このように，ある企業がその製品ブランドをグローバルに展開するため，当該製品ブランドの名称やロゴ，シンボル，スローガンを国や地域にかかわらず統一的に用いることを「グローバル・ブランディング（global branding）」という。なお，オープンカーの「ロードスター」やSUV（Sport Utility Vehicle：スポーツ用多目的車）の「CXシリーズ（CX-3，CX-5，CX-8，CX-30）」，軽自動車，商用車，海外専用車は現時点でそのままである。

　かつて，マツダはトヨタや日産といった国内の自動車産業におけるリーダー

企業と比べて価格優位性があるものの，部品・原材料の質や製品の審美性においては劣位に甘んじていた。1979 年に米国のフォードがマツダに資本投入して以降，フォードの資本比率は徐々に上がり，1996 年には 33.4%になってフォードから社長が派遣された。それにともない，マツダはフォード傘下としてコスト削減に資するプラットフォーム（自動車の車台部分）やエンジンなどの共有化を進めていったが，2008 年以降のフォードはマツダの経営から距離を置き始め，2010 年にはフォードの資本比率が 3.5%にまで低下した。さらに，2015 年にはフォードがマツダの経営から完全に離れることとなった。

　自動車製造企業として世界でも規模が小さい年間生産台数約 160 万台のマツダが独立して存続するためには，トヨタや日産のような大量生産に基づくコスト・リーダーシップ戦略を展開するのではなく，卓越した製品差別化を中心にニッチ戦略を採りながらも安定的に利益を出せるようにしなければならなかった。以前のように部品や原材料の質を下げてコストを削減したり，販売時に大幅な値引きを行って売上高を下げたりすると元の木阿弥である。

　そこで，2008 年から社長に就任した山内孝氏は，他社の製品ブランドにないマツダの個性を徹底的に追求することによって消費者を引き付けようとした。マツダは，独自の新技術（ダウンサイジング，リーンバーン，ディーゼルなど）を導入した「スカイアクティブ」エンジンの開発や「魂動（こどう）デザイン（独特なフロントグリルの形状）」，「ソウルレッド（従来よりも深みのある赤）」といった機能面のみならずデザイン面での差別化を一気に進め，勢いのある自動車製造企業として異彩を放っている。

　ここでさらに重要なのは，魂動デザインやソウルレッドがすべての製品ブランドで統一されていることである。かつてのマツダ車はフロントグリルが非常に小さく，「マツダであること」の表現が控えめであった（図表 23-1 参照）。一方，現在におけるマツダ車全般のエクステリアは消費者が一見するとそれと分かるデザインであり，非常に力強い（図表 23-2 参照）。

　理論的にいうと，このような現象はアーカーのいうブランド・アイデンティティ（brand identity）から派生した「ビジュアル・アイデンティティ（visual identity）」と呼ばれている。人間に例えれば顔といえるフロントグリルや車体の色を製品ブランドごとでバラバラにするとそれぞれのイメージが分散してし

図表 23-1　マツダの旧モデルにおけるフロントグリル

出所：筆者撮影。

まい，企業全体でみたときに幹のようなひとつの大きなイメージに収束しない可能性がある。そのため，マツダは製品ブランドごとの特徴を強化しながらも統一させるべき部分は統一させているのである。

　さらに，冒頭で述べたように一部の製品ブランドをMAZDA2・3・5・6にするというグローバル・ブランディングは，欧米市場で定着している製品ブランドを日本でも用いることで，マツダが世界的に統一されたブランド・イメージを構築し，所有するそれぞれの製品ブランドをグローバル・ブランドへと押し上げようとする「グローバルなブランド・マネジメント」の一環である。

図表 23-2　マツダの現行モデルにおけるフロントグリル

出所：マツダ株式会社ウェブページ（https://www.mazda.co.jp/cars/mazda2/grade/，2019 年 9 月 22日アクセス）。

　前章では，近年においてブランドというものがなぜ社会的に注目されるように
なったのかを説明し，ブランドの中でもとくにグローバル・ブランドになぜ
さらなる注目が集まっているのかを論じた。本章では，ブランド・マネジメン
トという企業行動の側面に焦点を当て，とくに多国籍企業がいかにグローバ
ル・ブランドを構築・活用し，その企業戦略の質を高めているかについて述べ
る。

2．製品ブランドの統合性

　ブランド・マネジメントに関するグローバルな諸課題について論じる前に，
まず一般論として「ひとつの製品ブランドを複数カテゴリーの製品に付与する
ブランディング」の重要性について述べておきたい。図表 23-3 は，製薬多国
籍企業である大正製薬株式会社（以下では大正製薬と略記）の国内事業におい
て，その主要製品ブランドである「パブロン」がどのような製品カテゴリー
に拡張されているかを示したものである。パブロンは，一般的な総合感冒薬だ
けでなく，ハンドジェルやうがい薬，のどスプレー，マスクといった「予防医
療」に関する製品，さらには滋養内服液（いわゆるエナジードリンク）といっ
た医薬部外品にも拡張されている。
　製品カテゴリーが異なれば消費者の知覚も異なる場合が多いため，ある製品
カテゴリーで培われた製品ブランドのイメージを別の製品カテゴリーに移行さ
せることは基本的に難しい。それでも，あまりに離れた製品カテゴリーでなけ
れば既存製品ブランドの卓越したイメージをうまく活用して近接した製品カテ

図表 23-3　大正製薬「パブロン」における製品カテゴリーを越えたブランディング

出所：大正製薬ウェブページ（http://www.taisho.co.jp/pabron/，
　　　2019 年 10 月 17 日アクセス）を一部修正して筆者作成。

ゴリーへの展開を図ることは可能であり，パブロンの例はそれに当てはまる。

　製品カテゴリーを越えた製品ブランドの展開に関するもうひとつの優れた例として，韓国を代表する家電多国籍企業である LG 電子（以下，LG）の「LG Objet（以下，オブジェ）」を取り上げよう。LG は，2018 年 11 月から新しい製品ブランドのオブジェを韓国内で市場導入し，今後におけるグローバル・ブランドへの発展が大きく注目されている。これまでの家電はその機械的な存在感が重要であると消費者からみなされていたが，オブジェのコンセプトは家電と家具を融合させるということである。棚やダイニングテーブル，ソファ，照明といった家具との調和を目指し，冷蔵庫（図表 23-4 参照），空気清浄機（図表 23-5 参照），オーディオ（図表 23-6 参照）および液晶テレビ（図表 23-7 参照）の 4 種類を統一的なデザインで展開している。

　オブジェシリーズ 4 種類の筐体（きょうたい）には北米産アッシュの原木が使用されており，消費者は店頭で直接サンプルを確認することができる。また，当該消費者は自宅にある家具とのマッチングや家族の好みなどを考慮して 9 つの細かい色味から選択することができる。

　ただし，重要なことは外観上の統一性だけではない。たとえば，冷蔵庫や空気清浄機は「ベッドの隣に置くサイドテーブル」でもあり，また図表 23-5 にあるように「携帯電話の無線充電器」でもある。さらに，液晶テレビは裏をスライドさせることができ，そこを本棚のみならず DVD レコーダーや Wi-fi ルー

図表 23-4　LG Objet の冷蔵庫

出所：LG 電子ウェブページ（https://www.lge.co.kr/lgekor/lgobjet/lgobjetMain.do，2019 年 7 月 6 日アクセス）。

図表 23-5　LG Objet の空気清浄機

出所：同上。

ターの収納として用いることができる。

　世界トップクラスの家電多国籍企業であるLGであっても，当該企業の各製品事業部が自らの製品カテゴリーを越えて緊密に連携したり，オブジェのような特色が強い製品ブランドの企画をトップ・マネジメントに承認させたりすることは容易でない。韓国企業は，日本企業と比べて意思決定がトップダウン（上の職位からより下の職位に意思決定を伝達するシステム）であるといわれており，日本企業によくみられるボトムアップ（下位の職位からより上の職位に意思決定を伝達するシステム）よりも特定のコンセプトを全社的に浸透させやすい可能性がある。

　マツダや大正製薬，LGの事例に共通するのは，ブランド・マネジメントで

図表 23-6　LG Objet のオーディオ

出所：同上。

図表 23-7　LG Objet の液晶テレビ

出所：同上。

は企業全体の統一性をいかに向上させるかがひとつの大きな課題であるということである。ただし，展開させる製品カテゴリーの類似度やその範囲，当該企業内の組織体制や意思決定システムによって統一を図る方法は異なる可能性がある。

3．グローバルなブランド・ポートフォリオの構築

　上記のように，グローバル・ブランドを構築するためのブランディングをどのように行うのか，展開する製品カテゴリーの範囲をどのように設定するのか，当該企業内における意思決定のシステムがどのようになっているのかという視点は非常に重要であるが，この他にも注目すべき視点がある。それは，グローバル・ブランドのみならずローカル・ブランドやリージョナル・ブランドも含めた製品ブランドの組み合わせ，すなわちブランド・ポートフォリオをグローバルにいかに設定するかということである。

　前章で述べたとおり，グローバル・ブランドは主に多国籍企業が世界連結売上高を高める原動力になっている。一般に，多国籍企業ではグローバル・ブランドが世界連結売上高の約70％に貢献しており，一部の企業では90％以上であるといわれている。そのため，現在における多国籍企業の多くは先進国市場であろうと開発途上国市場であろうと，グローバル・ブランドを中心にブランド・ポートフォリオを構築する傾向にあるといってもよい。

　かつて，開発途上国の消費者はグローバル・ブランドを頻繁に購買できる
ほどの所得に乏しく，また当該グローバル・ブランドに関する知識にも乏し
いと考えられてきたため，グローバル・ブランドは先進国市場向けでありロー
カル・ブランドやリージョナル・ブランドは開発途上国向けであるという暗
黙の前提があった。ところが，BarkiとParenteが2010年の論文"Consumer
Behaviour of the Base of the Pyramid Market in Brazil"で明らかにしている
ように，近年は開発途上国の消費者であってもグローバル・ブランドが持つグ
ローバル性を理解する意志と能力が備わりつつある。開発途上国はいずれも独
自の文化を有しているが，グローバル・ブランドは当該消費者の自国中心主義
を越えて影響を与える可能性がある。「開発途上国に対しては製品のみならず
製品ブランドもローカルでなければならない」という考え方は当該消費者の多
様な側面を一面的に捉えるものであるといえる。

　「どのくらいの期間，多国籍企業が開発途上国に進出しているか」というこ
とも，開発途上国で当該企業のグローバル・ブランドが浸透するかを左右する
重要な要因である。たとえば，スイスに親会社を置く世界最大の食品多国籍企
業であるネスレは100年以上前からフィリピンに進出しており，そのグローバ
ル・ブランドである「ネスカフェ」や「ミロ」を販売している。現地におけ
る「現在の」消費者のみならず，その両親や祖父母も親族もネスレのグローバ
ル・ブランドに親しんできた可能性が高い。そうなると，現在の消費者は小売
店舗（スーパーマーケットや露店など）の店頭で自ら煩雑な購買意思決定を
ほとんど行わず，「わが家は昔からネスカフェやミロに親しんできたから」購
買するという現象が起こり得る。LafleyとMartinによると，「分かりやすい
ことが正しい」と思い込むこの現象は心理学において処理流暢性（processing
fluency）と呼ばれている。

　とくに食品や飲料，洗剤などの最寄品において，開発途上国では現地企業が
販売する類似製品ブランドの方が安価だとしても習慣的に多国籍企業のグロー
バル・ブランドを購買する消費者が存在する。図表23-8はフィリピン・マニ
ラ中心部のスーパーマーケットにおける洗剤の棚割りを示しているが，わず
かにユニリーバ（Unilever）の「ブリーズ（Breeze）」が陳列されているもの
の，ほとんどがP&G（Proctor and Gamble）のグローバル・ブランドである

図表 23-8　フィリピン・マニラのスーパーマーケットにおける洗剤の棚割り

出所：筆者撮影。

「アリエール（Ariel）」と「タイド（Tide）」である。P&Gは100年以上前か
らフィリピン市場に定着しているため，消費者の処理流暢性に合わせたライン
ナップになっている。

　開発途上国のスーパーマーケットなどで特定のグローバル・ブランドが大量
に陳列される要因としては，処理流暢性以外の要因もある。それは，当該市場
におけるリスティングフィー（配架料，導入料ともいう）の拠出対策である。
リスティングフィーとは，主に開発途上国で採用されているシステムである
が，ある製造企業がその製品を小売店舗の棚に陳列する際に負担しなければな
らない費用である。そもそも，開発途上国では伝統的に小売業態は路上にある
露店（フィリピンではサリサリストア，インドネシアではワルン，インドでは
キラナ，南アフリカではスパザと呼ばれる）が主流であり，スーパーマーケッ
トのように近代的な業態は概して欧米の多国籍小売企業が持ち込んだものであ
る。当該企業は，そのオペレーションコストを製造企業側に転嫁するためリス
ティングフィーを導入するようになり，それが商慣行になっている。リスティ
ングフィーが先進国でほとんどみられないのはこのような理由による。

　製品カテゴリーによって，またその中でもアイテムによってリスティング
フィーの金額は異なる。仮に，フィリピンでひとつのアイテムにおけるリス

ティングフィーが 1 万ペソ（日本円で約 2 万円）だとする。さらに，ある製造企業が 3 アイテムをフィリピン全土のスーパーマーケットとハイパーマーケットの棚に並べたいと考えており，その店舗数が 150 店だとすると，当該製造企業は 900 万ペソ（約 1,860 万円）を小売企業側にあらかじめ支払わなければ棚に並べることすらできない。

　しかも，複数の異なる製品ブランドを棚に並べようとすれば商品コードの数が増え，アイテム数が多くなるためリスティングフィーがさらに高くなってしまう。そのため，製造企業側はアイテム数ができるだけ増えないよう特定の製品ブランド，とくにグローバル・ブランドに経営資源を集中させるのである。なお，パッケージ違い（箱型や小容量など）は商品コードが変わらないため，アイテム数の増加に含まれない。

　多国籍企業においてはグローバル・ブランドが世界連結売上高の大半を担っている。また，開発途上国市場では消費者の処理流暢性が大きく影響するため，昔から市場導入されている製品ブランドが有利になることがある。さらに，開発途上国の小売企業に支払うリスティングフィーを可能な限り削減しようと多国籍企業が対策を講じている。その結果，多国籍企業は開発途上国市場においてますますグローバル・ブランドへと傾斜するようになっている。

4．ローカル・ブランドやリージョナル・ブランドの役割

　これまで述べてきたとおり，多国籍企業にとってグローバル・ブランドはまさに強力な武器である。しかし，状況によってはその影響力が通用しないこともあり，それがグローバルなブランド・ポートフォリオの構築を複雑にしている。以下では，南米市場における P&G の失敗と中国市場におけるロレアル（L'Oréal）の失敗からグローバル・ブランドとローカル／リージョナル・ブランドとの関係について説明する。

　まず，P&G は 1990 年代に親会社主導でグローバル・ブランドへの集中を図ったものの，多国籍企業間のグローバルな競争（国際寡占間競争ともいう）下において，同社が開発途上国での市場シェア獲得に出遅れたためうまくいかなかった。とくに，南米のオーラルケア（歯ブラシや歯磨き粉など）市場にお

いて，P&G はブラジルなど市場規模が相対的に大きな国々の流通チャネルに巨額の投資を行ったが，ブラジルの周辺諸国（ペルーやボリビアなど）に対してはこれまでに築いてきたイノベーションとブランド力があるため容易に市場シェアを獲得できると考えていた。ところが，Lafley らが指摘しているように，P&G にとって最大のライバルである米国のコルゲート・パーモリーブ（Colgate-Palmolive，以下ではコルゲートと略記）はブラジルの周辺諸国に対しても多額の投資を先駆けて行い，しかも各国でローカル・ブランドを展開して現地市場に深く浸透した。

　1990 年代は，世界における経済成長の原動力が先進国から開発途上国に移りつつある時期であり，コルゲートによるローカル・ブランドの強化はその先鞭をつけたものであった。一方，ブラジル周辺諸国での競争に出遅れた P&G は他国で築いたローカル・ブランドをリージョナル化させたり，グローバル・ブランドを導入したりして当該市場に対処しようとしたが，ローカル・ブランドを駆使して各国市場に深く根差したコルゲートの牙城を崩すことはできなかった。このように，グローバル・ブランドがいかに強力であっても，市場導入のタイミングが遅ければローカル・ブランドの後塵を拝する可能性がある。

　次に，謝憲文や付・古殿によると，世界最大の化粧品多国籍企業であるフランスのロレアルは 1997 年の中国市場参入以降，富裕層向けに 10 以上のグローバル・ブランドを同国で導入するとともに，富裕層向けの流通チャネル強化とマス市場開拓のため 2003 年に「小護士（Mininurse）」，2004 年に「羽西（Yue Sui）」という現地企業のローカル・ブランドを買収した。

　ところが，2000 年を境にして同国の中心的な市場セグメント（いわゆるボリュームゾーン）は富裕層から中間所得層に移りつつあった。中国の中間所得層は富裕層に比べて圧倒的に人口が多いことに加えて，急速な経済成長によって中間所得層の可処分所得が高まったこともあり，ボリュームゾーンが移行したのである。

　それにようやく気づいたロレアルは，2006 年に中間所得層向けのグローバル・ブランドである「ガルニエ（Garnier）」を導入することで新しいボリュームゾーンへの対応を図ったが，ガルニエは市場導入されたタイミングの遅さとローカル・ブランドによる援護不足のため競合する多国籍企業や現地企業の後

塵を拝し，2014年に撤退を余儀なくされた。このように，グローバル・ブランドがいかに競争力を有しているとしても，開発途上国市場ではローカル・ブランドやリージョナル・ブランドによる援護がなければ十分な成果が得られない場合がある。

5．おわりに

　グローバル・ブランドの数はローカル・ブランドやリージョナル・ブランドの数と比べるときわめて少ない。一方，グローバル・ブランドが多国籍企業の世界連結売上高増大に対して与える影響はきわめて大きい。ただし，そのことはローカル・ブランドやリージョナル・ブランドが不要であることを意味しているわけではない。当該企業の戦略的意図や競合企業との競争関係といった諸条件により，ローカル・ブランドやリージョナル・ブランドにはさまざまな役割が与えられる。多国籍企業は，それぞれの役割を踏まえた上でそれらをうまく組み合わせ，グローバルなブランド・ポートフォリオを構築することが肝要である。

　なお，現時点における多国籍企業の実務において，ある製品ブランドをグローバル・ブランドに位置付けるか，ローカル／リージョナル・ブランドに位置付けるかを決定する基準は「世界連結売上高の増大に対する貢献」のみといってもよい。しかしながら，それだけでは将来大きく成長する可能性があるローカル・ブランドやリージョナル・ブランドの芽を摘み取る恐れもあることから，近年ではDavvetasとDiamantopoulosやAndreuらのように売上高以外の基準（「消費者のローカル性／グローバル性知覚」や「製品カテゴリーによるローカル性／グローバル性の差異」など）をグローバルなブランド・ポートフォリオを構築する際の考え方に取り入れようとする研究が現れている。今後の実務と研究の進展により，多国籍企業のグローバルなブランド・マネジメントはさらに高度化していくであろう。

■消費者は製品カテゴリーによってローカル・ブランドとグローバル・ブランドのどちらを好むか？

　米国の調査会社であるニールセン（Nielsen）は，2017 年に 63 カ国の 3 万 1,716 人へオンライン調査を行い，消費者が製品カテゴリーによってローカル・ブランドとグローバル・ブランドのどちらを好むかを明らかにした。数値（パーセンテージ）が高い製品カテゴリーほどローカル・ブランドを好む可能性があり，また低いほどグローバル・ブランドを好む可能性がある。

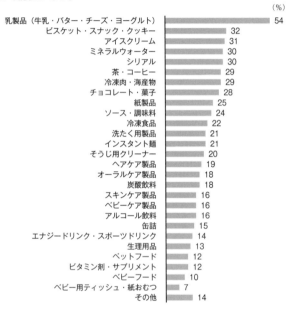

　出所：The Nielsen Company (2017), *"Made in" Matters...or Does It?: How Consumer Perceptions about Country of Origin are Translating to Purchasing Behaviors around the World*, p. 3.

参考文献

謝憲文（2009）『グローバル化が進む中国の流通・マーケティング』創成社。

付翠紅・古殿幸雄（2013）「資生堂の中国における競争戦略」大阪国際大学『国際研究論叢』第 26 巻第 3 号，43-63 頁。

Aaker, D. A. (1996), *Building Strong Brands*, Free Press.（陶山計介・小林哲・梅本春夫・石垣智徳訳『ブランド優位の戦略』ダイヤモンド社，1997 年。）

Andreu, J. L., M. A. L. Lomelí and J. E. G. Villanueva (2015), "How Local/Global is Your Brand?," *International Journal of Market Research*, Vol.58, No. 6, pp. 795-812.

Barki, E. and J. Parente (2010), "Consumer Behaviour of the Base of the Pyramid Market in

Brazil," *Greener Management International*, Vol. 56, pp. 11-23.

Davvetas, V. and A. Diamantopoulos (2016), "How Product Category Shapes Preferences Toward Global and Local Brands: A Schema Theory Perspective," *Journal of International Marketing*, Vol. 24, No. 4, pp. 61-81.

Lafley, A. G., R. Martin and J. Riel (2013), "Leading with Intellectual Integrity," *Strategy+Business*, Issue 71 (Summer), pp. 1-8.

Lafley, A. G. and R. L. Martin (2017), "Customer Loyalty is Overrated," *Harvard Business Review*, January-February, pp. 307-318.

参考ウェブページ

LG 電子ウェブページ (https://www.lge.co.kr/lgekor/lgobjet/lgobjetMain.do, 2019 年 7 月 6 日アクセス)。

コルゲート・パルモリブ親会社ウェブページ (http://www.colgate.com/app/Colgate/US/Corp/History/1961.cvsp, 2014 年 1 月 30 日アクセス)。

コルゲート・パルモリブ現地子会社（ブラジル）ウェブページ (http://www.colgate.com.br/app/PDP/Protex/BR/Equity/HomePage.cvsp, 2014 年 1 月 30 日アクセス)。

大正製薬株式会社ウェブページ (http://www.taisho.co.jp/pabron/, 2016 年 12 月 30 日アクセス)。

マツダ株式会社ウェブページ (https://www.mazda.co.jp/cars/mazda2/grade/, 2019 年 9 月 22 日アクセス)。

練習問題

次の各問に適切な語句を入れなさい。

①　ある企業がその製品ブランドをグローバルに展開するため，当該製品ブランドの名称やロゴ，シンボル，スローガンを国や地域にかかわらず統一的に用いることを（　　A　　）という。

②　多国籍企業が，グローバル・ブランドのみならずローカル・ブランドやリージョナル・ブランドを含めた製品ブランド全体の適切な組み合わせを決定することをグローバルな（　　B　　）という。

③　ある消費者がその祖先や親族などの影響を大きく受けると，小売店舗で自らの購買意思決定をほとんど行わずに購買することが多くなり，（　　C　　）が高まる。

④　（　　D　　）とは，ある製造企業がその製品を小売店舗の棚に陳列する際に負担しなければならない費用である。

⑤　ローカル・ブランドがグローバル・ブランドを凌駕する可能性があるのは，ある国の市場に対するローカル・ブランドの導入タイミングがグローバル・ブランドよりも早い場合と，ローカル・ブランドが当該国の中心的な市場セグメント，すなわち（　　E　　）へ適切に導入されている場合である。

第24章
グローバル企業の全社戦略

　企業の目的は，持続的な成長である。この持続的な成長を成し遂げるために
は，全社戦略が必要である。全社戦略は，現在から未来に向かいどのような領
域で成長していくかということを決定することである。全社戦略のことを経営
戦略ともいう。

　それでは，戦略とは何だろうか。戦略とは，いつ，どこで，何を実施するか
を決めることであり，同時に何をやらないかを決めることである。

　経営戦略の理論の多くは，1970年代以降に米国で生まれた。その後，1980
年代になると米国企業は日本企業とのビジネス競争に敗れた。そして米国は，
徹底的に日本を研究することで，米国の経営戦略理論を発展させ，米国企業の
競争力を再び向上させた。現在では，日本は米国流の経営戦略から学ぶことが
多い。

　一方，新興諸国の経済市場の発展は，新たな経営戦略を産み出し，更には，
新興国発の企業や製品やサービスが，世界市場で競争優位に立つ場合もでてき
た。

　この競争環境の変化の中において，多角化企業は，全社戦略＝経営戦略に
よって複数部門のシナジーを高め総合的な発展を目指すようになる。

　多角化企業の各事業部門の戦略は，全社戦略とは別に事業戦略と呼ばれてい
る。

　「多角化」すること「グローバル化」することは，まさに全社戦略において
は大きな意思決定事項である。

1. 製品・市場戦略

　企業は持続的な成長を目指すが，そのために既存事業の再編を実施し，新た
な事業に進出して多角化をする。多角化とは，複数の事業を一企業の中で運営
することである。

　多角化については，イゴール・アンゾフが定義したアンゾフ・マトリクス
によって明快に説明されている（図表24-1）。既存の製品を既存の市場で販売
していくのが市場浸透，既存の製品を新たな市場において販売するのが市場開
拓，また既存の市場に新たな製品を投入するのが製品開発，そして新たな市場
に新たな製品を投入するのが多角化である。

　①　市場浸透戦略

　市場浸透は，その名の通り既存の製品と既存の市場でいかにシェアを上げる
かをめざす戦略である。販売量の増加と新規顧客を掘り起こすことが必須であ
る。同一市場での購買頻度を上げるための販売促進やマーケティング活動を実
施することはもとより，さらには同一市場にいる競合の顧客を奪うための戦術
を実施する。

　②　市場開拓戦略

　市場開拓の例は，これまでに販売されていなかった地域への新規販売や，既
存製品の新しい顧客層への販売により，新たな市場を開拓するというものであ
る。例えば，地域開拓では，自動車を米国に輸出し，続いて米国における現
地生産を開始し，更には，これまでに開拓していなかった新興国市場へ進出す

図表24-1　アンゾフの製品・市場マトリクス

製品　　　市場	既存製品	新製品
既存市場	市場浸透	製品開発
新市場	市場開拓	多角化

出所：Ansoff (1957), p. 113 より筆者作成。

る。新市場開拓においては，子供用の紙おむつの販売ルートを利用して介護用の大人向け紙おむつなどを販売することで，従来なかった介護用品を普及加速させた事例がある。

③　製品開発戦略

製品開発戦略は，既存の市場に新製品を投入する戦略である。新しい機能や，新たなカラー・バリエーションでの追加機種や新型機種の投入がある。例えば，音楽プレーヤーや携帯電話，スマートフォンの展開はこの製品開発戦略にあたる。またネスレが，インスタントコーヒーの販売ルートに，簡易的なエスプレッソマシーンである「バリスタ」を開発・販売している。これは，スターバックスをはじめとするリッチなコーヒーの拡大と顧客の嗜好の変化の中で，自宅において簡易にカフェ・ラテが楽しめるなど新たな価値提案を実現したということができる。

④　多角化

既存市場や製品，言い換えれば既存の経営資源や価値連鎖を利用する成長戦略とは別のアプローチとして多角化がある。これまでの活動で直接的な関係を持たない市場へ，新しい製品をもって進出するので事業戦略としてのリスクは皆無ではない。しかしながら，成功すれば，複数の事業領域を持つことになり，全社的なリスク分散という成果を獲得することもできる。

多角化を推進した代表例は GE である。GE は，ジャック・ウェルチが CEO に就いた 1982 年，350 以上の事業から成り立っていた。多角化はリスクを低くするが，それだけで企業の体力を強くするわけではない。必要なのは戦略である。ウェルチは，この多角化された事業を「その市場で 1 位か 2 位にある事業（企業）に限るという判断基準」によって絞り込むことで，より強固な全社組織に変革した。これを「選択と集中」と呼ぶ。ウェルチは，この「ナンバーワン・ナンバーツー戦略」に基づいて，最初の 2 年間で 71 の事業と製品群を売却した。

2001 年にウェルチの後継者としてジェフリー・イメルトが会長に就任して，引き継いだ 11 の事業領域をさらに 5 つに絞り込んだ。この時点の多角化事業領域とは，「エナジー」（風力・原子力発電など），「テクノロジー」（IT，医療，鉄道車両製造など），「ホーム＆ビジネス・ソリューションズ」（個人・産

業向けエレクトロニクス），「GE キャピタル」（金融サービス）」，「NBC ユニ
バーサル」（メディア）である。

　また，ハードからソフトへと競争の場を変えた IBM の事例もある。

　IBM は巨額の赤字を計上した 1993 年，RJR ナビスコの会長兼 CEO であっ
たルイス・ガースナーを会長兼 CEO として迎えた。1991 年に創業以来，初め
ての赤字となった IBM は，その後 3 年連続で赤字を計上していたのである。

　コンピュータ産業は，メインフレーム（大型汎用コンピュータ）からパソコ
ンへのダウンサイジングの真っただ中にあったが，メインフレームを主力とす
る IBM は，将来性に疑問符がつけられていた。ガースナーはハード中心の企
業からソフト・サービス業に転換し，ソリューション（問題解決）サービス事
業へと変化させることに成功した。

　2002 年，ガースナーから CEO の座を継いだサミュエル・パルミサーノもコ
ンピュータ関連の技術をコアコンピタンスとしながらも，コンサルティングな
どからなるサービス事業を拡大していったのである。2004 年，IBM は，一時
代を築いたパソコン事業を中国企業レノボへ売却することであらたな道を進み
はじめた。

　日本企業の多角化では，鉄鋼メーカーも一時期多角化に積極的に取り組んだ
ことがあった。2000 年頃，神戸製鋼所は半導体子会社を米マイクロン・テク
ノロジー社に譲渡し，半導体事業からの撤退を発表した。さらに NKK，住友
金属工業，新日本製鉄など大手鉄鋼メーカーの間で，多角化部門を整理統合
する動きが相次いだ。この時期は経営環境が厳しさを増し，事業の「選択と集
中」で生き残りを図ろうとする姿勢が明確化された。

　「多角化」と「選択と集中」は時代傾向といってもよい。日本経済新聞の
データベース検索によると，記事の中に，「多角化」という文字は，1991 年か
らの 10 年で 3,556 件，2001 年からの 10 年で 1,683 件，2011 年からの 10 年で
1,361 件，同様に「選択と集中」という文字は，1991 年からの 10 年で 217 件，
2001 年からの 10 年で 909 件，2011 年からの 10 年で 798 件も登場している。

　ところで，このような企業の多角化及びその選択と集中への取り組みは，経
済環境や自社の環境により変化していることがわかる。

　ジェイ・バーニーによれば，多角化は，シナジー効果が高いかコストメリッ

図表 24-2　多角化の類型

①限定的多角化	複数の事業が同一業界に属する多角化のことである。
②関連多角化	複数業界で事業を実行する。 最大の事業が総売上の 70 パーセント未満。 複数の事業が製品，技術，流通を共有し関連している。
③非関連多角化	最大事業の比率が 70 パーセント未満。各事業間で関連がない。

出所：Barney（2002），邦訳 61 頁より筆者作成。

トが大きいことで検討されるが，大きく３つに大別される（図表 24-2）。そして，企業がリスクを冒してまで多角化する理由は，大きく次の３つを上げることができる。

① 単一事業の拡大化では企業成長が達成されないと判断されるとき
② 内部留保資金が拡大化に必要な総額を上回り，余裕があるとき
③ 多角化のほうが拡大化よりも有望と判断されるとき。さらには，新規事業が成功すれば，全社の経営バランスが安定して，リスクが軽減されると判断されるとき

である。

2．競争戦略

(1)　ファイブ・フォース分析

　企業は，通常競争の中にある。グローバル企業は，グローバルな競争と併せて，進出先のローカルな競合を持つことが多い。競合他社に勝利しなければ，企業の持続的な発展をもたらすことができない。

　競争戦略について，ポーターは，企業の競争の要因を５つに分類した（図表 24-3）。それは，「既存企業との競争」「新規参入者の脅威」「代替品や代替サービスの脅威」「売り手の交渉力」「買い手の交渉力」である。

　もっとも多く直面するのが，既存企業との競争である。それは，成長が鈍い業界，コストが高い業界，差別化しにくい業界，過剰な生産能力を持つ業界で

図表 24-3　5 つの競争要因

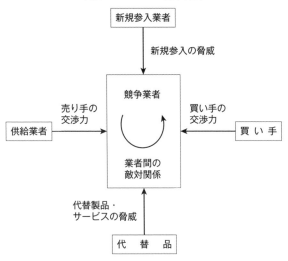

出所：Porter（1980），邦訳 18 頁。

発生する。

　代替品の脅威は，技術の進歩で業界が消滅しかけることがある。高性能な携帯電話やスマートフォンの登場は，まさにそれである。複数のカテゴリーを一つの端末で代替することから，デジタルカメラ業界，携帯型音楽再生機器の業界，パソコン業界，カーナビゲーション業界など多くの業界が大きな影響を受けた。例えば，CD 販売店は激減，フィルムや写真の現像が主な写真店も大幅に減少した。

　全般的に完成車メーカーに対して，部品メーカーの立場は弱い。ただし，そこにしかない技術が，完成車に影響する場合などは，サプライヤーの交渉力は強くなる。また，例えば，スターバックスコーヒーやアップルコンピュータのようにブランド価値の創出に成功した場合，買い手の交渉力は低くなる。

(2)　競争戦略

　ポーターは，企業は競合と比較して無数の長所や短所を持つが，基本的には競争優位の戦略は，低コストと差別化に絞ることができるとしている。

①　コスト・リーダーシップ戦略

自社の属する業界において，同業他社と比べて徹底的に低いコストで，地位を確立するという戦略である。

②　差異化戦略

特徴のある製品やサービスにより，ブランドと顧客ロイヤリティを獲得する戦略である。品質・性能・流通システム・マーケティングなど，バリューチェーンの中で，他社よりも高い価格を正当化することができる強みを持つ。

③　集中戦略

特定の市場セグメント（例えば特定の地域，顧客，製品など）にターゲットを絞り込む戦略である。この戦略は，ターゲットとするセグメントに，差別化を探求する「差別化集中戦略」，コスト優位を追求する「コスト集中戦略」という 2 種類がある。

(3)　IoT 時代の競争戦略

2000 年代に入り，サービス業のグローバル化も進み，ICT（Information and Communication Technology，情報通信技術）や IoT（Internet of Things，モノのインターネット）の普及と相まって，サービス業と製造業の協業が出現するなど，その競争も変化している。

近年の，IoT 時代のバリューチェーンでは，データ資源の変化がある。これまで，企業内の事業活動や注文処理，サプライヤーとのやり取り，営業活動，顧客サポートの記録などが企業にもたらされていた。新たにもたらされるデータは，製品自体をデータ源とし，従来のデータと結合することで，新たな付加価値を生み出す。ここでは，データ解析が重要性を増し，バリューチェーン全体に影響を及ぼすことになる。そのための組織戦略も必要となる。

3．製品ライフサイクル

企業が多角化を行う理由のひとつに製品のライフサイクル（寿命）がある。

製品は時間の経過によって市場環境が変化して売れ行きが変化するとされる。これら変化の時期は，「導入期」，「成長期」，「成熟期」，「衰退期」であ

る。そして各期でとるべき戦略にも違いがある。

① 導入期

製品投入の初期段階である。市場にまだそれに類する製品がないため，認知拡大が必須となる。需要喚起のためには，積極的な販売促進活動が必要である。

② 成長期

製品が，市場に受け入れられて，需要が大きく伸びていく段階である。この段階で，競合する他社も参入してくる。もしくは他社が先行している市場に自社が進出することもある。自社ブランドの浸透を図るためのブランディングや販売チャネルの拡充など市場浸透が重要な戦略となる。また流通と販売の密度の高い展開が主要な施策となる。

③ 成熟期

市場が飽和状態となり，売上・利益ともに頭打ちとなる。飽和した需要を競合各社で奪い合うため，製品の差別化を目指すか，低価格競争に持ち込んで販売シェアの確保を目指す。低価格競争になると，コストの低減化に対応できる体制構築も重要な施策となる。

④ 衰退期

製品は最後には衰退する。製品の需要の縮小に伴い，売り上げや利益が減少していく。市場シェアもほとんど決まってしまうため，企業にとっては撤退する時期も考える意思決定が必要となる。

図表 24-4　製品ライフサイクル

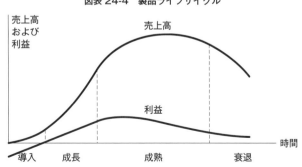

出所：Kotler（1972），邦訳 222 頁。

　このように製品にはライフサイクルがある。したがって，単一製品・単一事業のみを頼みにすることは，企業にとっては将来衰退するリスクも高くなる。

　新製品開発時におけるリスク，新規市場への進出リスクはあるものの，全社で考えた場合，一製品や一事業に頼り続けるリスクは大きい。ここに企業が多角化をして複数事業を展開する理由がある。企業は単一製品・単一事業が終焉を迎える前に，他事業に経営資源を投入することで，リスク回避をするのが多角化なのである。

4．環境分析

　企業は戦略を推進する場合，その外部環境と内部環境の分析をしてどの事業を推進するかを決定していく。

　ここでは，資生堂の中国市場への参入を取り扱った事例を分析対象として紹介したい。

　　＊このケースは，ジェフリー・ジョーンズ「資生堂：中国市場への参入」（Case No. 9-805-003 ©2004, 2005, 2007）で，単行本ハーバード・ビジネス・スクール（2010）『ケース・スタディ日本企業事例集』ダイヤモンド社にも収録されている。

〈ケースのはじまり〉

　2007年，資生堂の中国総代表のSは，資生堂の中国戦略と世界戦略を考えていた。資生堂は，中国を最優先市場と位置づけ，2006年にはグループ全体で約420億円を中国で売り上げていた。中国の化粧品市場の成長には，世界の大手化粧品会社も注目していた。資生堂が中国におけるビジネスをどのように成長させるべきなのか。

(1)　マクロ環境の分析　PEST分析

　マクロ環境とは，企業を取り巻く外部環境で，自社ではコントロールできない環境である。

　マクロ環境の分析には，PEST分析を行う。

　PEST分析とは，政治（Politics），経済（Economy），社会（Society），技術（Technology）の頭文字をとったもので，これから乗り出そうとする業界

図表 24-5　PEST 分析の例

P（政治）	2006 年 10 月安倍晋三首相が中国を訪問。胡錦涛国家主席や温家宝首相と会談した。日本の首相が訪中したのは 2001 年の小泉前首相以来。その後，中国は日本の首相の靖国神社参拝を問題視し，反日ムードにあったが，好転の可能性が出てきた。
E（経済）	2005 年 3 月に 2006-2010 年の第 11 次 5 カ年規画が承認された。都市と農村の格差の解消，環境問題や省エネルギーへの取り組み，経済構造の健全化などを重点。2008 年に北京オリンピック開催予定。
S（社会）	化粧品市場の成長は加速しており，2006 年は，950 億人民元と予測された。偽造品，模造品の横行。中国の人口は，2003 年に 12 億 8000 万人で日本の 10 倍。ただし，1979 年の一人っ子政策と平均寿命の延びで，近い将来日本同様の高齢化社会になると予想される。
T（技術）	環境対応技術の発展。

出所：Jones（2004, 2005, 2007），邦訳 111-147 頁；『日本経済新聞』2006 年 10 月 9 日他；三菱東京
　　UFJ 銀行調査室（2006）；富士通総研・経済研究所（2006）より筆者作成。

を中心に情報収集と分析を実施する。

　グローバル企業においては，自国のみではなく進出先の国の環境分析が必須である。事例の場合，注目される中国の国内環境，国際的な立ち位置，中国と日本との関係など含め情報を整理していくことになる。

(2)　ミクロ環境の分析　3C 分析

　マクロ環境の分析と同時に実行しなければならないのは，ミクロ環境とりわけ進出先の顧客や競合に関する分析である。

　3C とは，顧客（Customer），競合（Competitor）という外部環境と，自社（Company）の頭文字である。これは自社の製品やサービスを提供すべき顧客について，市場規模やそのニーズ，購買過程などを分析するものである。

　競合については，現在の競争状態で，競合の戦略や市場シェア，売上，経営資源などの情報を収集し，分析する。自社についても，競合に対抗する上で，同様の分析を実施する。

(3)　SWOT 分析

　戦略課題を抽出するために，外部環境と内部環境を組み合わせて分析を実施する。SWOT は，強み（Strength），弱み（Weakness），機会（Opportunity），

図表 24-6　3C 分析

Customer	顧客	・日本も中国もスキンケア商品が重視されている。 ・中国の女性は，自分の肌をより白く見せたいと考える。 ・北京と上海で差がある。北京は，派手な色とスタイルが好み。上海は洗練されている。 ・中国の人たちは，よいサービスを受けたことがない。
Competitor	競合	・P&G は，2005 年までに中国で化粧品とトイレタリーを 10 億ドル以上販売した。2006 年〈SK-II〉ブランドの安全性が懸念され，売上激減。 ・ロレアルは，多種多様なブランドで多様な市場セグメントをカバー。 ・ロレアルは，地場企業を買収した。
Company	自社	・国内市場は低迷している。 ・2005 年から大規模ブランド戦略を開始。「マキアージュ」「ウーノ」「ツバキ」。 ・資生堂は，植物由来プラスチックである「ポリ乳酸」を用いた，環境低負荷型プラスチック容器を開発した。 ・2006 年 3 月で，売上高 500 億円。海外の売上高における比率 25％。 ・資生堂の目標は，海外売上比率 50％以上を達成すること。

出所：Jones（2004, 2005, 2007），邦訳 111-147 頁より筆者作成。

脅威（Threat）の頭文字である。単にそれぞれの特徴を抽出するだけではなく，機会や強みを活かすことで，脅威や弱みを補うための分析である。

　この SWOT 分析により，自社にとっての事業機会を発見することができ，また状況によりどのような打ち手を講ずるべきかを整理することができる。

　また，この分析を進めることで，企業にとっての主要な成功要因の仮説を導き出すことができる。この事例の場合，資生堂のビューティーコンサルタントの現地での育成が，中国化粧品市場の拡大をけん引するのではないかという仮説を立てることができる。

⑷　プロダクト・ポートフォリオ・マネジメント

　プロダクト・ポートフォリオ・マネジメント（PPM）は，1970 年代初めにボストン・コンサルティング・グループ（BCG）により作成された戦略ドメイン決定のための理論である。PPM は，GE をはじめ多くの米国企業に採用された。

　PPM は，多角化や選択と集中を実施するにあたり，自社の事業分析を実施するものである。PPM による分析を実施するには，戦略事業単位（ストラテジック・ビジネス・ユニット：SBU）のまとめ方が重要である。製品を一般向

け製品の部門に置くか，ビジネス向けの部門に置くかにより同じ製品でも，分析結果が違ってくるからである。PPM は，相対的市場シェアと市場成長率を指標として，マトリックスに製品群を分類し，どこに投資すべきかを明確にす

図表 24-7　SWOT 分析

	好影響	悪影響
外部環境	機会（O） ・化粧品市場の成長加速 ・反日ムード好転の兆し ・2008 年に北京オリンピック開催予定	脅威（T） ・都市部と農村部の格差解消は目標達成できず ・環境汚染 ・反日感情 ・偽造の横行
内部環境	強み（S） ・環境低負荷型プラスチック容器開発に成功 ・アジア人としての嗜好の理解可能 ・ブランドの拡充 ・日本におけるボランタリチェーン成功のノウハウがある ・技術に基づいての競争力	弱み（W） ・グローバルな視点が根付いていない ・市場のニーズをつかむ力が弱い ・研究開発の焦点が間違っているか，ブランドコンセプトが確立できないか，販売戦略が誤っているか，営業部隊に問題があるか … 複合要因

クロス SWOT 分析

	機会（外部環境） ・化粧品市場の成長加速 ・反日ムード好転の兆し ・2008 年に北京オリンピック開催予定	脅威（外部環境） ・都市部と農村部の格差解消は目標達成できず ・環境汚染 ・SARS（重症急性呼吸器症候群） ・反日感情・偽造の横行
強み（内部環境） ・環境低負荷型プラスチック容器開発に成功 ・アジア人としての嗜好の理解可能 ・ブランドの拡充 ・日本におけるボランタリチェーン成功のノウハウがある。 ・技術に基づいての競争力	・中国におけるボランタリー・チェーンの拡充。百貨店，専門店とともに成功を目指す。 ・高度な美容サービスで製品と併せてのサービス拡充を図る。 ・中国独自のブランドを開発する。	・地方で無料のワークショップを開き，化粧品の使い方を教育し，都市と地方の格差改善に貢献する。 ・大量消費される製品への環境にやさしい素材パッケージを採用する。
弱み（内部環境） ・グローバルな視点が根付いていない ・市場のニーズをつかむ力が弱い ・研究開発の焦点が間違っているか，ブランドコンセプトが確立できないか，販売戦略が誤っているか，営業部隊に問題があるか・・・複合要因。	・グローバル人材拡充のための教育機会の拡充と海外赴任のローテーションを実施する。 ・ビューティーコンサルタントの現地での育成で他社との差別化を図る。 ・外国人の実力者を取締役メンバーに迎え，トップからグローバル視点を植え付ける。	・地方でのワークショップにより，ニーズをつかむ。 ・地方での情報収集強化のため，ボランタリーチェーンと営業グループの連携を強化し，教育も日本の高いレベルのものを現地化していく。

出所：Jones（2004, 2005, 2007），邦訳 111-147 頁より筆者作成。

る。

　次に企業は，安定成長している SBU から得られる資金を成長させたい SBU にどのように，どの程度の再投資をすればよいのかという課題に取り組まなければならない。つまり多角化した企業は SBU 間の資金の流れのバランスを適正化する計画を策定しなければならない。成長―シェア・マトリックスはこうした目的達成のため，特に市場成長率と相対的市場シェアに着目して，企業の資金フローのバランスを決定する経営分析の手法である。

　①　金のなる木（cash cow）

　市場成長率が低いが，相対的市場シェアは高い。

　多額な正のキャッシュフローがあり，この資金を他の事業に対して提供していく。

　②　花形（star）

　市場成長率は高く，相対的市場シェアも高い。非常に競争の激しい領域であるが，いずれ「金のなる木」に落ち着くことで市場シェアを獲得し，利益を得る。

　③　問題児（question mark）

　市場成長率が低く，相対的市場シェアが低い。

　花形に移行する事業かどうかを見極めることが重要で，そうすべき事業と判

図表 24-8　シェア・マトリックス

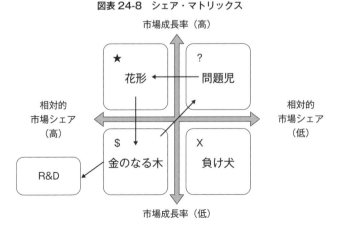

出所：Aaker (1984)，邦訳 278 頁，図表 11-1 より筆者作成。

断した場合には，成長のために資金投入が必要となる。

　④　負け犬（dog）

　市場成長率が高く，相対的市場シェアは低い。継続すべき積極的な理由がなければ，撤退すべき事業となる。

　ポイントは「金のなる木」で獲得された資金の効果的な配分である。先見性のある配分により，「問題児」を「花形」に育て，「花形」を「金のなる木」に育てるための戦略こそが，企業の持続的発展につながるのである。

5．戦略論の新しい流れ

(1)　ブルー・オーシャン戦略

　プロダクト・ポートフォリオ・マネジメントをはじめとする戦略論は，今日の市場での戦い，いわば血みどろの海（レッド・オーシャン）での企業間競争であるが，未知の市場空間（ブルー・オーシャン）の切り開き方を説明した理論にキムとモボルニュの示した「ブルー・オーシャン戦略」がある。

　この戦略論では，「戦略キャンパス」というフレームワークを用いて，競争者のいない新しい市場を創造して，競争自体を無意味にしてしまおうというものである。既存のサーカス業界とは一線を画してビジネスと拡大したシルク・ドゥ・ソレイユ，米国航空業界のネットジェッツなどがブルー・オーシャン戦略を体現したといわれる。

(2)　リバース・イノベーション

　途上国で最初に開発されたり採用されたイノベーションが世界市場へ展開することをリバース・イノベーションと呼ぶ。リバース・イノベーションの興味深い特徴は，途上国を起点とする技術やサービスが，先進国・富裕国という上流を目指して「リバースするすなわち逆流」することである。

　GE の心電計はインドで利用されていなかった。なぜなら高価であると同時に，電源の確保が難しかった。そこで GE の技術者は，このインドに適した心電計，つまり携帯性，バッテリーの使用，使いやすさ，メンテナンスのしやす

さをテーマにしかもコストを抑えた製品を開発した。

　この心電計「MAC400」は世界展開され普及がはじまった。しかも心配された中核病院でのカニバリゼーション（共食い現象）はなく，開業医に配備され売り上げ構成比におけるヨーロッパでの売り上げが過半数を超えた。

　多角化やグローバル化は，外部環境の変化とともに，こうした新たな全社戦略を必要とする。

■**アップル，「サブスク」に軸足，動画・音楽・ゲーム，OS 刷新，収益構造転換急ぐ**

　米アップルは 2019 年 6 月 3 日，米カリフォルニア州で開発者向けの年次イベント「WWDC」を開いた。次の収益源と位置づけるサブスクリプション（継続課金）型サービスの普及に向け，スマートフォン「iPhone」やパソコン「Mac」など各ハードウエア製品の基本ソフト（OS）の刷新を発表した。売り上げが伸び悩むハードから，利幅の大きいサービスへと収益構造を転換する姿勢を一段と鮮明にした。

　「アップルは世界水準のハードとソフトを統合した製品に加え，他では得られない体験を届けるサービスを育てつつある」。ティム・クック最高経営責任者（CEO）が基調講演の冒頭で世界から集まった数千人のソフト開発者らに語り始めた内容は，次期 OS やハードの戦略ではなく，サービス部門の強化策だった。

　WWDC の初日に発表された各 OS のバージョンアップも，サービス強化の戦略に沿った内容となった。2001 年に始めたパソコン向けの音楽・動画コンテンツの管理アプリ「iTunes」については次期「macOS」には搭載せず，iPhone と同様に「ミュージック」や「TV」など 3 つの専用アプリに分割してサブスクリプション型のサービスにも対応する。

　アップルはタブレット端末「iPad」と Mac 向けの共通のアプリを作成できる「プロジェクトカタリスト」と呼ぶ機能も発表した。ソフト開発者らにこうした機能の利用を働きかけることで，異なる端末でも同じアプリやサービスが利用できる環境を整えていく方針だ。

　中国の景気減速などの影響でハードの売り上げが伸び悩み 19 年 1～3 月期決算が 2 四半期連続で減収減益となるなか，サービス部門への期待は高まる。音楽配信などを含むサービス部門の売上高は前年同期比 16％増の 114 億 5000 万ドルと売上高全体に占める比率は 20％に迫り，粗利益ベースでは全体の 3 分の 1 を稼ぐようになっている。

　出所：『日本経済新聞』2019 年 6 月 5 日付，朝刊，13 頁（ビジネス TODAY）より抜粋。

参考文献

DIAMOND ハーバード・ビジネス・レビュー編集部（2016）『IoT の衝撃―競合が変わる，ビジネスモデルが変わる』ダイヤモンド社。
沼上幹（1999）『わかりやすいマーケティング戦略［新版］』有斐閣。
富士通総研・経済研究所（2006）『中国の第 11 次 5 カ年規画（計画）に関する分析調査』富士総研。
堀出一郎・山田晃久編著（2003）『グローバル・マーケティング戦略』中央経済社。

三菱東京 UFJ 銀行調査室（2006）「第 11 次 5 カ年計画に示された中国経済の方向性」経済レビュー No. 5，三菱東京 UFJ 銀行。

横山寛美（2009）『経営戦略　ケーススタディ　グローバル企業の興亡』シグマベイスキャピタル。

Aaker, D. A. (1984), *Strategic Market Management*, John Wilet & Sons, Inc.（野中郁次郎・石井淳蔵・北洞忠宏・嶋口充輝訳『戦略市場経営—戦略をどう開発し評価し実行するか』ダイヤモンド社，1986 年。）

Ansoff, H. I. (1957), "Strategic for Diversification," *Harvard Business Review*, 35 (5), Harvard Business School Publishing, pp. 113-124.

Ansoff, H. I. (1990), *Implanting strategic management*, 2nd ed., Prentice Hall International.（中村元一・黒田哲彦・崔大龍監訳『戦略経営の実践原理』ダイヤモンド社，1994 年。）

Barney, J. B. (2002), *Gaining and Sustaining Competitive Advantage*, 2ed., FT Press.（岡田正大訳『企業戦略論』ダイヤモンド社，2003 年。）

Govindarajan, V. and C. Trimble (2012), *Reverse Inovation*, Harvard Business Review Press.（渡部典行訳『リバース・イノベーション』ダイヤモンド社，2012 年。）

Henderson, B. D. (1979), *Henderson on Corporate Strategy*, Abt Associates.（土岐坤訳『戦略経営の核心』ダイヤモンド社，1981 年。）

Jones, G. (2004, 2005, 2007), "Making China Beautiful: Shiseido and China Market," *HBS CASE COLLECTION*, Harvard College.（ハーバード・ビジネススクール著，日本リサーチ・センター編『ケーススタディ 日本企業事例集』ダイヤモンド社，2010 年。）

Kim, W. C. and R. Mauborgne (2005), *Blue Ocean Strategy*, Harbard Business School Press.（有賀裕子訳『ブルー・オーシャン戦略』ランダムハウス講談社，2007 年。）

Kotler, P. (1972), *Marketing Management: Analysis, Planning, Implementation, and Control*, Prentice Hall.（村田昭治監修，小坂恕・疋田聰・三村優美子訳『コトラーマーケティング・マネジメント—競争的戦略時代の発想と展開』プレジデント社，1983 年。）

Poter, M. E. (1980), *Competitive Strategy*, The Free Press.（土岐坤・服部照夫・中辻万治『競争の戦略』ダイヤモンド社，1982 年。）

練習問題

1．カッコに適切な語句を入れなさい。

① アンゾフの製品・市場マトリックスにおける，戦略は，次のようになる。

（　　A　　）既存の製品を既存の市場で販売していく。

（　　B　　）既存の製品を新たな市場において販売する。

（　　C　　）既存の市場に新たな製品を投入する。

（　　D　　）あらたな市場に新たな製品を投入する。

② ポーターは，企業の競争の要因を5つに分類した。それは，「（　　E　　）との競争」「（　　F　　）の脅威」「（　　G　　）の脅威」「（　　H　　）の交渉力」「（　　I　　）の交渉力」である。

③ プロダクト・ライフサイクルは，人間の一生に例えて（　　J　　），「成長期」，（　　K　　），「衰退期」という4つの段階で表される。

2．国内外を問わず，グローバル企業を取り上げ，3C 分析をしなさい。

はじめて学ぶ人のためのグローバル・ビジネス
【第三版】

2006 年 4 月 15 日　第一版　第 1 刷発行	検印省略
2014 年 3 月 20 日　改訂新版第 1 刷発行	
2020 年 4 月 10 日　第三版　第 1 刷発行	

編著者　梶　浦　雅　己

発行者　前　野　　隆

発行所　株式会社　文　眞　堂
東京都新宿区早稲田鶴巻町 533
電　話 03（3202）8480
ＦＡＸ 03（3203）2638
http://www.bunshin-do.co.jp/
〒162-0041 振替00120-2-96437

製作・美研プリンティング
©2020
定価はカバー裏に表示してあります
ISBN978-4-8309-5070-4　C3034